Die Sehnsucherin

§

Margareta Seipel

Die Sehnsucherin

Eine spirituelle Reise zu sich selbst

Verlag der Ideen

Margareta Seipel

geboren 1971 in Oberösterreich, verheiratet. Hauptberuflich im Bankwesen beschäftigt, mit einer 2-jährigen Unterbrechung für die persönliche Spurensuche in einem Kloster. Seit 2012 nebenberuflich als Humanenergetikerin tätig. Sie lebt in Siegsdorf, Oberbayern.

*Gewidmet meinem lieben Mann,
der mich lehrte, achtsam zu träumen.*

Einleitung und Dank

Eigentlich hatte ich nie die Absicht, ein Buch zu schreiben. Aber dann kam es doch anders. Seit vielen Jahren werde ich von Träumen begleitet. Einige haben mir geholfen, wichtige Entscheidungen in meinem Leben zu treffen, oder sie informierten und informieren mich über bestimmte Lebensabschnitte und Entwicklungsschritte auf meinem spirituellen Weg. Manche waren sehr ernster Natur, andere wieder voller Humor. Viele unserer Träume helfen uns, das Tagesgeschehen zu verarbeiten, doch manche bergen Botschaften in sich, die es genauer anzusehen lohnt.

Alle Personen dieses Romans, die Handlung und die beschriebenen Träume samt deren Interpretation sind plötzlich in mir »sichtbar« geworden und so habe ich begonnen, Ritas Geschichte aufzuschreiben.

Die Entstehung dieses Buches führe ich auf meine langjährige Suche nach dem tieferen Sinn meines Lebens zurück. Seit 1995 befasse ich mich intensiv mit unserer nahezu zweitausendjährigen christlichen Überlieferung. Meine Suche nach meinen Wurzeln führte mich zum dem, der »von Urbeginn an war« (1 Joh 1,1).

Ich bin sehr dankbar für die Menschen, die uns in der lebendigen Gemeinschaft mit ihm vorangegangen sind. Es sind jene, die wir als Heilige ansehen und die uns von ihrer Erfahrung schriftliche Zeugnisse hinterlassen haben, die nicht nur unser Wissen mehren, sondern auch Nahrung für unsere Seelen sind. Durch sie erhielt ich viele Antworten auf meine existentiellen Fragen und lernte mich dadurch selbst ein Stück besser kennen. Oft waren die schwierigsten Situationen in meinem Leben zugleich die lehrreichsten und dafür bin ich Gott unendlich dankbar.

Mein großes Interesse an allem, was mit dem Menschsein und einem größeren Verständnis von Zusammenhängen zu tun hat, führte mich 2010 zu einer Ausbildung in der Humanenergetik. Ich bin stets bemüht, Altes mit Neuem zu verbinden. Dabei ist das Neue oft nur eine Wiederholung oder Neuentdeckung von Altem, bereits Vorhandenem, das durch einen Positionswechsel des Beobachters sichtbar werden kann.
In meiner persönlichen Synergiearbeit zog ich unter anderem großen Gewinn aus den Büchern und DVDs der Forscher und Autoren der Gegenwart, wie:
Dr. Masaru Emoto, Barbara A. Brennan, Dr. Richard Bartlett, Dr. Frank Kinslow, Dr. Wolf Schriewersmann, Gregg Braden, Dr. Rupert Sheldrake, Dr. Bruce Lipton, Dr. Alex Loyd, Dr. Ben Johnson, Prof. Dr. Amit Goswami.
Diese »jungen« Forscher ermöglichten mir einen Zugang zur Thematik der Quantenphysik – der Beschreibung des Energiefeldes, das alles miteinander verbindet; der »Informationspolitik des Lichtes«, der »Natur der Dinge« und deren Wirkung in unserem Leben und der Natur bis hin zu neuen Heilmethoden der Energiemedizin.

Wundern Sie sich daher nicht, wenn Ihnen in der vorliegenden Geschichte sowohl alte spirituelle Weisheiten, als auch Aspekte der Quantenheilung und der spirituellen Familienaufstellung begegnen, denn sie stehen nicht im Widerspruch zueinander. Wie der hl. Augustinus sagte: »Wunder geschehen nicht im Widerspruch zur Natur, sondern im Widerspruch zu dem, was wir von der Natur wissen.«

In diesem Sinne möchte ich noch viel, viel mehr von der Natur der Dinge erfahren – letztlich von Gott selbst. Für die heiligen Väter war die Physik die natürliche Kontemplation:
Zu dem gerechten Antonios kam einmal einer der damaligen Weisen und sprach: »Wie hältst du das aus, Vater, da du des Trostes, der aus den Büchern fließt, entbehrst?«
Der aber antwortete: »Mein Buch, Philosoph, ist die Natur (Physis) der Geschöpfe, und es ist stets zugegen, wenn ich in ihm die Worte (logoi) Gottes zu lesen wünsche.« (Evagrios Pontikos)

Ich möchte mich ganz herzlich bei meinen Eltern bedanken, die bereit waren, mich als sechstes Kind ihrer Familie in dieser Welt willkommen zu heißen. Sie ermöglichten mir eine wundervolle Kindheit auf dem Bauernhof.
Ebenso gilt mein Dank meinen fünf Geschwistern und den Freunden und Begleitern auf meinem spirituellen Weg, allen voran meinem Mann Horst, der meine Synergiearbeit vor vielen Jahren initiierte und mich liebevoll unterstützt.
Meine besondere Dankbarkeit gilt jedoch dem Verursacher, Inspirator und Geber dieser Traumbilder.

1

Rita

Rita, eine weltgewandte, gesellige und vielseitig interessierte Frau, war seit einigen Jahren verheiratet und in ihrem Beruf gut etabliert. Sie liebte es, kreuz und quer über den Globus zu reisen und genoss es, fremde Kulturen hautnah zu erleben und sich in fremden Ländern mit Einheimischen anzufreunden, deren Gewohnheiten zu erforschen und sich etwas intensiver als »Normaltouristen« mit den Menschen vor Ort auseinanderzusetzen.
Diese Vorliebe verdankte sie wohl ihrem Vater, Ben, der berufsbedingt in verschiedenen Ländern gearbeitet hatte und immer wieder seine Frau und die drei Kinder zu sich holte, egal wohin es ihn gerade verschlagen hatte. Rita war Neuem gegenüber immer sehr aufgeschlossen und konnte sich fremde Sprachen auffällig schnell aneignen. In ihren ersten Jahren, so erinnerte sie sich, war die Familie dreimal in verschiedene Länder umgezogen.

Sie war die Jüngste im Bunde, eine Nachzüglerin. Als die Nachricht über die erneute Schwangerschaft Evelyns, ihrer Mutter, in der Familie bekannt wurde, veranstalteten die beiden älteren Brüder Tom mit acht und Eric mit neun Jahren ein Freudenfest. Sie tanzten und sprangen durchs ganze Haus, suchten ihr altes Spielzeug hervor und kochten ein leckeres Abendessen für alle. Wo Hilfe erforderlich war, legten sie Hand an. Oft durften sie den wachsenden Bauch ihrer Mutter streicheln und erzählten Rita lange Geschichten – so lange, dass Evelyn häufig dabei einschlief.

Wenn sich Rita bemerkbar machte und mit ihren kleinen Füßchen nach außen trat, waren sie ganz entzückt und lachten lauthals darauf los. Manchmal schlossen die beiden sogar Wetten ab, bei wem sie sich zuerst auf diese Weise bemerkbar machen würde, wenn sie ihr wieder einmal Geschichten oder Witze erzählten.
Evelyn genoss diese Zeit mit ihren Kindern sehr, denn sie hatte nicht damit gerechnet, dass die Jungs so positiv und so sensibel auf die Schwangerschaft reagieren würden. Ein Highlight für die Brüder war auf jeden Fall, dass sie den Namen für ihre kleine Schwester aussuchen durften. Wochen und Monate durchstöberten sie Namenslexika und listeten alle infrage kommenden Namen für das Geschwisterchen sorgfältig auf. Eine Liste mit Jungennamen und eine für Mädchen, denn sie wussten ja nicht, wer da zu ihnen in die Familie kommen sollte. Im Familienrat einigte sich die ganze Familie dann auf jeweils einen Namen.

Am Tag der Geburt wurden die beiden angehalten, alleine zu Hause zu bleiben und artig zu sein, damit sich Mama und Papa keine Sorgen machen müssten, während sie im Krankenhaus waren. Ab und zu kam eine gute Freundin von Evelyn vorbei, um nach Tom und Eric zu sehen, denn die Familie wohnte zu dieser Zeit gerade in Kanada und alle ihre nahen Verwandten waren in Europa zu Hause. Den ganzen Tag über hielten sich die beiden Jungs in der Nähe des Telefons auf, um auf den Anruf von ihrem Vater zu warten.
Dann endlich gegen Abend die Erlösung. Papa war dran und teilte ihnen voll Stolz und unter Tränen mit, dass die kleine Rita geboren war.
Am nächsten Tag durften sie zum ersten Mal ihre Schwester begutachten. Beide nahmen ein kleines Willkommensgeschenk ins Krankenhaus mit – Tom ein Matchboxauto und Eric einen kleinen Teddybär. Dass Rita nicht auf ihre Geschenke reagierte, tat ihrer Freude keinen Abbruch. Rita war für alle die kleine Prinzessin. Sie war ganz anders als die

Jungs – viel zerbrechlicher. Die Brüder waren stolz auf sie, führten sie allen Verwandten und Bekannten voll Freude vor und lehrten sie, als sie kaum laufen und sprechen konnte, viel, viel Blödsinn.
Rita war ein sehr aufgewecktes Kind und schaute sich viel von ihren Brüdern ab. Schon bald wusste sie sich in der Familie zu behaupten – oft auch recht lautstark. Immer wollte sie hinter ihren Brüdern her und mit dabei sein, wenn die »Großen« Streiche ausheckten.

Solange sich Rita erinnern kann, wurde sie von auffälligen Träumen begleitet. Als sie noch klein war, schrie sie häufig nachts auf und begann furchtbar zu weinen, weil die Traumbilder für sie befremdlich waren und ihr Angst machten. Sie musste sich erst an das nächtliche Geschehen gewöhnen.
Evelyn war in diesen Jahren fast jede Nacht im Einsatz, um ihre Tochter zu beruhigen, zu umarmen und erneut in den Schlaf zu wiegen. Aber niemand konnte erklären, was da vorging. Selbst die Ärzte wussten keinen Rat, mit dieser Situation umzugehen. Manche meinten, es seien wohl Wachstumsstörungen, andere vermuteten die nächtliche Verarbeitung des Tagesgeschehens, manche schlugen vor, das kleine Mädchen einmal weinen zu lassen und nicht gleich darauf zu reagieren, wenn sie unruhig war und wieder andere verschrieben Beruhigungspillen.
Ritas Mutter war mit ihrem Latein am Ende und mit diesen Ratschlägen und Erklärungsversuchen nicht einverstanden, aber auch sie fand all die Jahre keine Lösung. Sicher war jedoch, sie würde Rita in ihrem zarten Alter auf gar keinen Fall irgendwelche Medikamente für einen besseren Schlaf verabreichen. Als Mutter spürte sie, dass Rita wohl einen ganz eigenen Weg zu gehen hatte und versuchte sich selbst, die durchwachten Nächte hindurch, damit zu trösten. Nur langsam wurde Ritas Schlaf stabiler und schließlich konnte sie ab ihrem fünften Lebensjahr endlich die ganze Nacht durchschlafen. Was für eine Erleichterung für Evelyn!

Die häufigen Umzüge der Familie wurden jedes Mal mehr zum Leidwesen aller Beteiligten, die dadurch Zuhause und Freunde erneut verloren. Rita nahm dies als Kind dennoch eher »sportlich«, denn die Sehnsucht, bei ihrem Vater zu sein und die Familie als Ganzes zu erleben war wesentlich größer, als der Verlust ihrer gewohnten Umgebung. Heimat, so erklärten es ihre Eltern immer, ist da, wo die Familie ist und zusammenhält – mit Mama und Papa. Wo auf der Welt, das sei nicht wichtig.
Den beiden älteren Brüdern, Tom und Eric, fiel der Glaube an diese Erklärung jedoch immer schwerer. Das lag wohl auch an ihrem mittlerweile pubertären Alter. Sie lehnten die Bestimmung ihres Vaters über ihr Leben bald vehement ab und so gab es immer große Diskussionen und Streitereien, wenn es wieder so weit war, den Wohnort zu wechseln. Alle Erklärungsversuche Bens mündeten in großem Unverständnis, bis schließlich die Türen knallten und alle für geraume Zeit verstummten. Rita hingegen wäre ihrem Vater bis ans Ende der Welt nachgereist – die beiden verband eine ganz besondere Liebe zueinander.
Im Laufe der Zeit wurden allerdings die Auseinandersetzungen über die Umzüge immer größer und heftiger und so kam das Unausweichliche auf die Familie zu. Es galt eine Entscheidung zu treffen, um die Kinder zu »schützen«, so nannte es Ritas Mutter Evelyn. Denn die mit dem Wanderleben verbundene Entwurzelung zeigte mittlerweile ihre Auswirkungen. Evelyn, die aus Liebe zu ihrem Mann ihre eigene berufliche Karriere aufgegeben hatte und lange Zeit damit zufrieden war, die Kinder groß zu ziehen, die Umzüge zu organisieren, neue Wohnungen und Häuser einzurichten und Vermittlerin zwischen den beiden Jungs und deren Vater zu sein, verließen zunehmend ihre Kräfte. Auch die lautstarken Diskussionen zwischen Evelyn und ihrem Mann Ben nahmen unaufhörlich zu. In solchen Momenten, wenn Rita die Auseinandersetzungen mitbekam, versteckte sie sich im Haus und träumte sich in eine harmonische Umgebung, die ihr half, ihre Angst zu mildern.

Ritas Mutter wollte, genau wie Tom und Eric, oder auch aus Liebe zu ihnen, sesshaft werden und ein »normales« Leben führen. Nachdem es die berufliche Situation von Ben jedoch nicht zuließ, für längere Zeit am selben Ort zu bleiben, entschieden sich ihre Eltern, in deren alter Heimat, in Deutschland, ein Haus zu kaufen, um Ruhe in diese angespannte Situation zu bringen. Evelyn und Ben mussten sich mit der neuen Situation abfinden, immer wieder über lange Zeit voneinander getrennt zu leben.

Im neu erworbenen Haus in Bayern konnten die Brüder endlich ihren jugendlichen Interessen nachgehen, sich vor Ort einen Freundeskreis aufbauen und die ausgewählten Schulen besuchen. Schnell wurden Tom und Eric für alle Beteiligten erträglicher – sie waren für dieses Wanderleben offenbar einfach nicht geschaffen. Auch Rita tat diese Veränderung augenscheinlich gut. Evelyn erholte sich ebenfalls zusehends von den Strapazen der letzten Jahre. Der Preis, den sie zahlen musste, war jedoch sehr hoch, denn sie entfremdete sich immer mehr von ihrem Mann, selbst wenn Ben da war. Rita spürte dies besonders intensiv und eine große Traurigkeit legte sich über sie. Um nicht zusätzlichen Kummer zu schaffen, versuchte sie, obwohl sie noch so klein war, sich nichts anmerken zu lassen. Die Nächte jedoch, in denen sie leise in ihr Kissen weinte und sich ihren Papa herbei wünschte, waren unzählbar.

Ihr sehnlichster Wunsch nach einem Hund wurde in dieser Zeit erfüllt. Nach Absprache mit ihrer Mutter brachte Ben, bei einem seiner Besuche daheim, einen kleinen Welpen mit und überraschte seine kleine Rita. Er hatte ihn in einem großen Karton mit vielen Luftlöchern darin und einer großen roten Schleife verpackt. Selbst das Körbchen, die Hundedecke, Hundespielzeug und Kauknochen, ein rotes Hundebaby-Lederhalsband, zwei Leinen in verschiedenen Längen und die Futterration für die ersten Wochen gehörten mit zu diesem Geschenk.

Als Rita an diesem Freitag von der Schule kam und ihren Vater sah, ließ sie alles an der Haustüre fallen, rannte zu ihm und sprang an ihm hoch, umarmte und küsste ihn. Da gab es nur mehr ihn und sie. Sie wollte ihn ganz für sich haben und wenn er einmal da war, ließ sie die übrige Familie gar nicht zu Wort kommen. Nach der aufregenden Begrüßungszeremonie holte Ben die geheimnisvolle Schachtel in das Wohnzimmer, wo mittlerweile alle versammelt waren, denn der Rest der Familie wusste bereits von dem Geschenk zu Ritas siebtem Geburtstag. Alle waren höchst neugierig auf den kleinen Hund, obwohl Ben schon Fotos geschickt hatte.

Nun war es so weit! Rita saß neben ihrer Mutter auf dem Sofa und hatte nicht die leiseste Ahnung, was da kommen sollte. Ihr war in den letzten Tagen nur aufgefallen, dass immer alle komisch ruhig wurden, wenn sie ein Zimmer betrat – als ob sie etwas nicht erfahren sollte. Das machte sie ganz rasend. Trotzdem hielten alle dicht. Als Ben nun mit der riesigen Schachtel ins Wohnzimmer trat und auf Rita zukam, wusste sie sofort was los war und schrie vor lauter Begeisterung: »Ein Hund für mich?« Und schon hörte man den kleinen Welpen winseln. Ben stellte die Schachtel vorsichtig auf den Boden und Rita löste, höchst gespannt, die Schleife, hob den Deckel hoch und wagte einen ersten Blick hinein.
Schwuppdiwupp saß der Kleine auf ihrem Schoß, als ob er wüsste, wem er ab jetzt gehörte, wedelte ganz aufgeregt mit dem Schwanz und leckte sofort ihr Gesicht. Ben sagte lachend: »Der ist ja genau so aufgeweckt wie du!«
Der Welpe war ein Mischling und konnte keiner bestimmten Hunderasse zugeordnet werden. Aber das spielte für Rita sowieso keine Rolle. Sie gewann sofort seine volle Aufmerksamkeit. Er war ein 14 Wochen altes, dunkelbraun-weiß-geflecktes Wollknäuel mit einer wunderschönen Zeichnung im Gesicht, dunklen Knopfaugen und einer feuchten schwarzen Nase. Sein linkes vorderes und das

rechte hintere Bein waren weiß; sogar die Krallen an den beiden Pfötchen waren weiß. Das rechte Vorderbein war ganz dunkelbraun mit dunklen Krallen und sein linkes Hinterbein war überwiegend weiß mit lauter kleinen braunen Pünktchen darin – das sah aus, als wäre er ein wenig schmutzig. Am restlichen Körper waren Weiß und Dunkelbraun ziemlich gleichmäßig in schönen Flecken verteilt. Auch der Schwanz des kleinen Hundes war dunkelbraun, nur das letzte Spitzchen weiß gefärbt.

»Laut Züchter soll er einmal ungefähr kniehoch werden – wohl gemerkt an Ritas Beinen gemessen – und ein gewelltes Fell bekommen wie seine Hundemama«, erzählte Ben. Evelyn und die Jungs waren auch gleich begeistert von der lieben Art des kleinen Burschen und freuten sich mit Rita, dass endlich ihr Wunsch in Erfüllung gegangen war. Jetzt, wo sie sesshaft waren, konnte ein Haustier ja auch viel leichter versorgt werden.

»Rita«, sagte Ben, »du darfst ihm einen Namen geben, denn er hat noch keinen.« Kaum hatte Ben diesen Satz ausgesprochen, rief Rita überglücklich: »Das ist Spencer!« Als ob schon immer festgestanden wäre, wie der Hund heißen sollte. »Klar, das ist Spencer, er sieht auch genau wie ein Spencer aus«, scherzten die Jungs und alle mussten lachen.

Das war ein gelungener Nachmittag für die ganze Familie mit einem überglücklichen Geburtstagskind! Sofort musste Rita Spencer sein neues Zuhause zeigen. Alle Räume wurden begangen und beschnüffelt, bis er vor Aufregung ein kleines Häufchen im Flur absetzte. Rita war sofort mit einigen Blättern von der Küchenrolle zur Stelle und machte sauber, sodass niemand die kleine Bescherung bemerkte.
»Das musst du genau so lernen wie ich vor einigen Jahren – und ich werde dir als Mami dabei helfen«, erklärte sie ihm auf dem Weg in den Garten. Auf dem frisch gemähten Rasen tollten sie herum. Spencer war recht frech und neugie-

rig auf die neue Umgebung. Hin und wieder stolperte er über seine eigenen Beinchen, so tollpatschig war er noch – ein richtiges Hundebaby. Ganz schneidig bellte er sogar Rita an und forderte sie damit immer wieder auf, mit ihm weiter zu spielen, bis er vor Müdigkeit auf dem Rasen liegen blieb und ein kleines Nickerchen machte. Rita legte sich neben ihn und streichelte ihrem neuen Freund leicht übers Fell.

»Wir werden uns gut verstehen und richtig gute Kumpel werden«, flüsterte sie ihm ins Ohr und beobachtete ihn ganz aufmerksam beim Schlafen. Manchmal zuckte er ein wenig zusammen und winselte kurz darauf, schlief aber weiter. »Träumst du auch so viel wie ich?«, fragte die neue Hundemama leise.

Als Rita ihrem Vater eine Woche später in die Augen blickte und er sie zum erneuten Abschied umarmte, konnte sie die Tränen nicht zurückhalten und hielt ihn so fest umarmt, dass es kaum möglich war, sie von ihm zu lösen. Ihr fiel es anscheinend von allen am schwersten, wenn Ben für Monate fort musste. Dieses Mal hatte Rita allerdings ein kleines Trostpflaster erhalten: die wohl schönste Woche mit ihrem Vater und mit Spencer.

Nachdem Spencer noch so jung und erst kürzlich von seiner Mutter getrennt worden war, erlaubte Evelyn, dass das jüngste Familienmitglied sein Körbchen in Ritas Zimmer bekam. Rita wurde eine ausgezeichnete Hunde-Ersatzmama. Die beiden waren unzertrennlich, wann immer Rita zu Hause war. Wenn alle im Haus schliefen und nachdem Evelyn zum Tagesabschluss zu Rita ins Zimmer gesehen hatte, holte Rita den Kleinen zu sich ins Bett – das war ihr Geheimnis mit Spencer.

Spencer lernte schnell und entwickelte sich zu einem prächtigen, treuen Familienhund. Rita studierte mit ihm viele kleine Kunststückchen ein und war ganz stolz auf ihn. So konnte er auf Kommando durch ihren Hula-Hoop-Reifen springen, eine Rolle am Boden machen, Pfötchen geben, sich tot stellen, bellen, aufgerichtet mit seinen Vorderpfoten bitten, Türen öffnen und auch schließen, wenn Rita es wünschte. Ihr Kommando »Tür zu« war immer am lustigsten, denn dann sprang Spencer einfach so lange mit seinen Vorderpfoten gegen die Türe, bis sie ins Schloss fiel. Rita übernahm auch die Verantwortung für das Futter und die Ausgänge mit ihm. Auch das übelste Wetter konnte sie nicht davon abhalten, ihre Pflicht zu tun, und mit Spencer Gassi zu gehen. Spencer nahm seinen festen Platz in der Familie ein. Immer wenn es einmal etwas lauter wurde und Zankereien oder Diskussionen stattfanden, fing Spencer laut an zu bellen als wollte er auch seine Meinung kundtun oder Ordnung in die Sache bringen. Er wurde oft so laut, sprang so aufgeregt umher, dass er alle übertönte und sie letztlich über ihn lachen mussten. Ja, das war seine Art, Frieden zu stiften, und das konnte er wirklich ausgezeichnet.

Die Abstände des Wiedersehens mit Ben wurden immer länger bis zu jenem Tag, an dem Evelyn zum großen Familienrat rief. So hieß das im Hause, wenn sich alle trafen und Entscheidungen diskutiert werden mussten. Nur gab es an diesem Abend keine Diskussion. Evelyn setzte sich zu ihren Kindern an den Tisch, ihr Blick senkte sich und sie begann, mit leiser Stimme zu sprechen. Sie versuchte, ihre Situation mit Ben zu erklären. Immer wieder betonte sie, dass Ben ihre große Liebe sei und sie beide sich ihr Leben anders gewünscht hätten. Aber schlussendlich verkündete sie das Aus ihrer Ehe.

In diesem Moment brach für Rita und ihre Brüder eine Welt zusammen. Dass die Kluft zwischen ihren Eltern so groß geworden war, hatten sie nicht für möglich gehalten.

Augenblicklich, wie aus einer Pistole geschossen, fragte Eric, der Älteste, seine Mutter, ob er und seine Geschwister daran schuld wären. Evelyn schluckte laut, bevor sie erklärte, was in all den Jahren geschehen war. Sie versicherte ihren drei Kindern, dass sie die größte Freude in ihren Leben seien und sie alles für sie täten, damit es ihnen gut gehe. Die Trennung vom Vater habe nichts mit ihnen zu tun!

»Das ist allein unsere Entscheidung – so traurig es auch sein mag«, beteuerte sie den Dreien. »Wie man so sagt: Wir haben uns auseinander gelebt!«

»Bedeutet das Scheidung?«, fragte Eric.

»Nein!«, antwortete Evelyn, »das möchten wir im Moment noch nicht. Es soll zunächst nur eine Trennung sein. Euer Papa und ich – wir dürfen uns unabhängig voneinander ein neues Leben aufbauen. Eines, das uns mehr behagt und erträglicher für uns ist.«

Das Wort Scheidung war zumindest den Brüdern vertraut, denn sie hatten Freunde, deren Eltern geschieden waren. Aber jener Moment, in dem es sie selbst traf, musste erst einmal verdaut werden.

Jedes der drei Kinder reagierte anders, ganz auf seine Weise, auf diese Nachricht.

Eric, der Älteste wurde sehr anhänglich und wollte immer in Evelyns Nähe sein, redete so viel, wie noch nie in seinem Leben mit ihr, übernahm häusliche Aufgaben und fing sogar an, regelmäßig zu kochen – zum Erstaunen aller. Er suchte oft in den verschiedensten Kochbüchern kulinarische Spezialitäten aus der internationalen Küche und wollte alle damit verwöhnen. Das gelang nicht immer, aber er wurde nicht müde, es immer wieder zu versuchen und diese Mühe sollte auch eines Tages belohnt werden.

Tom versank ein wenig in Lethargie. Seine Schläfrigkeit und der damit verbundene Rückzug in sein Zimmer machten Evelyn erheblich mehr zu schaffen, als die Quasselei

von Eric, denn Tom wollte und musste anscheinend viel alleine sein und niemand kam so richtig an ihn heran. Der Schulalltag war für ihn nur sehr schwer zu bewältigen.
Wenn er am Nachmittag nach Hause kam, musste er umgehend einige Stunden schlafen, um sich zu erholen. Das wiederum wirkte sich negativ auf seine Schulnoten aus. Mit Mühe und Not, viel Liebe der Großeltern und einiger Lehrer, die sich Tom besonders annahmen, konnte der spontane Energieverlust und die damit verbundene Lethargie gemildert werden.
Schließlich, nach fast zwei Jahren, war er wieder der »Alte«, nur viel nachdenklicher als früher. Was sich grundsätzlich verändert hatte, war seine Beziehung zu Eric. Eric war Toms großes Vorbild gewesen und er hatte ihm bis zu jenem Familienrat auch immer alles nachgeplappert; es schien fast so, als hätte Tom keine eigene Meinung besessen, aber das änderte sich ab diesem Zeitpunkt.

Rita, mit ihren acht Jahren, verstand die Auswirkungen dieses Wortes »Trennung« nicht wirklich. Sie wusste nicht, dass sie dadurch ihren über alles geliebten Vater noch seltener sehen würde als vorher und so fragte sie unaufhörlich nach ihm. Sie war in der Familie die »kleine Süße«, die noch nicht viel mitzubekommen schien. Die einzige Frage, die sie sich stellte: »Wo ist jetzt die Heimat geblieben, wenn ein Teil fehlt? Unsere Heimat ist doch da, wo Papa und Mama sind!« Doch diese Frage blieb unbeantwortet, so sehr sich auch alle bemühten, einen neuen Alltag zu finden.

Evelyn versuchte mit aller Kraft, die sie aufbringen konnte, ihren drei Kindern Vater und Mutter zugleich zu sein und es gelang ihr auch mit Unterstützung ihrer Eltern recht gut, denn sie war eine starke, entschlossene Frau, die sich mit Hingabe um ihre Sprösslinge kümmerte. Die nunmehr vierköpfige Familie musste wohl oder übel mit der neuen Situation leben lernen.

Ben blieb auch nach der Trennung von seiner Familie seinem alten Beruf treu und war nach wie vor viel in der Welt unterwegs mit langen Auslandsaufenthalten in Nord- und Südamerika, Afrika, Russland, Indien und Australien. Trotz modernster Kommunikationstechnik reduzierten sich die Kontakte zu seiner Familie drastisch. Er konnte mit dieser neuen Lebenssituation schwerer umgehen, als er gedacht hatte und um alte Wunden des Verlustes und der Trennung nicht ständig neu zu erleben, beschloss er, sich von seiner geliebten Familie ein Stück weiter zurückzuziehen, zumindest so lange, bis es ihm wieder besser ginge. Evelyn hätte sich allerdings ein wenig mehr Unterstützung durch Ben gewünscht als nur die finanzielle Absicherung.
»Aber warum sollte es nach der Trennung anders sein als vorher?«, war ihre eigene Antwort darauf. Tatkräftige Hilfe erhielt Evelyn von ihren Eltern und den Schwiegereltern, die in der Nähe wohnten.

2

Abschied für immer

An einem wunderschönen, sonnigen Samstag im Mai, als Eric und Tom, die inzwischen ausgezogen waren, gerade ihre Mutter und Rita besuchten, hatten sich alle am Mittagstisch versammelt und erzählten sich viel Lustiges aus den vergangenen Wochen, da klingelte das Telefon.

Evelyn nahm das Gespräch entgegen. Das Telefon befand sich in unmittelbarer Nähe zum Esstisch. Die Nummer auf dem Display kannte sie nicht. Es meldete sich ziemlich förmlich jemand vom Auswärtigen Amt. Noch während sich ihr Gesprächspartner am anderen Ende der Leitung vorstellte, wurde Evelyn ganz blass und sackte völlig kraftlos in den Stuhl neben dem Telefon, denn sie ahnte, was folgen würde. Mit aller Kraft gelang es ihr gerade noch, den Hörer am Ohr zu halten. Schlagartig änderte sich die Stimmung im Esszimmer – alle verstummten.

Rita, Tom und Eric stürmten ihrer Mutter zu Hilfe. »Was ist los, was ist denn los?«, wollten alle drei gleichzeitig wissen. Evelyn bat ihren Gesprächspartner um Erlaubnis und stellte den Lautsprecher des Telefons an, sodass sie mithören konnten.

Die Nachricht war die wohl schlimmste, die eine Familie erreichen kann, denn Evelyn und die Kinder erfuhren, dass Ben bei einem Flugzeugabsturz in Australien ums Leben gekommen war. Anscheinend auf einem Inlandsflug. Immer wieder versicherte sich Evelyn beim Anrufer, ob das

wirklich stimmte – sie konnte es einfach nicht fassen. Aber der freundlich bemühte Herr am anderen Ende konnte jeden Irrtum ausschließen und verabschiedete sich mit einem mitfühlenden »mein Beileid«.
Unverzüglich startete Tom die Teletextnachrichten im Fernsehen, wo vor zwei Tagen von diesem Unglück berichtet wurde. Die genaue Absturzursache konnte noch nicht erklärt werden, aber alle Insassen seien tot – das waren die aktuellsten Informationen vom Unglücksort.
Eine unheimliche Betroffenheit und Ohnmacht erfasste die Vier. Wie auf Kommando setzten sich wieder alle an den Tisch und hielten sich fest an den Händen. In jedem Einzelnen liefen Szenen und Erinnerungen aus ihrem Leben mit Ben ab. Auf diese Weise versuchten sie nun, mit ihm in Verbindung zu treten und ihn mit ihrer Liebe zu erreichen. Evelyn und Rita weinten bitterlich und fielen einander in die Arme. Auch Tom und Eric, mittlerweile 25 und 26 Jahre alt, verloren ihre Fassung.
Diese Hiobsbotschaft traf Rita im Alter von 17 Jahren. Die beiden Brüder entschieden spontan, zunächst bei ihrer Mutter und Rita zu bleiben, bis alle den ersten Schock ein wenig verdaut hatten. Die folgenden Nächte waren für alle lang, denn keiner konnte erholsamen Schlaf finden und jeder grübelte über das Unglück und die Frage, warum Ben gerade in diesem Flugzeug sitzen musste. Warum, warum, warum? Wenn, dann, hätte, wäre, würde … diese Worte waren oft die Letzten abends und die Ersten am nächsten Morgen.

Spencer durfte immer noch in Ritas Bett schlafen und leckte tröstend viele ihrer Tränen aus dem Gesicht. Immer wieder erinnerte Rita sich an ihren siebten Geburtstag, an dem sie ihn von Ben geschenkt bekommen hatte. Sie drückte ihn ganz fest an sich und wollte so ihrem Vater ganz nah sein.

Die Bergung der Leiche, die Überstellung nach Deutschland, die Freigabe zur Beerdigung und die Formalitäten dauerten fünf endlos lange Wochen. In dieser dunklen Phase ihres Lebens voller Trauer und Verzweiflung sahen sich die Vier immer wieder alte Videofilme an, in denen Ben zu sehen war und die sie auf irgendeine Weise zu trösten vermochten, denn sobald die Kamera auf ihn gerichtet war machte er mit den Kindern Späßchen, über die sie lachen mussten.

Evelyn wollte ihrer großen Liebe, trotz des Scheiterns ihres gemeinsamen Lebens, einen würdevollen Abschied bereiten und begann einige Tage nach dieser Schreckensnachricht die Beerdigung zu organisieren. Zur Verwunderung vieler Verwandter und Freunde hatten sich die beiden nie scheiden lassen. Warum das so war konnte selbst Evelyn nicht wirklich beantworten.

An so vieles musste gedacht werden. Der örtliche Bestatter und der Pfarrer bemühten sich sehr, der geschockten Familie zu helfen. Aber die Frage nach dem »Warum« konnte niemand beantworten. Aufmerksam verfolgte Rita die Gespräche mit den Verantwortlichen. Evelyn bestand auf die Beisetzung in einem Sarg, obwohl die Leiche bis zur Unkenntlichkeit verkohlt war. Sie wusste, dass Ben es so gewollt hätte.

Für Rita war es ganz besonders wichtig, dass der Blumenschmuck in weiß gehalten wurde, denn sie konnte sich gut erinnern, dass ihr Ben vor vielen Jahren bei einem Spaziergang über eine blühende Blumenwiese gesagt hatte, dass ihn weiße Blumen besonders berühren. In ihnen sah er etwas Elegantes, Unschuldiges, Zerbrechliches und Reines. So suchte Rita weiße Rosen, Lilien und Margeriten aus, die zu großen Buketts und Kränzen gebunden wurden. Auch die beiden Jungs unterstützten Evelyn tatkräftig.

Es war nicht so einfach, die im Ausland lebenden Arbeitskollegen und Geschäftspartner zu eruieren, um auch ihnen eine Einladung zum letzten Geleit zukommen zu lassen.

Alle waren erstaunt, als die Kondolenzschreiben aus aller Welt eintrafen. Die Worte, die viele von ihnen für Ben fanden, waren überwältigend und unterstrichen seinen besonderen Charakter. Immer und immer wieder las Rita die Briefe von Menschen, die mit ihrem Vater anscheinend mehr Kontakt hatten, als sie selbst, und das verursachte ihr großen inneren Schmerz.

Am Tag der Beerdigung versammelten sich viele Trauernde, unter ihnen eine Menge Menschen aus unterschiedlichen Ländern. Evelyn wusste bereits, wer kommen würde und hatte es nicht versäumt, die wichtigsten Teile des Gottesdienstes in mehrere Sprachen übersetzen zu lassen. Rita ließ es sich nicht nehmen, die Predigt in Englisch und Portugiesisch zu übersetzen. Sie war an diesem Tag so kraftvoll, um ihrem geliebten Vater die letzte Ehre zu erweisen. Eine ganz besondere Aura umgab sie, so meinten auf jeden Fall zahlreiche Gäste. Auch Rita selbst spürte es ganz deutlich – es war ihr Vater, der ihr den Rücken stärkte und sie aufrichtete. Dass so viele Trauernde aus dem Ausland anreisten, erfüllte sie mit Stolz. Die Zeremonie am Friedhof war sehr würdevoll; am offenen Grab gab es einige Abschiedsreden von sehr engen Freunden und seinem ehemaligen Vorgesetzten. Auch der Pfarrer fand treffende Worte für die Familie.
Der schwierigste Moment für Rita war wohl das langsame Versenken des Sarges in die Grube. Ein grausamer Augenblick des Abschiedes ohne jeden Trost. All ihre Liebe zu ihrem Vater sprach sie der weißen Rose zu, die sie ins offene Grab fallen ließ.
Wie es der Tradition entsprach, wurden die Trauergäste zum anschließenden Mahl eingeladen. In den vielen Gesprächen wurde immer wieder auf die Loyalität und Charakterstärke Bens hingewiesen. Alle Anwesenden waren froh, ihn kennengelernt und teils über lange Zeit mit ihm Kontakt gehabt zu haben.

Rita lernte nun auch die Verwandtschaft ihres verstorbenen Vaters aus Australien kennen. Es waren Cousins zweiten Grades, oder so. Mit ihnen unterhielt sie sich besonders lange und erfuhr, dass Ben seine Verwandten oft besucht hatte, wenn er gerade beruflich in ihrer Gegend war. Sie wussten allerhand von ihm zu berichten und konnten dieses Unglück auch nicht fassen. So lernte Rita an diesem Tag auch ihren Vater ein Stückchen besser kennen und noch mehr lieben.

Die anstrengenden Stunden fanden ein Ende, die Gäste reisten an den folgenden Tagen wieder ab und ließen die Witwe mit ihren drei Kindern zurück. Auch die Australier verließen sie und schlossen noch eine Europa-Rundreise an. Beim Abschied luden sie Evelyn und die Kinder sogar nach Australien ein. Obwohl der Kontakt zu Ben zuletzt nur mehr sehr sporadisch gewesen war, hinterließ sein Tod eine seltsame Leere. Diese Endgültigkeit beschäftigte die Familie noch lange Zeit.

Einige Wochen nach der Beerdigung erhielt Evelyn Post von einem Notar, der damit beauftragt war, das Erbe von Ben den rechtmäßigen Begünstigten zukommen zu lassen. Ben hatte immer sehr gut verdient und seine Familie in dieser Hinsicht nie im Stich gelassen. Evelyn nahm gemeinsam mit Eric, Tom, Rita und ihren Schwiegereltern an dem gewünschten Termin teil.
Die Verlesung des Testamentes war wie eine letzte Aufmerksamkeit Bens an seine geliebte Familie, die er zumindest in finanzieller Hinsicht abgesichert wissen wollte. So erhielten seine Eltern das angesparte Bargeld und Evelyn mit den Kindern den beachtlichen Erlös aus einer Lebens- und Unfallversicherung. Diese hatte er nach der Trennung von seiner Familie ohne deren Wissen abgeschlossen und sie als Begünstigte im Schadensfall eingesetzt. Mit dieser Geste hatte die Familie nicht gerechnet und sie freuten sich, trotz ihrer Trauer, über dieses Geschenk. Es war ein

tolles Startkapital in die Selbstständigkeit der jungen Erwachsenen. Das Geld wurde durch vier geteilt und jeder erhielt seinen Anteil ausbezahlt. Ritas Anteil verwaltete Evelyn noch bis zu ihrer Volljährigkeit, dann bekam auch sie den Betrag zur freien Verfügung. Sie tat sich mit dieser Erbschaft nicht leicht. Sie wollte nie Geld von ihrem Vater. Ihr wäre sein Leben wichtiger gewesen. Darum legte sie den hohen Geldbetrag auf ein Sparbuch und verbrauchte lange Zeit keinen einzigen Cent davon.

Die Jahre vergingen. Eric und Tom standen längst auf eigenen Beinen und streunten durch die Weltgeschichte. Nur Rita lebte noch bei ihrer Mutter, die einen neuen Partner gefunden hatte, den sie sehr liebte und der in ihr Haus einzog. Richard war stets bemüht, ein gutes Verhältnis zu den Dreien aufzubauen. Hin und wieder gab es natürlich Unstimmigkeiten, wenn sich Rita bevormundet fühlte, denn niemand hatte in ihren Augen das Recht, die Stelle ihres Vaters in der Familie einzunehmen. Dann versuchte ihr Evelyn, in langen Diskussionen und Gesprächen, die Situation zu erklären. Das waren oft heikle Momente, wenn Rita der Sehnsucht nach ihrem Vater verfiel. Doch Evelyn verstand es immer wieder, ihre Tochter aufzufangen und die Vernunft siegen zu lassen.

Rita entwickelte sich zu einer hübschen jungen Frau, die ihre Sprachbegabung zu nutzen verstand, ehrgeizig ihren Berufswunsch als Dolmetscherin verfolgte und mit zwanzig Jahren ihr Sprachstudium aufnahm.
Spencer, der Einzige, dem Rita ausnahmslos alles erzählte und der alle ihre Gedanken zu kennen schien, wurde im Alter von dreizehn Jahren schwer krank, genau zum Beginn ihres Studiums. Viele Tierarztbesuche folgten, aber auch die verabreichten Medikamente konnten nur mehr die Schmerzen etwas lindern.
Schweren Herzens musste Rita eine Entscheidung treffen – die Todesspritze vom Tierarzt. Sie hatte bereits für den

nächsten Montagmorgen einen Termin vereinbart. Spencer war am letzten Sonntag seines Lebens sehr unruhig, als ob er wüsste was geschehen sollte. Er wich Rita nicht von der Seite, obwohl er sichtlich große Schmerzen litt. Als sich Rita an diesem Abend aufs Sofa setzte, nahm sie Spencer in ihren Schoss und streichelte und liebkoste ihn sanft. Genau an dieser Stelle waren sie sich zum ersten Mal begegnet, als Spencer aus der Schachtel gehüpft war. Nun rollte er sich zusammen und atmete sehr schwer. Plötzlich hob er seinen Kopf, sah zu Rita hoch, schenkte ihr mit seinen dunklen Augen den letzten Blick, so als ob er sich für sein Leben bedanken wollte, und schlief für immer ein.
Eine außerordentliche Zeit in Ritas Leben ging damit zu Ende, denn Spencer war die lebendige Erinnerung an ihren geliebten Vater. Obwohl der Schmerz über Spencers Tod sehr groß war, war Rita doch froh, dass ihm die Todesspritze erspart geblieben war und er in aller Ruhe und Geborgenheit hatte gehen können. Die ganz Familie war sehr traurig über diesen Verlust und so beschlossen sie, Spencer im Garten, in dem er unzählige Stunden verbracht und mit Rita herumgetollt hatte, zu begraben. Richard bastelte ein Holzkreuz, hob in einer geschützten Ecke unter einer Buche eine Grube aus und besorgte große Steine zur Befestigung. Rita legte Spencer, in seine Decke gewickelt, hinein und verabschiedete sich mit einem kleinen Blumenstrauß in Weiß von ihm. Evelyn umarmte Rita ganz fest, denn sie wusste, dass es auch ein erneuter Abschied von Ben war, mit dem ihre Tochter hier zu kämpfen hatte.

An der Uni lernte Rita viele neue Freunde kennen und genoss ihre Studienzeit. Bald fand sie ihre alte temperamentvolle Seite wieder. Ihr Freundeskreis erlaubte es ihr, auch zu Hause viel unterwegs zu sein, ab und zu einen über den Durst zu trinken – alles in allem ein ausgefülltes und bewegtes Leben zu führen.
Sie paukte voller Elan, was nötig war, um das Studium mit Bravour abschließen zu können und freute sich auf ihren

Beruf als Dolmetscherin. Nie verlor sie ihr Berufsziel aus den Augen. Sie beherrschte nun neben ihrer Muttersprache Deutsch, Englisch, Portugiesisch, Italienisch und Russisch in Wort und Schrift. Rita übersetzte Bücher aus allen Sparten sehr exakt und gab Sprachunterricht. Sie bemühte sich darum, die Bücher nicht Wort für Wort zu übersetzen, sondern auch den Sinn in den jeweiligen Sprachen herauszuarbeiten, denn sie wusste nur zu gut, dass es durchaus Transportschwierigkeiten und Reibungsverluste zwischen den Sprachen gibt und nur zu oft die Inhalte darunter leiden. Genau diese Art ihrer Arbeit schätzten ihre Auftraggeber und beteuerten immer wieder ihre uneingeschränkte Zufriedenheit.

Ihre mit dem Studium verbundenen Reisen ließen sie sehr viel von der Welt sehen, erleben, erfahren und viele Menschen kennenlernen. Auch die eine oder andere Männerbekanntschaft war dabei, aber Rita hatte eine »unsichtbare Schranke« eingebaut, so beschrieb sie es öfter ihrer Mutter gegenüber, die eine dauerhafte Beziehung unmöglich machte. Manchmal rutschte ihr Evelyn gegenüber heraus: »Ich habe alles unter Kontrolle, auch meine Gefühle.«
Evelyn ahnte nicht, was das zu bedeuten hatte, machte sich aber oft Sorgen um Rita, denn sie wusste, dass oberflächliche Beziehungen keine erfüllende und tragfähige Perspektive für Rita sein konnten. Dafür kannte sie ihre Tochter doch zu gut. Rita erzählte ihrer Mutter lange nicht alles, was sie als mittlerweile erwachsene Frau mit Männern erlebte.
Wenn Evelyn das Gespräch mit ihr suchte, wich Rita ständig aus und blieb an der Oberfläche, was wiederum zu Spannungen zwischen den beiden führte. »Lass mich einfach mein Leben leben. Du hast es ja auch nicht besser gekonnt!« Damit würgte Rita jeden Versuch Evelyns ab, mit ihr ein persönlicheres Gespräch zu führen und sich mit den Gedanken und Einwänden ihrer Mutter auseinanderzusetzen. Solche Aussagen trafen Evelyn mitten ins Herz.

Es blieb ihr nichts anderes übrig, als den Weg ihrer Tochter als Zuschauer zu beobachten, denn sie wusste insgeheim, dass Rita sie und ihre beiden Brüder für die Trennung und das weitere Schicksal von Ben verantwortlich machte. Rita wusste in solchen Augenblicken mit so harten Worten zu ihrer Mutter genau, wie sehr sie sie damit verletzte, aber sie konnte einfach nicht anders und bemühte sich dafür an anderer Stelle wieder um Ausgleich.

Ihr Beruf ermöglichte es ihr, überall auf der Welt arbeiten zu können; sie benötigte dafür lediglich ihren Laptop. Einige Bekannte beneideten Rita, wenn sie einfach wieder für einige Zeit aufbrach und durch die Welt zog und doch immer genug dabei verdiente. Sogar die eine oder andere Partnerschaft wurde durch ihren Reisedrang abrupt beendet. Was Rita über all die Jahre geblieben war, war eine gewisse Neugierde und der Drang, den Dingen auf den Grund zu gehen. Diese Neugierde war nicht jene, die Informationsvorsprung und damit gesteigerten Selbstwert verschaffte. Ihre Neugierde war ein unstillbarer Appetit auf das Leben, der sie immer wieder antrieb.

3

Ein Traum geht in Erfüllung

Seit vor mittlerweile dreizehn Jahren Ritas Vater verunglückte, wiederholte sich in regelmäßigen Abständen ein Traum. Sie träumte ihn mindestens dreimal im Jahr, im Durchschnitt also alle vier Monate und es war immer genau dieselbe Abfolge von Bildern, die sie sehr genau sehen konnte. Mittlerweile machte es ihr nichts mehr aus, obwohl sie nicht wusste, was der Traum bedeuten könnte. Ihr blieb nichts anderes übrig, ihn als Teil ihres Lebens anzunehmen und ihn so, wie er sich zeigte, zur Kenntnis zu nehmen. Ihre nächtliche Reaktion auf diesen Traum war allerdings nicht immer gleich. Oft schlief sie sehr ruhig weiter und konnte sich am nächsten Morgen erinnern, dass sie ihn wieder geträumt hatte und andere Male wachte sie schweißgebadet auf, voller Unruhe und Angst mit dem unbedingten Verlangen nach des Rätsels Lösung. Lange schon hatte sie den Traum aufgeschrieben, denn sie wusste, dass dieses Traumgeschehen nicht alltäglich war und nannte ihn ihren »Ersten Traum«, weil er der erste war, der immer wieder kehrte.

Als einmal ihre beste Freundin Emma in ihrer Stadtwohnung, die sie von Bens Erbe kaufen konnte, zu Besuch war und sie einen schönen Samstag miteinander verbrachten, erzählte sie ihren außergewöhnlichen Traum mit folgenden Worten:

»Ich befinde mich in einer schönen Landschaft bei sonnigem, warmen Wetter, alles um mich herum wirkt ruhig und friedlich und ich wandere auf einem schmalen Weg so dahin. Dieser Weg ist so ähnlich wie ein etwas ausgetretener Wanderweg mit leicht schotterigem Untergrund. Sehr angenehm zu fühlen unter meinen Füßen. Mein Blick schweift über die ganze Umgebung mit Wiesen, Blumen und Insekten.
Plötzlich tut sich vor mir ein riesiges schwarzes Loch auf, ein Abgrund, dessen Tiefe nicht zu erkennen ist. Leider kann ich nicht stehen bleiben und setze den nächsten Schritt. Ich falle hinein … schreie um Hilfe, aber keiner hört mich. Ich falle immer tiefer und weiter in dieses Nichts hinein … Es ist dunkel, kühl und riecht erdig, ich habe furchtbare Angst vor dem Aufprall, denn ich befinde mich im freien Fall.
Unten lande ich, anders als erwartet, absolut sanft, wie auf Watte und finde mich in einer völlig anderen Umgebung wieder. Ich liege auf dem Rücken auf einem sandigen Boden und es ist außerordentlich heiß. Ich sehe kaum Vegetation, zumindest keine, die ich kenne – viel dürres Zeug. Als ich mich aufrichte, erkenne ich vor mir einen großen, beeindruckenden, roten Berg.
Ich stehe auf, gehe weiter auf dem Sandboden und habe das Gefühl, dass ich sehr weit auf diesem Sandboden gehe, bis ich zu einem großen Gewässer komme und eine Brücke sehe.
Ich bleibe vor dieser Brücke stehen und nehme in der Mitte dieser Brücke eine Gestalt wahr, kann aber nur Umrisse erkennen. Ich beschließe, über diese Brücke zu gehen und als ich der Gestalt näher komme, sehe ich, dass sie einen Schlüssel in ihrer rechten Hand hält. Ich bin nun schon ganz nah bei ihr und strenge mich an, um zu erkennen wer oder was diese Gestalt ist, aber sie bleibt unscharf und schemenhaft. Ich strecke meine Hand nach ihr aus, weil ich neugierig bin und sie berühren möchte. Ich sehe meine ausgestreckte Hand und als ich die Gestalt fast anfassen kann, ist plötzlich der Traum zu Ende.«

Emma war verblüfft über diese genaue Beschreibung des Traumes, denn sie selbst konnte sich an ihre Träume bei Weitem nicht so gut erinnern und vergaß sie ganz schnell wieder. Oft meinte sie sogar, gar nicht zu träumen.
Die beiden spekulierten über eventuelle Bedeutungen, kamen aber auf keinen grünen Zweig. Mit jedem weiteren Gläschen Sekt wurde die Geschichte immer lustiger und die erdachten Lösungen immer absurder. Ihre Ideen gingen sogar so weit, dass beide Lachkrämpfe bekamen und jede Menge Taschentücher für ihre Tränen benötigten. Der Abend ging feucht-fröhlich zu Ende. Rita und Emma schliefen auf dem großen Sofa in ihrem Wohnzimmer ein.

Der Morgen danach war keinesfalls wie erwünscht. Vier Flaschen Sekt lagen am Boden, die bestellte Pizza nicht ganz aufgegessen und die Schüssel mit den Chips stand auch noch halb voll auf dem Couchtisch. Rita hatte einen ordentlichen Kater und auch Emma war nicht ganz sie selbst. Nach der kleinen Morgentoilette und einer großen, starken Tasse Kaffee verabschiedete Emma sich.
Dieser Tag war nichts Halbes und nichts Ganzes; Rita zog wie ein krankes Huhn herum und nichts konnte sie begeistern. Ihre Kopfschmerzen ließen zum Glück mit Aspirin und einem ausgedehnten Mittagsschlaf etwas nach. Auch der Spaziergang in den nahegelegenen Stadtpark konnte ihre Stimmung nicht heben. All die Menschen, die sich in der Sonne aalten und die Wärme genossen, konnte sie nur durch ihre große Sonnenbrille beäugen, denn das helle Licht war heute nichts für sie. Sogar Bekannte, die sie überreden wollten, in ein nettes Café zu gehen und ein wenig zu plaudern, bekamen einen Korb. Und das war für Rita sehr ungewöhnlich, denn normaler Weise war sie immer dabei, wenn es um irgendwelche Treffen mit Freunden ging. Auch ihre Freunde hatten sie immer sehr gerne dabei, denn Rita war sehr temperamentvoll und sorgte oft für Spaß und Gelächter. Aber unter diesen Umständen war ihre Abwesenheit natürlich entschuldigt.

Nach einem kurzen Anruf bei Emma, wie es ihr denn gehen würde, nahm Rita an diesem Tag als erste Mahlzeit das Abendessen ein – bis dahin war Tee die einzige Möglichkeit, etwas Warmes zu sich zu nehmen. Erst jetzt kam sie wieder zu Kräften und bereute den vergangenen Abend mit dieser Überdosis Sekt. Emma war in einem ähnlichen Zustand und versuchte ebenfalls, mehr schlecht als recht, sich durch den Tag zu bringen. Auch sie musste sich mit Aspirin helfen, um zumindest aus dem Bett zu kommen. Da hatten sich zwei Leidensgenossen gefunden. Aber das war ja nicht das erste Mal, dass sie bei einem Mädelsabend zu tief ins Glas geschaut haben. Und noch jedes Mal hatten sie sich am nächsten Tag geschworen, ihr Limit beim nächsten Treffen zu drosseln.

Am Abend blieb nur eines übrig – Sofa und Fernsehen. Denn lesen konnte Rita heute wirklich nicht mehr und alles andere war ihr viel zu anstrengend. Einfach einen gemütlichen Abend mit ein wenig berieselnder Unterhaltung, nichts Schweres sollte es sein. Sie suchte in der Fernsehzeitung nach einem geeigneten Film, wurde aber nicht recht fündig. Auch ihre DVD-Sammlung gab nichts Passendes her. So kuschelte sie sich unter ihre Decke, machte es sich bequem und zappte auf gut Glück herum. Bereits bei den Nachrichten aus aller Welt um halb Acht schlief sie ein.

Einige Stunden später schreckte sie wie vom Blitz getroffen auf, obwohl es keinen ersichtlichen Grund dafür gab. Völlig verschlafen und desorientiert schaute sie zum Fernseher, der immer noch lief. Das Bild zeigte einen großen roten Berg!
»Oh nein, das ist ja Wahnsinn!«, rief sie. »Das ist ja der rote Berg aus meinem Traum! Das gibt's doch nicht. Genau der Berg, genau dieselbe Farbe, genau dieselbe Form! Ich werd verrückt! Wie gibt's denn so was? Was soll den das bedeuten?« Rita war außer sich. Seit dreizehn Jahren hat sie im Traum diesen Berg gesehen und jetzt war er im Fernsehen.

Genau dieser Berg. Am liebsten hätte sie gleich Emma angerufen, um es ihr zu erzählen, aber sie wollte erst einmal wissen, welcher Berg das ist und musste sich beruhigen, um den Worten der Dokumentation zu lauschen. Es ging um den »Ayers Rock« in Australien. Eine ganze Sendung über diesen beeindruckenden Berg.

»Das glaube ich jetzt nicht, das kann gar nicht wahr sein, ich will es nicht glauben. Aber er ist es tatsächlich, der Berg aus meinem Traum. Soll ich ausschalten oder weiter zusehen? Bilde ich mir das jetzt nur ein, oder ist er es wirklich? Aber ich kenne doch dieses Bild ganz genau, ich habe ihn so oft gesehen. Diese einmalige Farbe, kaum zu beschreiben …«

Die Bilder vom Ayers Rock und dem australischen Umland trafen sie wirklich wie ein Blitz aus heiterem Himmel, denn seit dem Unglück ihres Vaters in Australien gab es für sie diesen Kontinent einfach nicht mehr. Sie strich ihn völlig aus ihren Gedanken. Alles, was mit Australien zu tun hatte, vermied sie ganz bewusst und konsequent. Sie lehnte sogar einmal einen Übersetzungsauftrag ab, nur weil in diesem Buch Australien vorkam. Selbst wenn Freunde von ihren Australienreisen erzählten, stand sie auf und ging.

Ein Land, das ihren geliebten Vater verschlungen hatte, war für sie nicht mehr würdig, auf einer Landkarte zu erscheinen oder darüber zu sprechen. Mit dieser Entscheidung lebte sie bis zu diesem Sonntag recht gut, denn ihre engen Freunde akzeptierten ihre Antipathie, auch wenn sie diese nicht verstehen konnten. Zwar wussten sie von dem Unglück, dachten aber, dass es sich mit den Jahren geben würde. Doch Rita konnte sehr stur sein; in diesem Punkt ließ sie nichts und niemanden an sich heran. Kein Argument war fähig oder gut genug, ihre harte Schale aufzubrechen. Und solche Versuche hatte es viele gegeben.

Auch Evelyn, Tom und Eric richteten sich danach. Sie erwähnten weder Ben noch Australien, wenn sie sich trafen.

Für Rita war das der einzige Weg und sie setzte sich damit auch durch. Diese offene Demonstration ihrer Negation hatte in früheren Jahren oft zu familiären Spannungen geführt, denn auch ihre Brüder bereisten Australien und nur wegen ihrer Schwester durften sie im Familienkreis nicht darüber sprechen. Das war für die Beteiligten nicht immer leicht, denn natürlich hatten auch sie dort ihren Vater verloren. Aber Rita ging mit dieser Sache völlig irrational um. »Keine Chance, ich will nichts von euren Reiseerlebnissen und euren Belehrungen hören. Aus, Schluss, Ende!«, das waren ihre Worte zur Familie und ihren Freunden.
Selbst Emma gelang es nicht, mit ihr in Ruhe darüber zu sprechen. Auch sie wusste, Verdrängung war für Rita nicht der richtige Weg, aber in dieser Angelegenheit war sie gleichfalls völlig machtlos.
Fassungslos schaute Rita die Sendung im Fernsehen zu Ende und ging anschließend sehr nachdenklich, bedrückt, verwundert und sogar ein wenig glücklich zu Bett. Ihre Gefühle ließen sich mit »verwirrt« am besten beschreiben. In dieser Nacht war es ihr nicht möglich, Schlaf zu finden. Sie drehte sich von einer Seite zur anderen und dachte über ihren Traum nach. Ihr Verstand verwehrte es ihr, an solche Zufälle zu glauben und sie begann unendliche Diskussionen mit sich selbst zu führen.
»So eine Nacht ist furchtbar anstrengend«, mehr fiel ihr dazu am nächsten Morgen nicht ein. Aber sie war sicher, dass der Ayers Rock jener Berg aus ihrem Traum war.
Emma war die Erste am nächsten Tag, die von der Dokumentation über den Berg aus ihrem Traum erfuhr. Noch ganz aufgebracht berichtete Rita, wie sie zu dieser Sendung »gekommen« war und dass sie diese bis zum Ende angesehen hatte. Emma freute sich riesig mit Rita, musste aber bei ihrer Wortwahl sehr vorsichtig sein, denn Ritas Begeisterung konnte jeden Moment kippen. So gut kannte sie ihre Freundin. Sie wollte auf keinen Fall das junge Pflänzchen an Interesse verletzen; weder ihre Verwunderung darüber, noch den Hauch von Faszination, den sie wahrnahm.

Emma verstand es sehr gut, Rita sein zu lassen, wie sie war. Nicht umsonst war sie ihre beste Freundin. Sie wusste, dass es ein riesiger Schritt für Rita gewesen war, die Sendung überhaupt anzusehen und welchen inneren Kampf sie währenddessen ausgestanden haben musste.
»Was willst du jetzt machen?«, wollte sie von Rita wissen.
»Ich habe keine Ahnung, vielleicht muss ich einfach Zeit vergehen lassen, um mich an diesen Berg zu gewöhnen«, erwiderte Rita etwas zögerlich. Sie schien plötzlich unsicher zu sein; das kannte man so nicht von ihr, denn sie wirkte überaus selbstbewusst und bestimmt; sich ihrer Sache ganz sicher. Mit gegenseitigen besten Wünschen beendeten die beiden das Telefonat.

Rita versuchte die nächsten Tage ganz normal zu verbringen und setzte sich an die Auftragsarbeit, die sie vor Wochen erhalten hatte. Wie immer bemühte sie sich, besonders treffend zu übersetzen. Das war teilweise nicht einfach, doch diese Vorgehensweise zeichnete sie und ihre Arbeit aus. Dieses Mal musste sie einen Roman übersetzen. Sehr konzentriert arbeitete sie sich Seite für Seite durch den 700 Seiten dicken Wälzer, dessen Inhalt ihr gar nicht zusagte. Sie hatte nicht das mindeste Interesse an verzwickten Dreiecksbeziehungen, Seitensprüngen, irgendwelchen Dramen, Streitgesprächen und Versöhnungen, detaillierten Beschreibungen von Bettszenen und sonstigen Ausführungen in dieser Geschichte. Kurzum, sie war gelangweilt. Aber auch das war ihr Arbeitsleben. »Das müssen andere, die ins Büro gehen, auch aushalten«, war ihr Trost.
In Wirklichkeit lag es ja gar nicht am Inhalt des Romans, sondern am Ayers Rock. Der rote Berg spukte in ihren Gedanken umher; immer und immer wieder versuchte sie den Sinn ihres Traumes zu verstehen, denn jetzt war sie ganz sicher, dass er mehr bedeutete, als sie angenommen hatte. Dieser Zustand war zermürbend, denn sie wollte auf eine ganz einfache Frage, die sie stellt, eine ganz einfache Antwort, mit der sie etwas anfangen konnte, die sie auswerten

und auf die sie reagieren konnte. Aber das war ihr nicht möglich. Wem sollte sie den Traum denn erzählen, wer würde ihr weiterhelfen können? Da war niemand in ihrer Nähe, dem sie das zutraute.
Natürlich recherchierte sie im Internet; es gab Bücher über Träume. Manche Autoren versuchten auch, einzelne Traumbilder zu erklären und deren Bedeutung zu erwägen und den Zusammenhang von psychischen Vorgängen zu erklären. Aber so eine Bilderfolge, wie Rita sie wiederholt gesehen hatte, wurde nirgends erwähnt, geschweige denn beschrieben oder erläutert. Und so war sie auch fünf Wochen nach der Dokumentation über den Ayers Rock immer noch am Anfang ihrer Antwortsuche. Nichts Aufschlussreiches war in Sicht. Die Gedanken über den Traum und die Fernsehsendung ließen sie aber nicht mehr los.
Emma stellte leider auch keine brauchbare Hilfe dar. In der Zwischenzeit waren sie mehrmals gemeinsam unterwegs gewesen und hatten ihren Spaß, aber der Stachel in Ritas Brust bohrte und bohrte. Die beiden konnten über den Traum auch nicht mehr witzeln, denn dafür war die Sache nun doch zu ernst für sie geworden. Speziell Australien.

Die anderen Träume, die Rita bis dahin aufgeschrieben hatte, hatten bei weitem nicht diese Brisanz, denn sie wiederholten sich nicht. Dennoch bekam nun die ganze Traumthematik einen besonderen Stellenwert in ihrem Leben. Rita wusste zwar immer noch nicht, welche Bedeutung all die Träume haben sollten, aber dass da etwas war, etwas Undefinierbares und Geheimnisvolles, das spürte sie ganz deutlich.

Eines Abends, als sie immer noch an ihrem Schreibtisch saß und an der Romanübersetzung arbeitete, wurde sie so müde, dass sie einnickte. Und da war er wieder, der »Erste Traum«. Exakt jene Traumbilder, die ihr bereits so vertraut waren. Jedes Detail – wie immer. Ganz ruhig wurde sie wach und freute sich über den Traum. Irgendwie empfand sie ihn plötzlich als Geschenk und nicht mehr als Belastung. Sie ging zu Bett und schlief tief und fest bis zum nächsten Morgen.

An diesem Dienstag war ein Termin bei ihrem Auftraggeber vereinbart. Die Romanübersetzung sollte finalisiert werden. Zu diesem Zweck nahm Rita ausnahmsweise den Stadtbus und nicht das eigene Auto. Das war untypisch, denn im Normalfall mied sie öffentliche Verkehrsmittel wegen der vielen Leute und den Drängeleien an den Haltestellen. Zum Glück ergatterte sie einen Sitzplatz für die 30-minütige Fahrt durch die Stadt und tat so, als ob sie schlafen würde, um möglichst jeden Kontakt zu anderen Fahrgästen zu vermeiden.
Hinter ihr nahmen zwei ältere Damen Platz, die sich über alles Mögliche unterhielten: Politik, Kochen, Essen, das Wetter und die letzten Urlaube. Rita musste zwangsläufig das Gespräch mit anhören, weil die Damen anscheinend ihre Hörgeräte zu Hause vergessen hatten und so den ganzen hinteren Busteil unterhielten. Viele Fahrgäste schmunzelten über die beiden.
Rita bereute ihre Entscheidung, den Bus genommen zu haben, denn auf diese Zwangsunterhaltung hatte sie überhaupt keine Lust. Im Laufe des Gespräches, als das Thema Urlaub dran war, brachte eine der beiden zum Ausdruck, dass sie einerseits nicht an der nächsten Rentnerfahrt nach Berlin teilnehmen wollte, weil sie dort schon gewesen sei, andererseits aber trotzdem Lust darauf hätte. Ihre Freundin erwiderte ganz forsch, um dieses anscheinend schon oft gehörte Berlin-Thema zu beenden: »Fahr doch einfach hin! Dann siehst du schon, ob du noch Neues entdeckst. Ist doch nett, mit den Freunden die Fahrt zu unternehmen!«
Jetzt fiel der Groschen bei Rita. Was war das doch für ein Satz – unglaublich einfach – Fahr doch einfach hin!

Fahr doch einfach hin! – Das ging Rita nicht mehr aus dem Kopf.

Der Termin mit dem Verlag verlief sehr zur Zufriedenheit aller Anwesenden, denn Rita konnte wieder einmal ihre Sprachkompetenzen unter Beweis stellen. So wichtig dieser Geschäftstermin auch für sie war, denn es sollten Folgeaufträge erteilt werden, ihr Interesse fokussierte sich auf den Satz aus dem Bus.
Ayers Rock in Australien – Australien, der Kontinent Down Under – war das die Antwort auf die zehrenden Fragen der letzten Wochen? Auf ihren Traum? Sollte sie tatsächlich den für sie so lange nicht existenten Kontinent bereisen? Das widersprach ihr zutiefst. Aber der Satz »Fahr doch einfach hin« brannte sich förmlich wie auf eine Schallplatte ein, die wiederholt abgespielt wurde, ohne dass Rita etwas dagegen unternehmen konnte. Sie konnte den Stecker nicht ziehen. Jetzt musste Tom, ihr Bruder, her. Nach langem Hin und Her rief sie ihn an diesem Abend an und vereinbarte einen Besuch bei ihm, ohne ihn über den Grund zu informieren. »Komm einfach am Samstagnachmittag zu uns, wir freuen uns.«

Tom war inzwischen verheiratet und Vater von drei Kindern. Er wohnte mit seiner Familie etwas außerhalb der Stadt, etwa eine dreiviertel Stunde mit dem Auto entfernt. Er war Psychologe und auf Kindheitstraumata spezialisiert. Anscheinend hatte er bereits vielen Menschen helfen können, denn seine Praxis florierte.
Rita beobachtete die Entwicklung ihres Bruders ein wenig aus »sicherer« Entfernung und stellte immer wieder fest, dass Tom ein sehr liebevoller und ausgeglichener Mensch geworden war. Anscheinend wendete er ganz verschiedene Behandlungsformen auf Basis neuester wissenschaftlicher Erkenntnisse sehr gekonnt an. Er hatte keine Ahnung von Ritas Träumen, denn ihrer Familie erzählte sie nie davon, um gut gemeinte Ratschläge und Analysen zu vermeiden. Aber nun schien die Zeit reif zu sein, denn sie wusste nicht mehr, was sie tun sollte. In ihren Augen war es ein Akt reiner Verzweiflung, sich den Rat eines Psychologen zu ho-

len. Bisher hatte sie dazu keinerlei Veranlassung gesehen. Im Gegenteil, dieser Gedanke verursachte sogar Unbehagen. »Er ist ja mein Bruder und nicht mein Therapeut.«, sagte sie sich immer wieder selbst vor.
Die restliche Woche wollte einfach nicht vergehen, der Samstag war gefühlte zwei Monate entfernt und immer noch lief die Schallplatte mit dem Satz: »Fahr doch einfach hin!«

Endlich. Samstagnachmittag. Ein regnerischer Tag, aber das machte nichts, denn die Temperatur war sehr mild. Rita aß noch eine Kleinigkeit zu Mittag, nahm das Blech mit dem selbst gebackenen Kuchen für Toms Familie und fuhr los.
Die Kinder öffneten ihr die Tür. Gerry, Lina und die zuckersüße Amy, die erst seit kurzem laufen konnte, empfingen ihre Tante mit Umarmung und Küsschen. Auch Tom und ihre Schwägerin Martha freuten sich sichtlich über den Besuch und hießen sie herzlich willkommen.
»Komm herein und mach es dir gemütlich. Wir freuen uns schon auf deinen Kuchen!«, sagte Tom, denn er war der »Süßeste« von allen. Small Talk bestimmte einige Zeit das Beisammensein der Familie bei Kaffee und Kuchen und so drängte es Rita, endlich ihrem Bruder den Traum zu erzählen.
Martha wollte mit Gerry und Lina in das nahe gelegene Schwimmbad fahren, damit Tom und seine Schwester in Ruhe miteinander reden konnten. Amy durfte zu Hause bleiben. Rita wusste, dass Martha aus Rücksicht die Kinder zusammenpackte und etwas mit ihnen unternahm. Sie umarmten sich zum Abschied und Rita bedankte sich leise bei Martha für ihr Entgegenkommen. Ihr Blickkontakt war zwar kurz aber sehr intensiv und es schien, als würde Martha alles verstehen.

»Gehen wir eine Runde? Das Wetter ist deutlich freundlicher geworden. Mir täte frische Luft gut und Amy könnte

im Kinderwagen etwas schlafen. Was meinst du?«, fragte Tom.
»Ja, gerne, eine gute Idee, dann bekommen wir wieder Hunger zum Abendbrot.«, stimmte Rita zu.
Entspannt spazierten sie zum nahegelegenen Auengebiet, den kleinen Fluss entlang. Rita atmete die feuchte, dampfige Luft tief ein, denn sie roch den leicht modrigen Geruch der Erde und des Holzes nach einem Regen so gerne. Die grüne Au war wirklich absolut beruhigend und wohltuend. Anscheinend auch für Amy, denn nach einer kurzen Quengelei schlief sie fest.

Tom wusste, dass Rita etwas auf dem Herzen hatte und sich schwer tat, ihn um Hilfe zu bitten. Er kannte ihre Einstellung Psychologen gegenüber und dass sie sich selbst keinesfalls als Kandidatin für eine therapeutische Sitzung sah. Aber die Art und Weise, wie behutsam und zurückhaltend er an diesem Nachmittag war, animierte Rita, endlich mit der Sprache herauszurücken. Sie nahm allen Mut zusammen und erzählte ihm den »Ersten Traum«, der ihr die letzten Wochen so zugesetzt hatte.
Den Zusammenhang mit der Dokumentation über den Ayers Rock und dem sich wiederholenden Satz in Ritas Herzen »Fahr doch einfach hin!« fand Tom ganz offensichtlich. Ihr Problem mit Australien kannte er ja nur zu gut. Auch er durfte ja über all die Jahre in ihrer Anwesenheit nicht über seine Australienreise sprechen.
Tom gelang es, ihr den roten Faden aufzuzeigen, der sich durch diese Geschichte zog. Vorsichtig, einfühlend und zugleich etwas herausfordernd ermutigte Tom seine Schwester, nach Australien zu reisen, um die aufgebaute Spannung dadurch abzubauen, denn zweifellos war das Geschehene eine Aufforderung oder Einladung an Rita, diesen Umständen nachzugehen. Er packte sie an ihrer Neugierde und ihrer Fähigkeit, Neues zu entdecken, die sie schon so oft bewiesen hatte. Er rief ihr die vielen Auslandsaufenthalte ins Gedächtnis, die sie in den letzten Jahren so taff unter-

nommen hatte; die sie zu einer selbstbewussten jungen Frau hatten reifen lassen.
Zum ersten Mal, seit dreizehn Jahren, ließ Rita an diesem Samstagnachmittag den Gedanken zu, dass Australien existiert und es dort für sie etwas zu entdecken gab. Welch ein Gewinn! Noch während des Gespräches fühlte sie eine gewisse Erleichterung, als ob mit jedem Schritt, den die beiden am Fluss dahinwanderten, einzelne Steine aus ihr herausbrechen und hinter ihr am Weg liegen bleiben würden.

Tom hatte in seiner Praxis schon sehr viel zu hören bekommen, aber dieser Traum seiner Schwester erstaunte ihn sehr. Ein Traum in dieser Klarheit, der immer wieder kehrte – er war sich sicher, dass dieser »Erste Traum« mehr zu sagen hatte. Auch wenn er seine Bedeutung nicht entschlüsseln konnte, war er Rita eine überaus große Hilfe, die Dinge ins Rollen brachte, deren Auswirkungen noch niemand abschätzen konnte.
Am späten Nachmittag kehrten Tom, Amy und Rita wieder nach Hause zurück. Auch Martha und die Kinder kamen gerade. Ein gemütliches Abendbrot mit allerhand Späßen mit Gerry und Lina rundete diesen Tag ab und gab Rita wieder das schöne Gefühl, in ihrer Familie aufgehoben zu sein.

Weitere Wochen vergingen, bis Rita endlich so weit war, Australien im Internet zu recherchieren, um sich mögliche Reiseziele anzusehen. Was sie da sah, gefiel ihr sehr gut. Langsam, aber sicher festigte sich der Gedanke einer Reise dorthin und ihre »Australienallergie« verebbte allmählich. Eines stand fest: Sollte sie wirklich diesen Kontinent besuchen, musste es schon für mehrere Wochen sein, damit sich die weite Reise auch auszahlte. Emma war die Erste, die von Ritas Gedanken und Plänen erfuhr und sie freute sich ganz besonders für ihre beste Freundin. Endlich kam Bewegung in die Sache. Erst als Rita ganz sicher war, dass sie nach Australien reisen würde, erzählte sie ihrer Familie davon. Ihre Mutter und Eric waren sprachlos, als sie ihnen ihre Reiseabsicht mitteilte. Auch Tom und Martha freuten sich für sie und boten ihre Hilfe beim Planen an. Plötzlich erzählten alle von Australien und den unvergesslichen Eindrücken ihrer Reisen. Ganz entspannt konnte jeder sagen, was er wollte und musste aus Rücksicht auf Rita kein Blatt mehr vor den Mund nehmen. Das allein war schon ein kleines Wunder. Nein, es war ein großes Wunder und über Wunder freut man sich einfach. Tom und Rita fühlten sich seit diesem Samstagnachmittag noch stärker verbunden. Rita bedankte sich ganz innig bei Tom, denn ihm war es gelungen, den Stein ins Rollen zu bringen.

Der »Rote Berg« bildete natürlich das Zentrum ihres Reiseplanes. Der Ayers Rock liegt ja fast in der Mitte von Australien im Northern Territory. Rita war eine Abenteurerin, wenn sie auf Reisen war. Sie bewegte sich gerne abseits der großen Touristenpfade, um das bereiste Land besser spüren zu können. Jetzt erinnerte sie sich auch an die Verwandten ihres Vaters, die sie bei seiner Beerdigung kennengelernt hatte. Ihre Mutter Evelyn war all die Jahre mit ihnen in Kontakt geblieben und konnte Rita ihre Adressen geben. Alle wohnten in Sydney, im Südosten des Kontinents.
Damit stand ihre Reiseroute fest: Als Einstieg in ihre Australienerkundung wählte sie Darwin, die nördlichste Stadt im Northern Territory, die über Singapur mit einer internationalen Fluglinie leicht zu erreichen war. Von da aus wollte Rita gemütlich mit einem Mietwagen Richtung Süden zum Ayers Rock fahren und die großen Nationalparks dieses Landesteils erkunden. Nach Inlandsflügen war ihr noch nicht zumute, sie war noch zu sehr an die Erinnerungen an Bens Tod gebunden. Sydney sollte den Abschluss bilden, wo sie vierzehn Tage bei den Verwandten verbringen wollte.
Für die ganze Reise veranschlagte sie zwei Monate. Genug Zeit, um in aller Ruhe vom Norden in den Süden zu gelangen und das Land ausführlich zu erleben und kennenzuler-

nen. Keine Buchungen vorab, alles so frei und ungebunden wie möglich. Nur das Datum für den Rückflug legte sie fest. So war es ihr am liebsten: Reisen ohne große Verpflichtungen und so frei zu sein, dass für alle Eventualitäten genug Zeit blieb. Wenn ein Ort ihre besondere Aufmerksamkeit erforderte, dann wollte sie auch die Möglichkeit haben, dort zu verweilen, egal wie lange.
Die klimatischen Bedingungen, so hatte sie recherchiert, waren in den Monaten März und April am günstigsten, da im Norden während der Monsunregenfälle die ganze Region in üppiger Blüte stehen würde und die tropische Pflanzenvielfalt wollte Rita unbedingt sehen.
Die Region um den Ayers Rock war sowieso von Trockenheit geprägt und wenn Rita im April in Sydney ankäme, würde der Hochsommer bereits abklingen. Um die 23 Grad befand sie für die Stadtbesichtigung optimal. Das war der grobe Plan für ihre Reise. Die Cousins ihres Vaters freuten sich bereits auf ihr Kommen, denn auch sie hatten Rita in bester Erinnerung behalten und planten nun ihrerseits einige Unternehmungen mit ihr.

Die Flugtickets waren bereits gebucht und der Mietwagen reserviert. Jetzt gab es für Rita kein Zurück mehr. Immer noch etwas zwiegespalten kreisten all ihre Gedanken um diese für sie ganz besondere Reise. Aber ihre Neugierde überwog. Je näher die Abreise kam, desto größer wurde auch ihre Vorfreude. Wieder und wieder las sie ihren Traum in ihrem Traumbilderbuch und erinnerte sich an die Momente, als der Ayers Rock so unvermittelt im Fernsehen aufgetaucht war. »Ja, es ist die richtige Entscheidung!«
Für die zwei Monate ihrer Reise nahm Rita keine neuen Übersetzungsaufträge an und sagte alle privaten Unterrichtsstunden ab. Sie wollte sich endlich ihrer Australien-Phobie stellen und sich nicht durch irgendwelche beruflichen Verpflichtungen ablenken lassen. Ihren Trekkingrucksack packte Rita nach und nach. Immer, wenn ihr etwas Wichtiges einfiel, stopfte sie es hinein, so lange, bis kein

Platz mehr war. Obwohl sie sonst sehr gut organisiert war, das Kofferpacken hatte sie nicht erfunden. Da blieb das eine oder andere schon mal vergessen zu Hause. Dann musste sie improvisieren. »Hauptsache die Reisedokumente, Geld- und Kreditkarte sind dabei. Beim nächsten Mal mache ich es dann besser!«, dachte sie oft auf ihren Reisen.

Am Abend vor dem Abflug besuchte Rita ihre Mutter und verabschiedete sich noch telefonisch bei Tom und Eric. Auch Evelyn war davon überzeugt, dass auf Rita eine besondere Entdeckung wartete, nachdem sie von ihrem »Ersten Traum« erfahren hatte. »Vielleicht wird sich nun doch einiges in Ritas Leben ändern.«, dachte sie insgeheim und erinnerte sich an die vielen durchwachten Nächte an ihrer Seite. »Am Ende waren es auch damals die Träume, die Rita so viele schlaflose Nächte beschert hatten, als sie noch klein war und nichts und niemand ihr helfen konnte außer meine Zuwendung, Liebe und Geduld.« Sie freute sich für ihre Tochter und drückte sie zum Abschied ganz fest an sich: »Sei vorsichtig und pass gut auf dich auf!«
Auch Emma wurde noch besucht und mit einem Gläschen Sekt stießen sie auf die bevorstehende Reise an. In solchen Momenten fiel es Emma immer schwer, sie einfach ziehen zu lassen. Natürlich freute sie sich für Rita. Ihr eigener Bürojob ließ solche Unternehmungen leider nicht zu und so machte sich doch ein klein wenig Neid bemerkbar. Aber sie konnte gut mit dieser Stimmung umgehen und ließ Rita nie etwas merken, wenn sie so lange Reisen antrat und ihre Freunde zu Hause zurückließ.
Die letzte Nacht vor der Abreise war sehr unruhig; Rita konnte kaum schlafen. Ihre Gedanken kreisten ununterbrochen. Erst gegen Morgen wurde sie ruhiger und der Wecker riss sie aus einem kurzen Tiefschlaf. Mit der S-Bahn ging es zum Flughafen und von dort ab nach Singapur. Insgesamt war sie 26 Stunden unterwegs, als sie endlich in Darwin landete.

Zwischenlandungen und Umsteigen mit Wartezeit, alles war wie geplant. Auch die Flüge verliefen sehr ruhig: keine beängstigenden Turbulenzen, das Essen an Bord war ausgezeichnet und die neuesten Kinofilme unterhielten sie prächtig. Mit ihrer Sitznachbarin konnte sie sich angeregt unterhalten; auch sie war auf dem Weg nach Darwin, ihrem Zuhause. June kehrte von einer Europatour zurück und erzählte Rita einiges über ihre Heimatstadt. Jetzt brach die Freude über das Outbackabenteuer in Rita so richtig durch.

June freute sich riesig auf ihr Zuhause und ihre Familie. Europa hatte auf sie eher beengend gewirkt. Obwohl sie auch an fremden Kulturen immer interessiert war und viel über die Lebensweise anderer Menschen erfahren wollte, war ihr ein Monat in der Ferne genug. Sie verglich Europa mit einem Ameisenhaufen, in dem immer etwas los ist und wo Tag und Nacht am Bau gearbeitet wird.
»Großstädte, wie Madrid, Paris oder Rom gibt es in meiner Umgebung im Northern Territory nicht, obwohl es wahrscheinlich so groß wie Spanien, Frankreich und Italien zusammen ist. Insgesamt wohnen in meinem Heimatland nur ungefähr 230.000 Einwohner. Da ist Darwin mit seinen 120.000 im Verhältnis riesig, wobei die Stadt sich jedoch auf eine so große Fläche verteilt, dass man auch hier nicht den Eindruck hat, in einer Großstadt zu sein. Und stell dir vor, in einem erheblichen Teil des Landes gibt es, statistisch gesehen, nicht einen einzigen Einwohner – meine Heimat ist schon recht dünn besiedelt. Jetzt kannst du dir sicher gut vorstellen, dass die Wirtschaftskraft im Northern Territory nicht nur durch das aride Klima, sondern auch durch die geringe Bevölkerungszahl eingeschränkt ist. Die macht nämlich lediglich ein Prozent der gesamten australischen Bevölkerung aus, obwohl dieses Land einen großen Teil der Landfläche Australiens einnimmt. Dafür gilt das gesamte Outback als höchst multikulturell, weil in einem Viertel unserer Haushalte eine nichtenglische Muttersprache gesprochen wird. Aber ich habe auch in euren Städten viele

Sprachen gehört. Und das waren bestimmt nicht nur Touristen.
Mein Heimatland spielt in der gesamten australischen Wirtschaft nur eine untergeordnete Rolle. Die größte Bedeutung hat neben der exportorientierten Rinderzucht und dem Abbau von einigen Bodenschätzen der internationale Tourismus. Aber das weiß du bestimmt schon alles.«
»Ja, einiges hatte ich schon recherchiert, aber es von dir zu hören macht Lust auf mehr. Erzähle weiter«, erwiderte Rita.
»Der Kakadu- und der Lichtfield-Nationalpark im Norden, sowie der Uluru-Kata-Tjuta-Nationalpark mit dem Ayers Rock und Olgas im Süden zählen zu den Touristenmagneten. Auch die Hauptstadt Alice Springs im Süden mit ihren knapp 28.000 Einwohnern wird gerne besucht.« June schwärmte weiter von den einzigartigen Landschaften, großartigen Naturschönheiten und extremen Klimazonen. »Es ist ein Land zwischen tropischer Vegetation im Norden, Busch und Wüste Richtung Süden. Hier befinden sich auch große Gebiete guten Weidelandes der Rinderzüchter.«
Nach diesen Basisdaten von June konnte Rita natürlich den Vergleich Europas mit einem Ameisenhaufen gut nachvollziehen. In Ritas Stadt gehören 120.000 Einwohner zu einem einzigen Stadtteil.
»Entweder du liebst es, oder du verlierst dich darin,« sagte June mit einem Lächeln. »Ich liebe mein Land über alles. Vor allem sind es die Nähe zur Natur und die Anwesenheit der Aborigines, die meinem Land eine ganz besondere, ganz eigene Note verleihen. Immerhin leben im Northern Territory rund 50.000 australische Ureinwohner, die unterschiedlichen Völkern angehören«, erklärte sie weiter. »Jetzt im März ist noch mit heftigen Monsunregenfällen zu rechnen, die den ganzen Norden des Landes mit Überfluss an tropischen Blüten und unzähligen Tieren segnen.«
Genau das wollte Rita erleben, obwohl sie mit Temperaturen von über 30 Grad und einer sehr hohen Luftfeuchtig-

keit rechnete. Ein richtiges Wechselbad, wenn man aus dem deutschen Winter kam …

Rita erzählte June im Gegenzug von Europa und ihren Reisen durch die Welt, von ihrem Beruf, ihrer Familie und den Freunden. Jetzt, nach einigen Stunden der netten Unterhaltung mit June, scheute sie sich auch nicht mehr, ihren Traum zu erzählen und damit den wahren Grund ihrer Reise preiszugeben. Rita hatte bisher nur wenigen Menschen davon erzählt, aber zu June hatte sie Vertrauen gefasst. Nachdem sie den »Ersten Traum« gehört und von der Fernsehdokumentation über den Ayers Rock erfahren hatte, war auch June sehr fasziniert und freute sich über Ritas Reiseentschluss.
Solche Geschichten waren für June aufgrund ihrer Herkunft nichts vollkommen ungewöhnliches, denn ihre tiefe Verbundenheit mit dem Northern Territory gründete nicht zuletzt darin, dass in ihrer Ahnenlinie auch einige Aborigines vorkamen. Damit verbunden war, dass sie großes Verständnis für solche Begebenheiten aufbringen konnte, denn irgendwie schien auch in ihren Adern »spirituelles Blut« zu fließen. Und Ritas Geschichte ließ auch sie einen tieferen Sinn dahinter ahnen.

Im wahrsten Sinne des Wortes verging die Zeit wie im Flug. Als die Stewardess den Sinkflug auf Darwin ankündigte, waren beide Mädels überrascht, denn sie waren noch lange nicht fertig, sich gegenseitig Erlebnisse aus ihrem Leben zu erzählen.
Kurz vor der Landung überraschte June Rita mit der Einladung, noch einige Tage bei ihr und ihrer Familie in Darwin zu verbringen. So hätte sie noch ein wenig Zeit, sich an das heiße Klima zu gewöhnen und June könnte ihr Darwin zeigen. Etwas beschämt über dieses Angebot und die überaus großzügige Gastfreundlichkeit willigte Rita ein, sofern ihre Eltern nichts dagegen haben würden. »Nie und nimmer haben meine Eltern etwas gegen meine Freun-

de einzuwenden«, war die kurze und bestimmte Antwort. »Außerdem habe ich in Europa auch sehr viel Gastfreundschaft erlebt und so kann ich ein Stückchen davon wieder zurückgeben. Du würdest mir wirklich eine große Freude damit bereiten. Wir haben ein großes Gästezimmer im Haus, das schon lange darauf wartet, wieder einmal jemanden zu beherbergen«, versicherte June, als sie Ritas Zögern bemerkte.

Nach der geglückten Landung in Darwin und der Gepäckabholung in der Ankunftshalle traf June nach einem Monat ihre Eltern wieder, die bereits auf sie warteten und ihr von weitem zuwinkten. Die Freude über das Wiedersehen stand allen Dreien ins Gesicht geschrieben und sie fielen einander in die Arme. Es dauerte nicht lange und June stelle Rita ihren Eltern vor, mit der Bitte, sie einige Tage bei sich wohnen lassen zu können. Junes Eltern reagierten sehr wohlwollend auf ihre Einladung an Rita und freuten sich, sie näher kennenlernen zu können.
»Ab nach Hause, ich hab Euch so viel zu erzählen«, schnatterte June los. Rita wollte sich als Erstes den bereits reservierten Mietwagen beim Autoverleih abholen. Nachdem das Auto mit Navi ausgestattet war, sollte es kein Problem sein, sich in Darwin zurechtzufinden und das Haus von Junes Eltern zu finden.

Als Rita das klimatisierte Flughafengebäude verließ, fand sie sich in einer feucht-heißen Umgebung wieder. Das mussten 35 Grad sein, bei einer gefühlten 150 prozentigen Luftfeuchtigkeit. »Puh, da habe ich wahrscheinlich zu wenig T-Shirts eingepackt«, war Ritas erster Gedanke.
Anscheinend hatte es kurz zuvor geregnet, denn die Straßen waren noch nass; aber die Sonne schien wunderbar vom Himmel. Ein toller Empfang. Sie holte ihren Mietwagen ab, ausgestattet mit Klimaanlage und Navi und gab Junes Adresse ein. Nach gut fünfzig Minuten Fahrt durch die Stadt war sie angekommen. Etwas geschafft von der

Reise und nun doch sehr erleichtert über die Einladung im Gästezimmer, parkte Rita den Wagen. June und ihre Eltern warteten bereits auf sie und hießen sie mit einem Gläschen Sekt in Darwin herzlich willkommen.
June war etwas »überdreht« und hörte gar nicht mehr auf, von Europa zu erzählen. Ihre Mutter bemerkte indes, dass Rita etwas Ruhe benötigte und zeigte ihr das Gästezimmer mit eigener Dusche, das sie kurz zuvor zurechtgemacht hatte. »Duschen und schlafen, das brauche ich jetzt, vielen Dank für Ihre Mühe«, seufzte Rita.
Es war ungefähr vier Uhr nachmittags als Rita zu Bett ging. Kein Abendessen konnte an diesem Tag gut genug sein, um sie aus den Federn zu holen. Bis zum nächsten Morgen tauchte sie in einen erholsamen Tiefschlaf. Sie hatte den Eindruck, sich in dieser Nacht nicht ein einziges Mal bewegt zu haben. Bei einem gemütlichen Frühstück zu viert und sichtlich erholt erfuhr Rita, dass June ihren Eltern noch bis tief in die Nacht hinein von ihren Erlebnissen erzählt hatte. Ihre Freude über die Heimkehr war offensichtlich und nicht zu überhören.

Vier Tage wollte Rita in Darwin verbringen, um einen ersten Eindruck von dieser Outbackstadt und dem Umland zu gewinnen. Berühmte Sehenswürdigkeiten, wie in anderen Großstädten, gab es hier nicht; dennoch vermittelte die ganze Umgebung samt der üppigen Vegetation und den tausenden von Blüten in dieser Jahreszeit einen besonderen Flair. Sie lernte ausgewählte Restaurants kennen und auch Junes Vater verwöhnte sie mit gegrilltem Beef von den einheimischen Rinderfarmen. Immer wieder schüttete es wie aus Eimern. Hier würde ein Stück Seife ausreichen und man könnte sich im Freien duschen.

Der Hafen von Darwin hatte sich im Laufe der Zeit zum Tor in die asiatische Welt entwickelt und jede Menge Containerschiffe kreuzten vor der Küste, bis sie die Erlaubnis zur Einfahrt in den Hafen und zum Löschen ihrer Ladungen von der Hafenmeisterei erhielten. Das war auch für Rita sehr interessant zu beobachten, nachdem ihre Heimatstadt eine Binnenstadt war, an der lediglich ein vergleichsweise kleiner Fluss vorbeiführte. Wasser hatte auf sie allerdings von je her eine sehr anziehende Wirkung. Gerne verbrachte sie daher ihre Urlaube am Meer, um sich vom Großstadtrummel zu erholen.

Die Tage mit June und ihren Eltern waren ausgesprochen anregend und obwohl sie praktisch Tag und Nacht miteinander verbrachten, gab es nicht einen Moment von Unstimmigkeiten. Die Freundschaft der beiden festigte sich rasend schnell; June wurde irgendwie zu der Schwester, die Rita nie hatte.

Am fünften Tag war es nun so weit. Rita packte früh morgens ihren Trekkingrucksack und machte sich auf den Weg Richtung Süden nach Alice Springs, ihrer geplanten Reiseroute. Die Kontaktdaten wurden ausgetauscht; June und Rita waren sich einig, jeweils eine sehr gute Freundin gefunden zu haben. Sie wollten auf jeden Fall in Kontakt bleiben. Auch Junes Eltern waren über die neue Freundschaft ihrer Tochter höchst erfreut und bekräftigten diese noch mit einem riesigen Lunchpaket und zusätzlichem Proviant für die Fahrt. Alle umarmten sich in der Hoffnung, einander eines Tages wieder zu begegnen.
Ihre ersten Ziele waren die Nationalparks Kakadu und Lichtfield im Norden. Übernachten wollte sie einfach da, wo es ihr gefiel, entweder im Wagen oder in den Hotels am Weg. Hunderte Kilometer lagen vor ihr, aber mit Radio und Musik verging die Zeit recht schnell und die Strecke war sehr angenehm zu fahren. Wenn der Regen einmal zu heftig wurde, hielt sie einfach an und wartete das Gröbste ab. Um nichts in der Welt hätte sie diese Naturschönheit mit der weitläufigen Landschaft in der Regenzeit versäumen wollen. Ein Erlebnis der Extraklasse, und das in Australien – das hatte sie bis vor kurzem nicht für möglich ge-

halten. Sie bedankte sich innerlich bei Tom und den beiden alten Damen aus dem Bus, die den nötigen Kick für diese Reise gegeben hatten.
Wenn es die Witterung erlaubte, unternahm Rita einige Wanderungen, um die Eindrücke zu vertiefen. Hin und wieder schloss sie sich spontan kleinen Reisegruppen an, um in der Wildnis kein Risiko einzugehen.
Bereits in den ersten beiden Wochen machte sie 900 Fotos. Alles, was ihr gefiel, musste einfach mit, um ihre Familie und Freunde Zuhause an dieser Reise teilhaben lassen zu können.
Je weiter sie nach Süden kam und Alice Springs nahte, desto aufgeregter wurde sie, denn die Hauptstadt war der Ausgangspunkt zum »Roten Berg«. Das Klima änderte sich ebenfalls zusehends; es wurde immer trockener, der Boden sandiger und die Vegetation spärlicher. Vom saftigen Grün im Norden in den trockeneren Süden, denn im Zentrum Australiens herrscht Wüstenklima. Und das alles war in wenigen Tagen zu erreichen.

Regenfälle waren hier um diese Zeit eher selten, jedoch möglich. Rita hatte das Pech, in einen sehr heftigen Schauer zu geraten. Sie hielt vorsichtshalber an und wartete im Auto ab, was passieren würde. Als der Regen nachließ, fuhr sie langsam weiter. Sie war die erste, die an einem schwer beschädigten Straßenteil ankam. Hier gab es kein Weiterkommen! Umkehren und einen anderen Weg suchen war die einzige Möglichkeit, die Rita sah. In diesem Moment hörte sie hinter sich ein weiteres Fahrzeug. Es war ein mächtiger Pick-up. Ein Mann stieg aus und kam auf Ritas Wagen zu. Es war offensichtlich ein Farmer, ebenfalls auf dem Weg in die Hauptstadt. Sie stellten einander vor und Rita erzählte ihm, dass sie zum Ayers Rock unterwegs war. Die Unterhaltung verlief sehr relaxt und es schien dem Farmer auch nicht besonders viel auszumachen, nicht bis nach Alice Springs zu kommen. Kurzerhand lud er, Jim, sie auf seine Farm ein, dann könnte sie auch die Gegend abseits näher kennenlernen. Dieses Angebot war angesichts der misslichen Lage sehr attraktiv und obwohl Rita äußerst vorsichtig war, willigte sie schließlich doch ein. Jim wendete seinen Pick-up, Rita ihren Mietwagen und fuhr ihm hinterher.

Bald verließen sie die Hauptstraße und fuhren querfeldein in die Wildnis. Je länger die Fahrt dauerte, desto unbehaglicher wurde Rita zumute. Düstere Gedanken beschlichen sie und die schrecklichsten Szenarien, was dieser Jim alles mit ihr machen könnte, spielten sich vor ihrem inneren Auge ab. Nochmals kontrollierte sie die Zentralverriegelung des Wagens und das Handy auf dem Beifahrersitz.

Rita versuchte sich selbst zu beruhigen: »Ja, alles in Ordnung; mir kann nichts passieren! Jim hat doch so nett von seiner Frau und den beiden Kindern auf der Farm erzählt und dass sie sich über Besuch aus Europa immer freuen, denn auch sie hätten dort Verwandtschaft«, dachte sie.

Zeit spielt bei diesen großen Entfernungen nur eine untergeordnete Rolle. Nach dreieinhalb Stunden Fahrt erreichten sie schließlich die Farm. Als sie ausstiegen, kam Jim auf Rita zu und sagte: »Ich hätte doch den Heli nehmen sollen.« Höflicherweise lächelte Rita, wusste aber nicht, was diese Aussage zu bedeuten hatte.

Die Farm wirkte riesig. Viele, sehr gepflegte Gebäude, waren auf dem Gelände verstreut und das Haupthaus schien aus der englischen Kolonialzeit zu sein – eine sehr schöne, beeindruckende Architektur. Endlich sah Rita auch weitere Personen und ihr Unbehagen verschwand. Sie wusste, dass dieses Verhalten, einfach mit einem Fremden mitzufahren, auf keinen Fall beispielhaft war. Jim hatte jedoch, aufgrund der freundlichen Aufnahme bei Junes Eltern in Darwin, einen Vertrauensvorschuss erhalten.

»Komm mit ins Haus, ich stelle dich meiner Frau Alice vor«, freute er sich und packte Ritas Rucksack aus dem Wagen. Es war ein sehr eleganter Zugang zum Haus – geradezu herrschaftlich. Und ebenso ging es im Inneren des

Hauses weiter. Wie eine Empfangshalle wirkte der Eingangsbereich. Rita bestaunte noch fasziniert das Gebäude, als Alice kam und sie, nachdem Jim ihr erklärt hatte, unter welchen Umständen er und Rita sich begegnet waren, freundlich begrüßte. Erst jetzt waren alle Zweifel fort. Alice schien ebenfalls eine sehr nette Frau zu sein.
Nach dem Bezug eines der Gästezimmer im separaten Gästehaus, kam Rita zum Abendessen in das Hauptgebäude der Farm zurück. Für die Gastfreundschaft in diesem Land fand sie schon fast keine Worte mehr. Nun lernte sie auch Jims Söhne kennen. William und Harry waren sechs und acht Jahre alt und nach den englischen Prinzen benannt. Jetzt wusste Rita auch, dass die europäische Verwandtschaft aus England stammen musste.
Lange unterhielten sich die Fünf beim köstlichen Essen. Jim grillte Steaks von den eigenen Rindern. Rita war auf einer Rinderfarm mit unvorstellbaren Ausmaßen im Vergleich zu deutschen Verhältnissen gelandet. Jims Farmland war so groß wie ganz Bayern und umfasste eine Vielzahl verschiedener Vegetationszonen. Die Rinderherden mussten zu bestimmten Zeit ihren Standort wechseln und daher beschäftigte Jim viele Angestellte.

Auch die Neugierde der Gastfamilie über die Geschehnisse in Europa war sehr groß und so gestaltete sich der Abend für beide Seiten recht informativ. Rita sah zum ersten Mal die ‚Lernstation' der Jungs. Beide wurden übers Netz zu Hause unterrichtet. Erst wenn sie älter waren, würden sie eine höhere Schule und somit ein Internat besuchen. Die weiten Entfernungen erlaubten es hier nicht, täglich eine Schule zu besuchen. Alice war sehr konsequent, was die Bildung ihrer Kinder anbelangte und richtete ihnen und den anderen Kindern der Farmleute sogar ein eigenes Schulzimmer ein, damit sie beim Lernen nicht so abgelenkt waren. Denn Ablenkung gab es auf der Farm nur zu viel.

Erst am nächsten Tag, als Rita eine kleine Führung übers Gelände bekam, wurde ihr die enorme Größe dieses Betriebes so richtig bewusst. Im hinteren Geländeteil des Farmzentrums waren viele Häuser mit Gärten; praktisch ein kleines Dorf, dessen Bewohner alle Angestellte von Jim mit ihren Familien waren. So etwas hatte sie noch nie gesehen. Jetzt verstand sie auch den Satz Jims über den Heli. Denn tatsächlich stand da ein richtiger Helikopter. Und zur größten Freude aller, durften Rita und die Jungs sogar mitfliegen, als Jim zu einer etwas weiter entfernten Rinderherde gerufen wurde.
Die Farbenpracht der ihnen zu Füßen liegenden Landschaft mit den Canyons war atemberaubend. Sogar ein riesiger See, unweit vom Haupthaus, mit kristallklarem Wasser und hoch aufragenden Felsen an zwei Uferseiten gehörte zur Farm. Der Auslöser von Ritas Kamera begann schon fast zu glühen, so oft musste sie abdrücken. Die Rinderherde, zu der sie flogen, war mit dreitausend Stück gigantisch groß. Und solche Herden gab es einige auf der Farm. Jim musste so etwas wie ein »Rinderbaron« sein.

In den nächsten Tagen wurden die Gespräche mit Alice immer persönlicher. Auch sie war eine überaus sympathische junge Frau und Rita gestand ihr ihre Sorge, sich für die großzügige Aufnahme und ihr Entgegenkommen niemals revanchieren zu können.
»Du bleibst auf jeden Fall so lange, bis die Straße nach Alice Springs in Ordnung ist. Früher überlassen wir dich auf keinen Fall deinem Schicksal im Outback. Wir sind hier in der Wildnis, mit einer dir fremden Tier- und Pflanzenwelt, das darfst du nicht vergessen!«, entkräftete Alice Ritas Bedenken und umarmte sie.

Rita machte sich im Haushalt nützlich und half Alice wo sie nur konnte – als Dankeschön. So viele Bücher hätte Rita gar nicht lesen können, als sie hier aus erster Hand über dieses außergewöhnliche Land erfuhr. Von der Farm, der

Geschichte bis hin zur Kolonialzeit und dem Bemühen, dem Land und seinen Anforderungen gerecht zu werden. Sie konnte diesen Glücksfall kaum fassen. Zuerst Darwin und jetzt diese Farm. In diesen Tagen erwähnte Rita Alice gegenüber auch ihren »Ersten Traum« und dass sie zum »Roten Berg« unterwegs war. Da hatte Alice eine fantastische Idee.

»Einige unserer Leute auf der Farm sind Aborigines. In den nächsten Tagen werden sie sich auf den Weg zum Uluru machen, um an einem großen ›Abo-Fest‹ teilzunehmen. Auch Touristen sind bei manchen dieser Feste erlaubt. Ich werde Little John fragen, ob er sich deiner annehmen könnte, um dir über die Geheimnisse deines ›Roten Berges‹ zu berichten. Alle Abos auf unserer Farm bekommen zu diesen Festlichkeiten frei. Du musst allerdings mit einem dreitägigen Fußmarsch durch Busch und Wüste rechnen. Das verlangt ihre Tradition – sich dem Uluru respektvoll zu nähern. Auch ich durfte schon vor Jahren mit Little John zu diesem Treffen wandern«, schwärmte Alice.

Was für eine Idee! »Ja, das wäre fantastisch!« Rita war begeistert. »Das möchte ich gern erleben. Würdest du Little John bitte fragen, ob er mich mitnehmen würde?« Auch Jim stimmte zu.

Little John, ein »Abo-Mischling«, war sehr vertrauenswürdig und besaß großes Wissen über dieses Land und seine Geheimnisse. Daher war er der ideale Begleiter. Auch William und Harry würden in einigen Jahren mit Little John zum Uluru wandern dürfen, um ihre Beziehung zu diesem Land und seiner Kultur intensivieren zu können.

Noch am selben Abend lernte Rita Little John kennen. Er entsprach gar nicht ihren Vorstellungen von Aborigines. Sein Alter war sehr schwer zu schätzen, tiefe Falten zogen sich durch sein Gesicht; seine dunkle Haut wirkte sehr dick und ledrig. Das alles ging ja noch, aber er trug Jeans und T-Shirt und es war diese Kombination, mit der Rita nicht gerechnet hatte und die sie irritierte. Je länger sie jedoch

beisammen saßen, desto sicherer fühlte sich Rita in seiner Gegenwart. Dieser alte etwas ausgezehrte Mann hatte etwas an sich, das nicht zu beschreiben war. Vor allem sein Blick schien Rita zu durchdringen. Er hatte ein ganz seltenes Strahlen in seinen dunklen Augen.
Schließlich stimmte er der Bitte von Alice und Jim zu. Rita durfte mit. Die ganze Unternehmung sollte ungefähr elf Tage dauern; davon sechs Tage Fußmarsch, drei Tage das eigentliche Fest und zwei Tage Autofahrt von und zum Ausgangspunkt des Fußmarsches. Mehrere hundert Aborigines seines Volkes wurden erwartet. Was für eine Aufregung! Alice half Rita, ihren Trekkingrucksack neu zu packen. Der durfte unter keinen Umständen zu schwer werden, denn in der großen Hitze würde jedes Gramm doppelt wiegen. Auch ausreichender Sonnen- und Insektenschutz durften nicht fehlen. Alles Überflüssige konnte Rita im Gästezimmer zurücklassen.

Der große Tag war gekommen und Rita für die Abreise bereit. Sie verabschiedete sich bei Jim, Alice und den Jungs und stieg zu Little John in den uralten großen Jeep. Insgesamt fuhren dieses Jahr unter Little Johns Leitung weitere sechs Personen von der Farm mit. Mit Rita waren sie zu acht, fünf Männer und drei Frauen.
Fünfhundert beschwerliche Kilometer Autofahrt lagen an diesem ersten Tag vor ihnen, denn nach den Regenfällen der letzten Tage waren die Straßen alles andere als problemlos zu befahren. Durch die Ortskenntnisse Little Johns war das alles jedoch kein Hindernis. Sicher steuerte er den Wagen durchs Gelände. Nach zehn Stunden Fahrt war das Fahrziel endlich erreicht und Rita dem Ziel ihrer gesamten Reise ziemlich nahe. Rund sechzig Kilometer trennten sie nur mehr vom »Roten Berg«. An jedem der nächsten drei Tage waren zwanzig Kilometer Marsch vorgesehen. Die erste Nacht vor dem Abmarsch konnte Rita noch im Jeep schlafen. Die Männer und übrigen Frauen hingegen verbrachten diese Nacht im Freien und bereiteten sich geistig

auf den Uluru vor. Little John stimmte ein Lied an und alle summten mit. Er besang bereits die Größe und Heiligkeit des Uluru in der Sprache seines Clans, der Anangus, dem er sich zu hundert Prozent zugehörig fühlte – auch als Mischling.

In ihren besten Wanderschuhen machte sich Rita am nächsten Morgen mit den sieben Anangus auf den Weg. Alle waren sehr zuvorkommend und freundlich. Little John wies während der Wanderschaft immer wieder darauf hin, wie wichtig es sei, streckenweise zu schweigen und der Natur zu lauschen, um mehr und mehr eins zu werden mit ihr. Das war ungewohnt für Rita und es fiel ihr bei ihrem Wissensdurst schwer, stundenlang nicht zu reden.
Die zwanzig Kilometer in brütend heißer Sonne waren äußerst anstrengend für sie. Vielleicht war da das Schweigen sogar vorteilhaft, um Energie zu sparen. Sie hielt sich sehr gut und konnte mit dem vorgegebenen Tempo gut mithalten. Am ersten Abend, als das Nachtlager aufgeschlagen war und alle um das Feuer saßen und aßen, begann Little John die Geschichte seines Volkes auf beeindruckende Weise zu erzählen. Alle Anwesenden hingen förmlich an seinen Lippen; niemand wollte ein Wort versäumen. Er sprach mit Bedacht, höchst respektvoll und auch etwas nachdenklich:

»Aufgrund des niedrigen Meeresspiegels vor tausenden von Jahren gelang es meinen Ahnen, über Indonesien die Küste Australiens zu erreichen und somit die ersten Einwanderer im Down Under zu sein. Wir waren immer schon ein kleines Volk, das sich im Laufe der Zeit nie sonderlich vergrößert hat und in kleinen Stämmen lebte. Die Angehörigen meines Volkes sind die Ureinwohner des ›Roten Kontinents‹. Aborigine leitet sich vom lateinischen ›ab origine‹ ab und bedeutet so viel wie ›von Beginn an‹, eben Ureinwohner. Diesen Namen haben wir uns allerdings nicht selbst gegeben. Wir empfinden die Bezeichnung ›Aborigines‹ mittlerweile abwertend, denn sie wurde in der Zeit der

Rassentrennung uns gegenüber als Schimpfwort benutzt. Untereinander benutzen wir die Namen unserer Stämme. Auf diese Weise wissen wir, wer woher abstammt.
Nach der Ankunft der weißen Eroberer gegen Ende des 18. Jahrhunderts verschlechterte sich die Situation meines Volkes zunehmend. Bis in die 1920er-Jahre verringerte sich unsere Anzahl von rund einer halben Million auf knapp 60.000 Menschen. Viele von uns erkrankten an verschiedenen Arten von Grippen und Pocken, die es bis zur Einwanderung des weißen Volkes hier nicht gab.
Eine Folge der Verknechtung war auch die Sterilität unserer Frauen aufgrund von Geschlechtskrankheiten, verursacht durch die Prostitution. Ebenso beraubte man uns unserer Lebensgrundlage, dem Land, denn die großen Vieh- und Schafherden beanspruchten die wenigen Wasserlöcher für sich. Auf diese Art Krieg waren wir nicht vorbereitet. Zwischen unseren Stämmen hatte es auch dann und wann Auseinandersetzungen gegeben, aber hier erfolgte eine systematische Vernichtung. Zu guter Letzt nahm man uns das ganze Land und steckte uns in Reservate. Einige Angehörige unseres Volkes leben auch im Reservat hier im Uluru-Kata Tjuta Nationalpark, in dem auch der Uluru liegt. Selbst unsere Kinder wurden uns entrissen und zur Adoption an australische Familien freigegeben, oder sie kamen in Missionen, um nach den Wert- und Moralvorstellungen des weißen Volkes erzogen zu werden. Dieser Kinderraub ist auch unter dem Namen ›Gestohlene Generation‹ bekannt. Ich war selbst eines dieser Kinder. Erst 1998 entschuldigte sich die australische Regierung für dieses Verbrechen. Die Seele meines Volkes leidet jedoch bis heute darunter, denn von Beginn an sind wir dieses Land – ja, wir sind es.
Die Alten unter uns versuchen unser angeborenes Wissen, das leider durch die Umstände verschüttet wurde, an unsere Nachkommen weiterzugeben. Aus diesem Grund fahre ich nicht mit dem Auto zum Fest, sondern wandere mit meinen Leuten dorthin, damit wir die Gelegenheit haben,

uns während der Wanderung an unsere Herkunft zu erinnern. Darum ist das Schweigen während des Marsches so wichtig für uns. Und ich hoffe auch für dich, mein Kind.
Wir betrachten die Welt als Ganzes, unendliches Wesen und bemühen uns, unseren Geist zu weiten, um mit dem ›Sein‹ zu verschmelzen. An diesem Punkt hört Dualität auf zu existieren und der Traum beginnt sich im Leben zu manifestieren.
Wir wissen von alten Weisen unseres Volkes, die derart eins waren mit allem, dass sie die Gedanken von nicht-anwesenden Menschen ›lesen‹, und über große Distanzen miteinander kommunizieren konnten. Einigen war selbst die Entmaterialisierung möglich, um sich an einem anderen Ort wieder zu zeigen. Unser Symbol dafür ist die Regenbogenschlange, welche die Einheit von Geist und Materie darstellt. Alle Traumpfade, die wir benutzen, sind miteinander verbunden. Schmerz, Freude, Liebe und Ekstase werden aus diesem Grund bedingungslos akzeptiert, da nur so der Eintritt in die Welt der Traumzeit möglich ist.
Unsere Welt beinhaltet die Welt des Ungeborenen, des Lebenden und des Toten. Es ist eine schöne Welt, in die zu reisen empfehlenswert ist.
Die Traumpfade verbinden alle heiligen Orte des Kontinents miteinander und wir finden diese durch ›Songlines‹, die die Fußabdrücke unserer Ahnen sind.
Leider spielt die Traumzeit in der heutigen Zeit in meinem Volk keine große Rolle mehr, weil das moderne Leben der westlichen Welt uns umfangen und unser spirituelles Sein mehr und mehr verdrängt hat. Wir sind Teil der westlichen Gesellschaft geworden. Das ist ungefähr so, als würde man einem Adler die Schwungfedern nehmen, so dass er nicht mehr fliegen kann. Aber jeder von uns muss für sich das Beste daraus machen und wir versuchen es, auch wenn es oft schwer fällt.«

Little John war ein ganz Großer, da war sich Rita sicher. Sie verstand zwar nicht alles, was er über die Traumpfade und

Songlines sagte, dennoch spürte sie die Wahrheit in seinen Worten. Er war imstande, die Geschichte seines Volkes ohne jede Verbitterung oder andere negative Emotionen zu erzählen – völlig losgelöst von den tragischen Dingen, die normalerweise Hass und Unversöhnlichkeit, zumindest Frustration oder Gram verursachten. So jemanden hatte Rita noch nie kennengelernt, geschweige denn sprechen gehört.

Am zweiten Tag der Wanderung tauchte, nach der Überquerung eines Hügels, der Ayers Rock plötzlich vor ihnen auf. Nachdem Rita keine Ahnung hatte, wo genau sie sich befanden, wurde sie von seinem Anblick völlig überrascht. Der größte Monolith der Welt mit einer Länge von drei Kilometern, einer Breite von teilweise zwei Kilometern und einer Höhe von 348 Metern lag genau vor ihnen. Rita blieb wie angewurzelt stehen – einen Augenblick war sie wie paralysiert. Er sah tatsächlich genau so aus, wie sie ihn im Traum gesehen hatte. Auch der Sandboden auf dem sie ging und die Vegetation, waren mit den Traumbildern identisch.

Die ganze Gruppe verweilte einen Augenblick und Little John stimmte ein Lied an, in das alle voll Freude mit einstimmten. Eine ganz besondere Atmosphäre breitete sich aus.

Von diesem Augenblick an haftete Ritas Blick während der Wanderung unaufhörlich an diesem Berg. Sie wollte ihn so gut und genau wie möglich »studieren«. Mit der Sonnenwanderung veränderte sich allerdings auch sein »Gesicht« – ein Wunderwerk der Natur. Dieser Berg vermochte alle Farben des Himmels und der Erde widerzuspiegeln, so empfand sie es. Im Sonnenuntergang begann er grell-rot zu leuchten. Noch ein Tag, dann würden sie am Festplatz ankommen.

Als sie den Festplatz schließlich erreicht hatten, erzählte Rita endlich Little John ihren »Ersten Traum«. Er freute sich sehr darüber, dass dieser Traum offensichtlich in ihrem

Leben eine große Rolle spielte. Mit seinen dunklen Augen strahlte er sie an, ohne weitere Worte darüber zu verlieren. Auch Rita war es irgendwie im Moment nicht möglich, weitere Fragen zu stellen, die sie doch seit Jahren mit sich herumschleppte.

Viele der bereits Anwesenden freuten sich, Little John mit seiner Gruppe zu sehen und begrüßten sie alle überaus freundlich und herzlich, Rita eingeschlossen. Little John genoss offensichtlich hohes Ansehen in seinem Volk. Das freute Rita sehr.
Sie befanden sich in einem Reservat, das dem hier ansässigen Volk, den Anangu, 1985 wieder übergeben wurde, allerdings mit der Einschränkung, dass der gesamte Nationalpark für die nächsten 99 Jahre an die »Parks Australia« verpachtet werden musste.
Die Stimmung unter den anwesenden Clans war enthusiastisch. Viele spielten auf den mitgebrachten Didgeridoos, andere tanzten rituelle Tänze um das große Feuer in der Mitte des Festplatzes, der aus Respekt vor dem Berg einige Kilometer entfernt lag. Die Klänge der Instrumente und des Gesanges waren wie eine Symphonie der Harmonie und Einheit mit Allem. Rita begann ansatzweise zu verstehen, wovon Little John gesprochen hatte.

Am nächsten Morgen weckte Little John Rita noch vor Sonnenaufgang und fragte, ob sie mit ihm zum Heiligen Berg gehen wolle. Was für eine Einladung! Natürlich wollte sie. Sie hatte sich ja fest vorgenommen, den Ayers Rock zu besteigen.
Little John brachte eine kleine Schale mit weißer Farbe darin und begann sich diese mit den Fingern in sein Gesicht zu malen. Rita fragte, wozu er das machte, aber es kam bloß ein »Psst« als Antwort. Er begann, auch Ritas Gesicht mit der weißen Farbe zu verzieren. Im Vertrauen darauf, dass alles seine Richtigkeit haben würde, ließ sie ihn gewähren. Wenig später machten sich die beiden auf den

Weg. Noch war es dunkel, aber bald sandte die Sonne ihre ersten Grüße aus und wieder tauchte sie den Heiligen Berg in ein beeindruckendes Rot. Auf dem Weg zum Heiligen Berg begann Little John zu reden und erklärte Rita die große Bedeutung des Ayers Rock für sein Volk:
»Wir betrachten uns als Abbild des gesamten Kosmos. Alles Sichtbare ist in uns sichtbar. Alles Unsichtbare ist ebenso in uns unsichtbar. Nur wenigen gelingt es, das Unsichtbare zu sehen. Der Heilige Berg ist so etwas wie das ›ungemerkte Organ‹ für uns, unsere Seele, und die gilt es, liebevoll und respektvoll zu behandeln. Wenn wir nicht in der Lage sind, ein Gut, das uns anvertraut ist, liebevoll und mit Respekt zu behandeln, werden wir auch nicht imstande sein, unsere Seele zu pflegen.
Der Heilige Berg verkörpert die Schönheit unserer Seelen. Er ist die Seele meines Volkes. Aus diesem Grund besteigt mein Volk diesen außergewöhnlichen Berg nicht, um ihn nicht mit Füßen zu treten. Es gab bereits viele verletzte und tote Touristen, die den Berg bestiegen hatten.«
Als hätte Little John die Absicht von Rita, den Berg besteigen zu wollen, in ihren Gedanken gelesen. Sie schämte sich und versuchte es sich nicht anmerken zu lassen. Aber Little John war ihr »Lichtjahre« voraus. Aus Respekt ihrer Einsicht gegenüber, ließ er es bewenden und schwieg. Auch ihr war klar, dass er es wusste.

In einiger Entfernung zum Heiligen Berg umwanderten sie ihn. Es waren ungefähr zehn Kilometer und jeder Schritt an der Seite Little Johns war ein Geschenk für Rita.
Ab und zu betraten sie abgezäunte Bereiche, die ausschließlich den Anangu vorbehalten waren und manchmal kreuzten sie den Touristenpfad, der um den Berg führte. Jene Gruppen, die bereits unterwegs waren, staunten nicht schlecht, als sie die beiden bemalten komischen Käuze sahen. Einige fotografierten die beiden sogar in der Meinung, »waschechte Aborigines« vor sich zu haben. Das amüsierte sie.

Einen Moment der Berührung wollte Little John seiner Schülerin allerdings gewähren. Er ging mit ihr zu einer bestimmten Stelle am Fuß des Heiligen Berges, die spirituellen Zeremonien vorbehalten war, und ließ sie ihn mit den Händen spüren. Ganz vorsichtig und voller Ehrerbietung, als wollte sie den Ayers Rock um Erlaubnis bitten, legte sie ihre Handflächen auf den riesigen Felsen. Tränen der Freude und Dankbarkeit lösten sich über dieses große Geschenk und die weiße Farbe in ihrem Gesicht begann zu verlaufen. Den ganzen Tag verbrachte Little John mit Rita in unmittelbarer Nähe »seiner Seele«. Selbst für ihn war die Begegnung mit Rita etwas Besonderes, denn sie war ungewöhnlich aufnahmefähig und äußerst interessiert.
Diese spirituellen Festtage waren wie ein Traum für Rita, unglaublich, aber wahr. Die dreitägige Rückwanderung schwebte sie fast, so leicht fühlte sie sich. Auch die beschwerliche und langsame Jeepfahrt verlief wieder komplikationslos und so kamen die acht Reisenden, wie geplant, nach elf Tagen wieder zur Farm zurück. Es war wahrlich ein Ausflug in die Traumwelt.

Jim, Alice und ihre beiden Söhne empfingen die Gruppe mit einem kleinen Willkommensfest, denn sie wussten, wie wichtig diese Reise für ihre Farmleute war. Lange wurde an diesem Abend erzählt, gesungen und getanzt und Rita freute sich auf ihr Bett im Gästezimmer. Alice schlug Rita vor, noch einige Zeit auf der Farm zu bleiben, um sich wieder »erden« zu können. Rita nahm das Angebot gerne an und blieb noch drei Wochen.
Auch mit Little John verbrachte sie viele Stunden im Outback und erfuhr Erstaunliches über Flora und Fauna. Für Kost und Logis arbeitete sie auf der Farm mit, selbst im Pferdestall machte sie sich in diesen Tagen nützlich.

Jetzt musste Rita ihren Reiseplan ändern, denn ihre geplante Sydney-Zeit rückte näher. Sie beschloss, ihren Mietwagen in Alice Springs zurückzugeben und den Rest der

Strecke mit dem legendärem Kontinentalzug »The Ghan« zurückzulegen. Es waren immerhin noch einige tausend Kilometer bis in den Südosten. Sie buchte ihr Ticket von Alice Springs bis Adelaide an der Südküste. Von dort wollte sie weiter mit dem »Indian Pacific« nach Sydney.

Der Abschied von ihren neuen Freunden fiel ihr schwer, denn so viel Freundlichkeit, Großzügigkeit und Nähe hatte sie nicht erwartet. Nie hätte sie das Land besser kennenlernen können als durch diese Menschen. Sie war überglücklich, dass sie endlich ihrem Traum gefolgt war und so viel Resonanz erhalten hatte. Mit den besten Erinnerungen im Gepäck und auch ein bisschen wehmütig verließ sie schließlich die Farm.
In Alice Springs sah sie in einem Shop ein T-Shirt mit dem Aufdruck: »I didn't climb Ayers Rock«, was so viel bedeutet wie »Ich habe den Ayers Rock nicht bestiegen«. Voller Stolz und Freude kaufte sie es und zog es gleich an.

Die Eisenbahnlegende »Ghan« ist bekannt für stilvolles und gemächliches Reisen, genau das Richtige für Rita. So konnte sie die wunderbaren Eindrücke auf der Fahrt durch die roten Wüsten in die fruchtbare Umgebung rund um Adelaide genießen und die letzten Wochen in Ruhe Revue passieren lassen. Den Komfort im Zug fand sie besonders ansprechend; so gönnte sie sich den Luxus in der Gold-Kangaroo-Klasse mit Delux-Kabine zu reisen.
Nach zwei Tagen Aufenthalt in der südaustralischen Hauptstadt Adelaide stieg sie in den »Indian Pacific«, jene Eisenbahn, die den Pazifischen mit dem Indischen Ozean verbindet. Hier durchquerte sie den Outback von New South Wales und die spektakulären Blue Mountains, bis sie letztlich, wie mit den Cousins von ihrem Vater vereinbart, Sydney pünktlich erreichte.

Jack, einer von ihnen, erwartete sie bereits am Bahnsteig mit einem großen Schild, auf dem ihr Name stand. Obwohl

sie sich vor ihrem Reiseantritt noch aktuelle Fotos gemailt hatten, wollte er auf Nummer sicher gehen und seinen Gast gebührend empfangen. Das klappte auch und sie fanden einander in dem dichten Menschengewühle recht schnell. Jack freute sich sehr über ihren Besuch, umarmte sie herzlich und hieß sie in Sydney willkommen. Er packte die von der langen Reise sichtlich erschöpfte Rita in den Wagen und fuhr zu seinem Haus in einen Vorort Sydneys.
Dort wartete die nächste Überraschung auf sie. Jacks Familie und die anderen Cousins, Steve und Walter waren bereits mit ihren Familien da und wollten den seltenen Gast ebenfalls begrüßen. Mit einem so großartigen Empfang hatte Rita nicht gerechnet und schnell verflog alle Müdigkeit. Sie erinnerte sich an ihre neue Freundin June, die, als sie aus Europa zurückkehrte, gar nicht mehr aufhörte, zu erzählen. Jetzt ging es ihr genauso. Sie erzählte und erzählte von ihren Erlebnissen in Darwin, auf der Farm und dem Ayers Rock. Spät in der Nacht bezog sie das Gästezimmer, das für die nächsten zwei Wochen ihr Zuhause war.

Alle kümmerten sich um sie und boten verschiedenste Ausflüge an. Die Verwandten wechselten sich ab, damit Rita nicht zu viel alleine war. Film-, Musik- und Tanzveranstaltungen wurden besucht und zahlreiche Museen besichtigt, wobei sie das Australien Museum am Hyde Park mit den Sammlungen zur Geschichte und Kultur der indigenen Bevölkerung am meisten interessierte. Das Leben von Little John's Volk im Museum? Etwas eigenartig für sie, wenn sie sich an die Lebendigkeit des spirituellen Festes der Anangus erinnerte.
Viele Barbecues folgten und alle hatten Riesenspaß miteinander. Auch über Ben und seine Besuche wurde viel gesprochen. Er hatte häufig bei Jack in diesem Gästezimmer übernachtet. Die ersten Nächte waren etwas seltsam für Rita. Die Vorstellung, dass ihr Vater vor vielen Jahren auch in diesem Bett geschlafen hatte, verursachte ein merkwürdiges Gefühl vor dem Einschlafen. Aber mit der Zeit legte

sich das und schließlich freute sie sogar die Vorstellung, in dem Bett zu schlafen, in dem auch ihr Vater ausgeruht hatte. Hin und wieder wollte sie die Stadt alleine erkunden, damit sie ihrer Verwandtschaft nicht zu sehr zu Last fiele und so brach sie gerne früh morgens auf.

An jenem denkwürdigen Tag stand die Harbour Bridge auf ihrem Programm. Die weltbekannte Bogenbrücke mit einer Gesamtlänge von 1.149 Metern, 49 Metern Breite und 134 Metern Höhe ist die Hauptverbindung zwischen Sydneys Nord- und Südküste. Ein beeindruckendes Bauwerk. Von der Brücke aus wollte Rita das Wahrzeichen Sydneys, »The Opera House«, bestaunen und fotografieren. Eine tolle Perspektive, wurde ihr versichert. Die Brücke konnte mit der Eisenbahn, dem Auto oder auch zu Fuß überquert werden. Rita wollte laufen, damit sie in Ruhe fotografieren konnte. Noch vor Sonnenaufgang stand sie vor der Harbour Bridge und marschierte frisch und fröhlich los.
Voller Staunen blieb sie an vielen Details hängen und schlenderte dahin bis sie, ungefähr in der Mitte der Brücke, eine Gestalt wahrnahm. Sofort holte sie ihr »Erster Traum« ein: Die Brücke mit der schemenhaften Gestalt in der Mitte! Alles begann sich zu drehen; sie musste sich am Geländer festhalten, so ergriffen war sie plötzlich. Traum oder Wirklichkeit?

Jetzt musste sie endlich Klarheit haben, wer diese Gestalt war und was sie zu bedeuten hatte. Langsam, konzentriert und höchst gespannt ging Rita weiter und auf die Gestalt zu. Immer näher kam sie und dennoch, genau wie im Traum, blieb die Gestalt schemenhaft, weil die Lichtverhältnisse es nicht zuließen, Genaues zu erkennen. Trotzdem lief sie weiter und die Spannung stieg mit jedem Schritt. Ihre Gedanken spielten verrückt. Alles brach auf einmal über sie herein: Der Traum, die Fahrt mit dem Bus durch die Stadt, der Satz der beiden älteren Damen: »Fahr doch einfach hin!«, das Gespräch mit Tom, der »Kellertraum«, die Entscheidung für die Reise, die Ungewissheit und Angst, die Erlebnisse im Outback, die Wanderung, Little John, der »Rote Berg«, die Fahrt durch die Wüste, das Bett im Gästezimmer … bis jetzt – die Brücke!

Mutig ging sie weiter, bis sie wenige Meter vor der Gestalt anhielt und nun sah, dass da ein groß gewachsener Mann auf sie zukam, der vermutlich, ebenso wie sie, nichts weiter als das Opernhaus im Sonnenaufgang sehen wollte. Aber die Situation hatte etwas ganz Besonderes. Er war schon fast an Rita vorbeigegangen, da wendete sich der Mann ihr plötzlich zu und sah ihr in die Augen – und in diesem Augenblick begann Rita zu weinen.

»Ist es so schrecklich, mich sehen zu müssen?«, fragte er auf Englisch und lächelte. Was für eine Peinlichkeit für Rita, aber sie konnte nicht anders. Die Tränen flossen einfach. Zu allem Überfluss hatte sie nicht einmal ein Taschentuch dabei und er musste aushelfen. Sie entschuldigte sich bei ihm und als sie sich wieder etwas gefangen hatte, fragte sie nach seiner Herkunft, denn aufgrund seiner Aussprache ging sie davon aus, dass er kein Australier war. Sie behielt recht.

Er reichte ihr die Hand und sagte sehr freundlich: »Hi, I am Photinos from Germany.«

»Dann können wir ja Deutsch miteinander sprechen, ich heiße Rita und komme ebenfalls aus Deutschland«, antwortete sie und konnte endlich wieder lachen. Photinos wirkte sehr entspannt und sympathisch und freute sich sichtlich, als es Rita wieder besser ging. Auch ihn hatte die außergewöhnliche Situation irritiert, denn als er das erste Mal in ihre Augen gesehen hatte war es, als hätte sein Herz für einen Augenblick aufgehört zu schlagen und dann hatte ein warmer Schauer ihn durchströmt. Rita war es ähnlich ergangen und sie befand sich augenblicklich in seinem Bann.

Etwas holprig und unsicher führten sie die Unterhaltung fort, denn beide wollten nun mehr voneinander in Erfahrung bringen. So standen sie mitten auf der Brücke aus

Ritas Traum und erwarteten gemeinsam ihren ersten Sonnenaufgang in Sydney. Das imposante Morgenrot wich langsam den kräftigen Sonnenstrahlen und endlich konnten sie einander klar und deutlich sehen. Beide waren über die Sympathie des anderen erfreut und immer wieder suchten sie Blickkontakt, um sich wortlos mitzuteilen.
Ein aufregender Morgen für beide. Die Funken sprühten gewaltig. Den einsetzenden Morgenverkehr nahmen die beiden kaum wahr.
Photinos lud Rita auf ein gemütliches Frühstück in ein nahegelegenes Café ein. Unterwegs stellten sie fest, dass beide in derselben Stadt in Deutschland wohnten, lediglich in unterschiedlichen Stadtteilen. Was für ein Zufall! Fotos hatte Rita auf der Brücke keine gemacht. Dazu war sie einfach nicht gekommen.
Beim Frühstück flirteten die beiden miteinander, lachten viel und wurden einander immer sympathischer. Bald hatten sie, was beide erleichterte, herausgefunden, dass sie Singles waren. Photinos war ein griechischer Name. Sein Vater war Grieche und seine Mutter deutscher Abstammung. Das erklärte auch die etwas dunklere Hautfarbe, die schwarzen Haare und die wunderschönen dunklen Augen.
»Meine Freunde nennen mich Tino oder Inos. Du kannst es dir aussuchen, wie du mich nennen willst«, meinte er.
»Ich werde Inos sagen, wenn's ok ist, denn da hört man den Griechen stärker raus, das passt besser zu dir«, antwortete Rita.

Inos war mit zehn Jahren nach Deutschland gekommen, um eine gute Schule zu besuchen. Seine Eltern hatten schnell beruflich Fuß gefasst und ein bekanntes griechisches Restaurant in der Stadt besessen. Mittlerweile lebten sie wieder in Griechenland, wo sie ihren Lebensabend verbrachten und Inos besuchte sie, so oft es seine Zeit erlaubte.

Sie erzählten von ihren Familien, Geschwistern, Hobbys und fragten nach Geburtstagen und Sternzeichen. Das war lustig, denn Inos war am selben Tag geboren wie Ritas ältester Bruder, Eric. Beide waren neununddreißig Jahre alt. Selbst ihre Namen wurden zum Anlass genommen, heftig miteinander zu flirten. Denn deren Bedeutungen amüsierte sie an diesem Morgen sehr. Photinos heißt nämlich so viel wie »der Lichte«. Und Rita bedeutet im Persischen »Kind des Lichtes« oder auch »Perle«.
Schließlich wollte er noch erfahren, warum Rita geweint hatte, als sie sich auf der Brücke zum ersten Mal angeschaut hatten. Ihr blieb nichts anderes übrig, als die irre Geschichte von ihrem »Ersten Traum« zu erzählen und dass in diesem Moment auf der Brücke die Emotionen mit ihr durchgegangen waren. Normalerweise war sie ja keine Heulsuse.
Ritas Traum faszinierte Inos, der in seinem eigenen Institut dem eher seltenen Beruf des Traumforschens nachging. Er war zu einem internationalen Symposium von Traumforschern als Gastredner eingeladen worden, was auch der Grund für seinen Aufenthalt in Sydney war.
Innerhalb kürzester Zeit erhielt ihr gemeinsames Gespräch eine Tiefe und Vertrautheit, die beide erstaunte. Als ob sie den anderen schon seit Jahren kennen würden. Immer, wenn Inos Vorträge vor Forschungskollegen halten musste, suchte er in den Morgenstunden Ruhe und Ausgleich, indem er einen Spaziergang machte. Diese Angewohnheit hatte ihn heute auf die Harbour Bridge geführt.
In seinen jahrelangen Forschungsarbeiten war er zu dem Schluss gekommen, dass Träume oder einzelne Traumbilder nicht nur durch Nervenimpulse im Gehirn entstehen, sondern Menschen in den Nächten lernen lassen. Das war auch sein Vortragsthema in Sydney. Viele Jahre hatte er in Kliniken verbracht, um Probanden im Schlaf zu beobachten und die entstandenen Messungen auszuwerten.
Die Zeit verging rasend schnell und als Inos auf seine Uhr blickte, erschrak er, denn er musste schleunigst zum Symposium. Drei Stunden waren seit dem Zusammentreffen

der beiden auf der Brücke vergangen. Inos beglich die Rechnung und sie verließen gemeinsam das Café. Sicher, sich wiedersehen zu wollen, tauschten sie ihre Telefonnummern und Adressen aus und umarmten sich zum Abschied. Aber diese Umarmung war bereits mehr, als jene unter guten Freunden …
Inos ging rasch zur nächsten Bus-Station. Bis er in eine Straße rechts abbiegen musste, drehte er sich alle fünfzehn Meter um, nur um Rita einen Blick zuzuwerfen. Rita blieb am Eingang des Cafés stehen und winkte jedes Mal freundlich zurück, bis er nicht mehr zu sehen war. Einen kurzen Moment stand sie noch da voller Verwunderung darüber, was die letzten drei Stunden geschehen war. Unglaublich …
Nun kehrte sie auf die Harbour Bridge zurück, um die Fotos zu machen. Und die wurden wirklich sehr gut. Die beste Stelle war genau jene, wo sie Inos getroffen hatte. Immer wieder lächelte sie etwas verschmitzt, als ob Inos noch anwesend wäre und auch ihr Puls bevorzugte anscheinend heute eine etwas höhere Frequenz als sonst. Mit anderen Worten: Rita hatte es kräftig erwischt, sie hatte sich in Inos verliebt. Das kannte sie in dieser Intensität noch nicht, denn ihre bisherigen Beziehungen waren »trockener« und kontrollierter verlaufen.
Was für ein Feeling! Sie genoss die Zeit auf der Brücke und erinnerte sich wieder und wieder an Inos Worte und seine Komplimente.
Den restlichen Tag wollte sie in der Stadt verbringen und noch einige Sehenswürdigkeiten besuchen, aber Inos war in ihren Gedanken immer mit dabei. Bereits um drei Uhr nachmittags läutete ihr Handy und Inos war dran. Sein Vortrag war zu Ende und er wollte die restliche Zeit vor seinem Abflug am nächsten Abend mit Rita verbringen. Rita freute sich überschwänglich, ihn wiederzusehen. Sie lief sogar im Gesicht rot an, als sie sich am Handy verabredeten.

Wenig später war es auch schon so weit. Sie trafen sich zum zweiten Mal an diesem Tag und brachten erneut ihr gegenseitiges großes Interesse zum Ausdruck. Sie schlenderten durch die Stadt, Inos zeigte ihr seine Lieblingsplätze und den Abend verbrachten sie in einem griechischen Restaurant.
Die Wirtsleute waren sehr erfreut, als Inos sich mit ihnen in ihrer Muttersprache unterhielt und er bestellte Köstlichkeiten, die nicht auf der Speisekarte zu finden waren. Nach griechischer Manier blieben die beiden bis spät nach Mitternacht in diesem Restaurant sitzen und unterhielten sich, wie schon am Morgen, angeregt weiter wobei sie die Zeit völlig aus den Augen verloren. Inos war von Rita ebenso fasziniert, wie sie von ihm und brachte das mit intensiven Blickkontakten und ersten Berührungen ihre Hände zum Ausdruck. Sie verließen die Taverne gegen zwei Uhr morgens.

Inos letzter Tag in Sydney war wieder Rita gewidmet. Sie hatte ihr Familienprogramm kurzerhand verschoben, um diesen Tag ebenfalls für Inos frei zu haben. Jack und seine Familie witterten schnell, was los war und freuten sich für Rita und ihre neue Bekanntschaft.
Auch zum Abflug am Abend begleitete Rita ihren neuen Freund. Zum Abschied umarmten sich die beiden sehr lange und ganz fest und endlich – von beiden sehnsüchtig erwartet – folgte der erste Kuss! Dieser Kuss intensivierte und steigerte ihre gegenseitige Zuneigung und ihre Zustimmung, ab jetzt ein Paar zu sein. Nur zaghaft und langsam lösten sie ihre Umarmung bis ihre Hände auseinander glitten und Inos zum Flieger musste. Am liebsten wäre Rita mit nach Hause geflogen, aber sie wollte doch die noch verbleibende Urlaubswoche in Australien verbringen. Es wurden sieben sehnsuchtsvolle, lange Tage. Obwohl die Familie noch vieles mit Rita unternahm, waren ihre Gedanken ständig bei Inos. Dauernd mailten oder telefonierten die beiden ausführlich während dieser Tage.

Die Verabschiedung von der Verwandtschaft war, wie die gesamte Zeit bei ihnen, sehr herzlich. Auch die drei Familien hatten sich über den angenehmen Besuch aus Europa gefreut und wünschten Rita und ihrem neuen Freund beim abschließenden Grillabend das Allerbeste. Rita konnte sich nicht erinnern, jemals, selbst nach sehr langen Auslandsaufenthalten, ihren Rückflug so intensiv herbei gewünscht zu haben.
Und endlich war es so weit. Die Rückkehr stand vor der Türe und Rita konnte es kaum erwarten, bis das Flugzeug endlich abhob. Der Rückflug verlief ohne Komplikationen. Alle Anschlussflüge waren pünktlich und Rita wurde in ihrer Heimatstadt von Inos erwartet.
So einen Empfang hatte sie noch nie! Da war plötzlich jemand, der voller Liebe und Sehnsucht auf sie wartete. Natürlich war da auch Evelyn, die sie erwartete, aber Inos … Ungeduldig wartete sie auf ihren Trekkingrucksack in der Ankunftshalle, dann machte sie sich schnell auf den Weg hinaus. Wie vereinbart stand Inos da. Attraktiver noch als vor einer Woche. Sie liefen einander in die Arme und der zweite Kuss fühlte sich noch viel besser an als der erste. Angekommen! Auch Evelyn war in der Ankunftshalle und staunte, als sie die beiden sah. Sie wusste bereits vom Telefon, dass Rita einen Mann kennen gelernt hatte, aber so strahlend hatte sie ihre Tochter noch nie gesehen. Auch sie umarmten sich, überglücklich über die gute Heimkehr und Rita stellte ihr Inos vor.

Die nächsten Tage musste Rita sich zu Hause erst wieder neu einfinden, denn diese Reise hatte doch einiges verändert. Inos und sie verbrachten jede freie Minute zusammen und festigten mit jeder gemeinsamen Stunde ihre Beziehung. Sie waren sehr glücklich. Beim Willkommensessen bei Evelyn sahen auch Tom, Martha und die Kinder, Inos zum ersten Mal. Er war ein überaus integerer Mensch, der sich sehr gut auszudrücken verstand. Tom und Inos waren auf derselben Wellenlänge. Sie verband auf Anhieb ihr berufliches Interesse als Psychologen miteinander. Inos fühlte sich in Ritas Familie ausgesprochen wohl, denn alle seine Verwandten waren ja mittlerweile wieder nach Griechenland zurückgekehrt. Auch Emma lernte Inos bald kennen. Sie freute sich aufrichtig für die beiden, denn auch ihr war das Glück in der Zwischenzeit hold und sie wusste genau, wie Rita sich fühlte. Mit Emmas neuem Freund Günther verbrachten sie zu viert viele lustige Stunden.

4

Der Traumforscher

Rita und Inos wurden ein sehr harmonisches Paar und verbrachten ihre Freizeit gerne zusammen. Fast schienen sie unzertrennlich zu sein. Viele Abende verbrachten sie gemütlich in einer ihrer Wohnungen und tauschten ihre Alltagserlebnisse bei einem guten Tropfen Wein aus. Natürlich wollte Rita von Inos erfahren, wie er zu seinem Beruf gekommen war, denn einen Traumforscher hatte sie nie zuvor kennengelernt. Das fand sie sehr speziell. Und so war es auch. Aufgrund ihrer eigenen Traumerfahrungen war seine Geschichte wirklich äußerst interessant für sie. So erzählte Inos von seinen Anfängen als Traumforscher:

»Meine Geschichte fängt nicht erst mit meinem Studium an, nein, sie beginnt mit meinem griechischen Opa. Er und Oma waren sehr fromme Leute. Sie haben sich intensiv darum bemüht, aus ihrem Glauben heraus zu leben und waren einander ihr ganzes Leben in Liebe zugetan, bis meine Oma vor zehn Jahre starb.
Als Kind habe ich viel Zeit bei Ihnen verbracht, und das sehr gerne, denn Großvater, den wir alle Pappous nannten, konnte immer schon wunderbar Geschichten erzählen und er fand in mir einen begeisterten Zuhörer. Immerzu ›quälte‹ ich ihn, mir neue Geschichten zu erzählen oder die, die ich schon kannte und liebte, wieder und wieder. Dann setzten wir uns in den Garten unter die Olivenbäume und Pappous nahm sich viel Zeit, um meinen Wunsch zu erfül-

len. Heute weiß ich, dass eine ganz bestimmte Geschichte meinen Lebensweg zutiefst beeinflusst hat. Er musste sie mir besonders oft erzählen.«
»Und die wäre? Mach es nicht so spannend, erzähl weiter, ich möchte sie hören!«, forderte Rita etwas ungeduldig.

»Geduld, mein Kind, nicht so hastig!«, sagte Inos mit verstellter, etwas tieferer Stimme lächelnd. »Das waren Pappous' Worte, wenn ich damals zu ungeduldig war.
Meine griechische Familie stammt von der kleinen Insel Patmos in der Ägäis. Früher waren die meisten Männer dort Fischer, Bauern oder Seeleute. Pappous war Seemann und verbrachte viele Wochen am Stück auf See. Oma war daheim und oft in Sorge um ihn, wenn Stürme das Meer aufpeitschten. Sie kümmerte sich um die Kinder und bestellte den Garten, damit die Familie genug nahrhaftes Gemüse bekam.
Es war ein entbehrungsreiches und karges Leben für die beiden. Nichts gab es im Überfluss. Und dass Pappous so viel von Zuhause weg war, machte die Sache nicht gerade einfacher. Es gab ja damals keine Verständigungsmöglichkeiten, kein Telefon, nichts. So beschlossen sie, sich täglich drei Mal zu einer bestimmten Uhrzeit ganz bewusst durch ihr Gebet miteinander zu verbinden. Besonders intensiv baten sie dann Gott um den Segen für den jeweils anderen und oft, erzählte er mir, spürte er tatsächlich die Anwesenheit seiner Frau im Geiste. Das stärkte die beiden, ihren Alltag getrennt voneinander zu meistern.

Eines Nachts, Pappous war bereits seit zwei Wochen auf See, träumte er. Und dieser Traum veränderte sein Leben dramatisch. Die zwei Szenen des Traumes schienen zunächst nichts miteinander zu tun zu haben:
Zuerst sah er seinen kleinen Sohn Ioannes, meinen Vater, ganz vergnügt im Garten spielend. Er freute sich im Traum, dass es dem Kleinen so gut ginge. Er war damals drei Jahre alt und ein sehr aufgeweckter Junge. Und dann sah er ei-

nen Mönch, einen Einsiedler, der damals auf unserer Insel lebte. Dieser saß ganz ruhig da und schaute Pappous lange in die Augen, ohne ein Wort zu sagen, aber sehr eindringlich.

Pappous sah nur diese beiden Bilder, sonst nichts. Und plötzlich hörte er eine Stimme, die ihm ganz deutlich, ja fast streng befahl, sofort nach Hause zu kommen. Er schrak völlig entsetzt aus dem Schlaf auf und musste sich erst orientieren. Er war in seiner Kajüte, wie immer schnarchte sein Kollege und die Schiffsmotoren brummten dahin. Alles wie immer und doch ganz anders. Er musste sich erst beruhigen. Aber je mehr er über den Traum und die Stimme nachdachte und Gott um Hilfe bat, desto klarer wurde ihm, dass er handeln musste. So etwas hatte er noch nie zuvor erlebt.

Einige Stunden lag er wach in seinem Schlafsack. Dann ging er an Deck, um einige Schritte zu tun. Die kühle Nachtbrise tat ihm gut, aber der Gedanke an seine Familie ließ ihn nicht mehr los. Irgendetwas musste passiert sein. Irgendetwas war nicht in Ordnung! Aber er hatte zur damaligen Zeit auf hoher See keine Möglichkeit, Kontakt mit seiner Frau Athina, meiner Oma, aufzunehmen.

Am nächsten Tag erreichte sein Frachtschiff einen Hafen an der afrikanischen Küste und er verließ das Schiff mit dem Risiko, seine Arbeit zu verlieren. Lange diskutierte er mit dem Kapitän, bis dieser schließlich einwilligte und Pappous ziehen ließ. Er musste dieser Stimme des Traumes um jeden Preis folgen. Glücklicherweise fand er ein Passagierschiff, das Richtung Griechenland auslief. Weitere fünf unendlich lange Tage dauerte diese Fahrt. Seine Gedanken galten unentwegt diesem Traum, der Stimme und seiner Familie. Endlich erreichte er Patmos.

Voll Sorge eilte er schnellen Schrittes nach Hause zu seiner Familie. Eine ganze Stunde Fußmarsch lag noch vor ihm. Es war vier Uhr morgens, als er sein Haus erreichte und in die Stube stürzte. Eine Kerze brannte am Fenster. Meine Oma hielt weinend Wache am Krankenbett des kleinen

Ioannes. Er hatte so hohes Fieber, dass er bereits ohne Bewusstsein war. Oma lief Pappous fragend in die Arme, wie er nach Hause gekommen war? Doch das war jetzt Nebensache, jetzt musste Ioannes versorgt werden. Er brauchte Hilfe. Aber welche? Der anwesende Arzt versuchte alles in seiner Macht stehende, das Fieber zu senken. Doch seit drei Tagen half keine einzige Maßnahme.
Er begrüßte meinen Pappous, schüttelte gebeugt den Kopf und sagte zu ihm: ›Ich kann nichts mehr für ihn tun. Hier hilft nur mehr beten!‹
Das war das Stichwort für Pappous. Er erinnerte sich an den Traum, und den Einsiedler. Kurz besprach er sich mit Oma und erzählte, was passiert war. Sie stellte den Traum nicht in Frage. Für ihr Verständnis war es eine Gebetserhörung, dass ihr Mann nach Hause gekommen war. ›Wir packen ihn zusammen und gehen zur Einsiedelei und bitten den Mönch um Beistand!‹, sagte sie voller Hoffnung.

So nahm Pappous meinen Vater auf seine Arme und trug ihn über zwei Stunden zu Fuß zur Einsiedelei. Der Morgen war bereits angebrochen, als die beiden an die Tür des Einsiedlers pochten. Es dauerte nicht lange, da öffnete er ihnen und er sah Pappous in die Augen; ohne Worte – wie im Traum.
›Kommt schnell herein und legt ihn auf das Bett!‹, sagte der Mönch, als ob er sie bereits erwartet hätte. Behutsam legte Pappous meinen bewusstlosen Vater ab und strich ihm über die Stirn. ›Alles wird wieder gut!‹, sagte er erschöpft mit gebrochener Stimme und machte dem Einsiedler Platz. Dieser setzte sich an die Seite meines Vaters, legte seine Hand auf die Stirn, schloss seine Augen und versank in tiefes Gebet. Ab und zu bewegte sich sein langer Bart, erzählte mir Pappous. Ansonsten war es absolut still in diesem Raum.
Nach geraumer Zeit stand der Mönch auf, ging zu einer Ikonenampel, die mit Olivenöl gefüllt war, tauchte seine Finger darin ein und kam zu meinen Vater zurück. Er salb-

te ihn mit diesem Öl auf Stirn und Brust, legte seine Hand auf der Brust ab und versank abermals in tiefes Gebet. Über eine Stunde saß er regungslos da. Mein Vater war immer noch ohne Bewusstsein und völlig nassgeschwitzt. Dann öffnete der Mönch seine Augen, wandte sich meinen Großeltern zu und tröstete sie mit den Worten: ›Euer Sohn hat Erbarmen vor dem Herrn gefunden. Nehmt ihn mit nach Hause und pflegt ihn gesund.‹

Meine Großeltern waren durch diese Sätze des Mönches so gestärkt, dass es für sie nur eine Möglichkeit gab – Ioannes würde wieder gesund werden. Sie bedankten sich aus tiefsten Herzen und Pappous nahm meinen Vater wieder auf die Arme, packte ihn in die mitgebrachte Decke und sie gingen nach Hause.

Es kam genau so, wie der Mönch gesagt hatte. Das Fieber wich langsam von ihm, er kam wieder zu Bewusstsein und meine Großeltern pflegten ihn liebevoll, bis er wieder ganz gesund war. Als er bei Kräften war, machten die Drei einen Ausflug zur Einsiedelei. Meine Oma packte Gartengemüse als Geschenk ein und überglücklich besuchten sie den Lebensretter meines Vaters.

Pappous berichtete ihm von seinem Traum und der Stimme, die er gehört hatte. Das Eigenwillige daran war ja, dass mein Vater zum Zeitpunkt des Traumes noch völlig gesund gewesen war, denn es vergingen sechs Tage vom Traum bis zur Rückkehr nach Patmos. Und mein Vater war bei der Ankunft meines Pappous erst drei Tage krank.

Der Mönch war sichtlich erfreut, als er meinen Vater sah. Ein kleiner, kerngesunder Junge, völlig unberührt von den vergangenen Ereignissen, tollte vor ihm herum. Der Mönch segnete meinen Vater und seine Eltern mit dem Olivenöl aus der Ikonenampel und sprach ein Dankgebet zum Herrn.

Durch die Begegnung mit dem Mönch veränderte sich auch das Leben meiner Großeltern. Obwohl sie bereits betende Menschen waren, hatten sie das Wirken Gottes auf wunderbare Weise erfahren. Für sie gab es keinen Zweifel, dass die Wendung zum Guten auf das Gebet des Einsiedlers zurückzuführen war. Von da an besuchten sie ihn regelmäßig und ließen sich von ihm auch in familiären Angelegenheiten beraten. Bald verband meine Großeltern mit dem Mönch eine tiefe Freundschaft, ja mehr noch – ich würde es fast als ein spirituelles Band bezeichnen.

Kurz bevor der Mönch starb, schenkte er Pappous seinen Komboskini mit den Worten: ›Nun bist du an der Reihe!‹ Der Komboskini ist eine Gebetsschnur aus Schafwolle mit aufwendig handgeknüpften, dicht aneinander gereihten Knoten, mit der die Gläubigen das ›Jesus- oder Herzensgebet‹ verrichten.
Etwas zögerlich nahm Pappous dieses wertvolle Geschenk an, denn es war das Geschenk eines heiligen Mannes, da war er sich sicher, und diese Worte waren ein großes Vermächtnis. Es war die Aufforderung, sich in dieser Gebetsweise weiter zu üben. Und Pappous tat es auch, bis zum heutigen Tag.
Nach wie vor leben einige Einsiedler und Einsiedlerinnen auf Patmos. Ob allerdings einer oder eine von ihnen eine solche Gebetskraft hat, wie der Retter meines Vaters, weiß ich nicht.

Wäre Pappous seinem damaligen Traum nicht gefolgt, wäre ich wahrscheinlich heute nicht hier und ich wäre auch nicht in Sydney auf der Harbour Bridge gewesen, um dich zu treffen. Die Geschichte meiner Großeltern bewegte mich schon als Kind außerordentlich und so kam es auch, dass ich diesen Beruf wählte. Pappous mahnte mich stets, auf Träume zu achten. Ich selbst hatte leider noch nicht die Ehre, so konkret in die Zukunft zu träumen, wie er.
In meiner Arbeit stelle ich jedoch seit Jahren fest, dass die Qualität der Träume bei vielen Menschen zunimmt. Ich nehme an, dass sich aufgrund der Geschichte meiner Großeltern auch meine Forschungsarbeit in diese Richtung ent-

wickelt hat. Träume sehe ich inzwischen nicht mehr vom jeweiligen Träumer isoliert, oder als bloße Aneinanderreihung von chemischen Reizreaktionen im Gehirn, sondern lasse die Lebenssituation des Träumers in die Betrachtung mit einfließen. Ebenso bin ich bemüht, eine weitere Komponente einzubeziehen, die der Übernatur. Das ist nicht einfach, aber ich denke, mein Team und ich, sind auf einem guten Weg. So, jetzt weißt du, warum ich Traumforscher geworden bin!«, schloss Inos seine Ausführungen ab.

Rita war überwältigt und etwas nachdenklich geworden von diesem Bericht, der Entschlossenheit des Großvaters, der Selbstverständlichkeit, den Mönch aufzusuchen, der Heilung von Ioannes und der daraus erwachsenen Berufsentscheidung von Inos. Endlich war da jemand mit Traumerfahrung und jemand, der sich ernsthaft damit beschäftigte.
»Ich bin noch nie auf die Idee gekommen, dass ich Träume mit der Übernatur, etwas Höherem, oder dem Gebet in Verbindung bringen könnte. Vor allem nicht, dass das bei mir der Fall sein könnte. Bis jetzt sind meine Träume sehr rätselhaft für mich. Dieser Aspekt ist ja äußerst interessant. Darf ich dir etwas zeigen?«, fragte Rita Inos.
»Natürlich, du kannst mir alles zeigen, was du willst! Was ist es?«, wollte er gleich wissen.
»Geduld, mein Kind, nicht so hastig!«, lachte Rita mit tiefer Stimme, ging zum Wohnzimmerschrank und holte ein Buch heraus.

Vor vielen Jahren schon hatte sie ein dickes, gebundenes Buch gekauft, um darin chronologisch ihre Träume zu notieren. Sie nannte es sehr passend »Mein Traumbilderbuch«. Alle Träume, die sie seit dem Tod ihres Vaters geträumt hatte, waren mit dem Traumdatum versehen. Manche hatten eine Überschrift bekommen, die sie zum jeweiligen Zeitpunkt am passendsten fand. Andere wiederum hatte sie nicht betiteln können. Jene aber, die sie vor dem Tod von Ben geträumt und auf lose Blätter geschrieben hatte, hatte sie in ihrer damaligen Verzweiflung verbrannt. Mittlerweile war das Buch gut gefüllt. Viele Träume waren handschriftlich notiert, andere auf ihrem Computer geschrieben, ausgedruckt und dann hineingeklebt. Das Buch war ausschließlich auf den rechten Seiten beschrieben. Rita hatte einen guten Grund dafür. Sie hoffte nämlich immer, eines Tages deren Bedeutungen zu erfahren, die sie dann auf die linken Seiten neben die jeweiligen Träume schreiben wollte. Niemandem hatte sie es je gezeigt. Inos war der Erste, der es sehen durfte. Er war überrascht. Eine so schöne Traumsammlung hatte er selten zu Gesicht bekommen.

»Und dieses Buch kennt niemand außer dir – und jetzt ich?«, fragte er skeptisch nach.
»Nein, niemand kennt es. Ich habe nie gewusst, wem ich es hätte zeigen sollen«, antwortete sie.
»Du bist eine ganz besondere, wundervolle, kluge und noch dazu hübsche Frau!«, meinte er voller Respekt und küsste sie.

5

Mein Keller

Rita war begeistert von ihrem neuen Freund. Er brachte so viel Neues in ihr Leben. Sie schätzte seine Art, Dinge anders zu sehen, als sie es bisher getan hatte. Und vor allem schätzte sie seinen Beruf. Endlich war da jemand, dem sie sich und ihre Träume anvertrauen konnte. Sie wusste, dass Inos mit ihrem Traumbilderbuch verantwortungsbewusst umgehen würde.
Oft dachten sie über ihre Australien-Geschichte nach und scherzten über den »Ersten Traum«, der letztlich zu ihrem Treffen geführt hatte und mit dem das Traumbilderbuch auch begann. Er war natürlich auch für Inos etwas ganz Besonderes. Doch zur Australienreise gehörte noch ein weiterer Traum, der maßgeblich für die Reiseentscheidung war. Dieser war der einzige, der auch auf der linken Seite des Traumbilderbuches Notizen aufzuweisen hatte. Rita wollte unbedingt, dass Inos den Traum und ihre eigenen Erkenntnisse daraus erfuhr.

Nachdem das Geheimnis gelüftet war und Inos das Traumbilderbuch kannte, schlug sie jenen Traum auf:

»Der war komisch. Das weiß ich noch ganz genau. Der hatte etwas Gruseliges an sich und endete doch recht erfreulich. Ich habe ihn ›Mein Keller‹ genannt«, bemerkte sie und las ihn vor:

»Ich befinde mich auf dem Weg über eine Treppe in einen Keller. Es ist ziemlich düster. Ich komme zu einer alten Holztüre. Ich öffne die Türe einen Spalt und sehe in einen kleinen Kellerraum hinein, der nicht eingerichtet ist und finster wirkt. Plötzlich sehe ich ein ganz grauenhaftes, tierähnliches, fleischfarbenes Wesen, ungefähr hüfthoch, dessen Körper ähnlich dem einer Spinne ist, mit mehreren Beinen. Es bewegt sich ganz ruckartig und wirkt äußerst bedrohlich. Es scheint vor mir Angst zu haben und droht mir, indem es sich auf die Hinterbeine stellt, mit dem Rücken zur Wand und dann die angezogenen Beine öffnet.

Der ›Innenkörper‹ ist ekelerregend mit Tentakeln und einer Öffnung zur Nahrungsaufnahme; ganz schwabbelig mit klebrigem Schleim. Es macht den Eindruck, als ob es mich angreifen möchte. Ich bin sehr erschrocken und schließe schnell die Tür.

Doch irgendetwas oder -jemand weist mich an, die Tür noch einmal zu öffnen. Ich tue es auch. Wieder sehe ich dieses angsterregende Tier vor mir mit seinen Drohgebärden. Aber dieses Mal betrete ich den Kellerraum. Ich gehe hinein und bleibe mit etwas Abstand zu dem Tier ganz ruhig stehen und warte.

Ich spüre eine unglaubliche Kraft hinter mir, die mir die Gewissheit gibt, dass ich keine Angst zu haben brauche. Eine Weile vergeht, ich stehe immer noch da und beobachte das Tier und jetzt geschieht das Unglaubliche. Es kommt auf mich zu. Schließlich öffnet es seine Beine und umarmt mich ganz vorsichtig und liebevoll; sein ganzes Wesen ist verändert. Ich erwidere die Umarmung und lasse die Kraft, die ich vorher hinter mir wahrgenommen habe durch mich hindurch in dieses Tier strömen. Alles Bedrohliche und Ekelerregende ist plötzlich verschwunden. Ich sehe nur mehr ein Wesen, das Hilfe braucht – sonst nichts.

Wir sind beide sichtlich erleichtert und freuen uns darüber. Ich beschließe, die Mauern dieses Kellers einzureißen, um dieses Tier zu befreien und beginne an jener Seite, auf der ein winziges Fensterchen ist. Der Einriss geht ganz einfach und siehe da, zu unser beider großen Überraschung liegt vor uns eine grüne Wiese. Wir krabbeln über das Geröll ins Freie und das Tier beginnt vor Freude herumzuhüpfen und Purzelbäume zu schlagen. Anscheinend war es schon sehr lange in diesem Keller eingeschlossen. Auch meine Freude darüber war riesengroß, denn ich wusste, dass ich etwas Gutes getan hatte.«

Inos hatte sehr aufmerksam zugehört und freute sich über die genaue Beschreibung des Traumes.

»Du musst wissen, dass ich erst durch diesen Traum in der Lage war, mich für meine Australienreise zu entscheiden. Was bisher einmalig an diesem Traum ist, sind die Notizen über die Traumbedeutung – und wie ich dazu gekommen bin:
Ich wachte an jenem Morgen ganz normal auf und der Traum war immer noch vollständig präsent. Ich wollte ihn gleich niederschreiben, bevor ein Detail verloren ginge. Und das tat ich auch. Das Resultat hast du ja eben gehört. Das Besondere folgte danach. Ich wollte schon den Stift zur Seite legen, als plötzlich ein starker Impuls in mir aufstieg und mich animierte, weiter zu schreiben. Wie von selbst begann ich die linke Seite des Buches zu beschreiben. Mir wurde plötzlich klar, was dieser Traum zu bedeuten hatte und ich schrieb einfach drauflos. Das Skurrile dabei war, dass ich mich sozusagen selbst über diesen Traum belehrte. Hör zu:

›Die Treppe hinab in den Keller bedeutet deinen Abstieg ins eigene Unterbewusste. Im ›unteren‹ Bewusstsein hast du alles abgelegt, was du glaubst, für deinen Alltag nicht zu benötigen – wie in einem Kellerraum. Wir alle wissen, dass unsere Keller voll sind von Dingen, die wir nicht jedermann zeigen möchten. Oder bist du stolz auf deinen vollen Keller? Je voller also der Keller, dein Unterbewusstes, wird, desto belastender und unerträglicher wird deine Lebenssituation, denn du weißt insgeheim von diesen Räumlichkei-

ten in dir und letztlich beginnen diese abgestellten Dinge, dich zu beeinflussen und zu beherrschen, obwohl du das gar nicht möchtest. Viele nennen dieses allzumenschliche Verhalten auch Verdrängung. Aber was bedeutet das für dich? Was hast du verdrängt?
Du warst alles andere als erfreut darüber, was du hier gesehen hast. Du beschreibst es als ekelerregendes, tierhaftes Wesen, das sein Dasein in diesem finsteren Raum fristet. Dieses Tier symbolisiert jene Inhalte, die du in deinem Leben nicht sehen wolltest und willst. Ja, ihr hattet sogar voreinander Angst. Es wirkte bedrohlich auf dich. Darum hast du schnell wieder die Türe geschlossen, um deinen Verdrängungen nicht in die Augen sehen zu müssen.
In diesem Traum hat dich jedoch deine innere Kraft angewiesen, die Türe in dein Unterbewusstes erneut zu öffnen und einzutreten, damit du dich diesem Wesen stellen konntest. Deine innere Kraft hat dir ermöglicht, deine verdrängten Lebensinhalte genau anzusehen – in Form dieses Tieres. Und siehe da! Alles war halb so wild. Du konntest deine Verdrängung liebevoll umarmen, denn auch sie wartete nur auf ihre Erlösung durch dich. Durch die liebevolle Umarmung verlor sie all das Schreckliche und du konntest sie als das sehen, was sie war. Nämlich als einen hilfsbedürftigen Teil deiner selbst.
Gemeinsam – du und dein unbewusster Teil – seid ihr durch deine innere Kraft erstarkt und habt sogar die Kellermauer eingerissen, die dieses Gefängnis bildete. Das bedeutet, dieser Teil von dir gelangte in die Freiheit, die durch die grüne Wiese dargestellt wird. Und ihr wart sehr, sehr glücklich darüber; so sehr, dass dieser befreite Teil deiner selbst sogar Purzelbäume vor Freude schlug.‹

Das steht hier auf der linken Seite. Ist das nicht genial? Ich war wochenlang damit beschäftigt, eine Entscheidung zu treffen. Ein Hin und Her, ein Rumoren größten Ausmaßes. Ich wusste, Australien bedeutete die Auseinandersetzung mit dem Tod meines Vaters. Mein ganzes Unvermögen,

die Trauer wirklich zu erlauben, sperrte einen Teil von mir geradewegs in mein eigenes Kellerverlies. Ich habe immer geglaubt, keine passenden Antworten zu bekommen. Jetzt weiß ich, dass das lediglich ein Vorwand war, mich diesem Umstand und meiner Angst nicht stellen zu müssen.
Vor allem Little John wurde mir in Australien als Begleiter zur Seite gestellt. Er war fähig, mein verletztes Herz durch seine tiefen Erkenntnisse zu berühren. Er erklärte mir die Welt des Ungeborenen, des Lebenden und des Vergangenen als Einheit. Und ich habe seine Erklärungen als Antwort auf meine innersten Fragen verstanden. Ich war nicht mehr dieselbe, als ich von Australien heimgekehrt war, und das nicht nur deinetwegen. Letztlich habe ich auch durch diesen Traum dort ein Stück Heilung und Befreiung erlebt.
Jetzt weiß ich, dass es immer eine Treppe, einen Zugang zum unteren Bewusstseinsbereich gibt, den ich beschreiten kann, um diese Türe zu öffnen. Eine Türe, die mir meine eigene Welt sichtbar macht und erschließen kann. Echtes Lebensmaterial, mit dem ich arbeiten kann und in mir heilsame Prozesse bewirkt. Ich muss aber dazusagen, dass diese Erkenntnis ganze dreizehn Jahre gebraucht hat, um ans Tageslicht zu gelangen. Eine echt schwere Geburt mit unzähligen, schmerzhaften Wehen.
Was sagst du dazu? Ist der Traum nicht toll? Und die Erklärung? Wie findest du sie? Kann das richtig sein?«, wollte Rita von Inos wissen.

Inos war beeindruckt. Er und die Psychologen seines Forschungsteams hätten hier nichts hinzuzufügen. Aufgrund der damaligen Lebenssituation Ritas war das völlig einleuchtend.
»Ja, sowohl der Traum ist wirklich toll und auch die Erklärung ist absolut plausibel. Großartig! Vor allem, dass du dem Impuls gefolgt bist und weiter geschrieben hast. So etwas ist unüblich, aber ich habe schon davon gehört, dass solche Dinge geschehen. Finde ich wirklich faszinierend.

Ich denke öfter über unser Kennenlernen nach. Wie lange unsere Wege wohl schon vorbereitet waren, ehe wir uns sahen? All diese Umstände – unsere unterschiedlichen Wege. Das erstaunt mich ungemein«, sagte Inos sichtlich bewegt und nachdenklich. Das war natürlich Nahrung für seinen Traumforschergeist.

6

Der verborgene Mensch des Herzens

Der Mensch ist ein noetisches Wesen«, sagte Inos leise vor sich hin, als er über seiner Arbeit saß. Rita ging gerade am Büro in seiner Wohnung vorbei und hörte diese Äußerung, weil die Tür nicht, wie sonst üblich, geschlossen war.

Es war Samstag und Rita hatte bereits fürs Wochenende eingekauft. Sie holte gerade Zwiebeln aus der kleinen Speisekammer, um Mousakas zuzubereiten. Mittlerweile übte sie sich an den griechischen Speisen. Mousakas war eines ihrer Lieblingsgerichte. Ein Auflauf mit Auberginen, Kartoffeln und Hackfleisch. Und das musste vom Hühnchen sein, weil Inos das Fleisch von Vierbeinern nicht so gerne essen wollte.

Während des Essens, sie stießen gerade mit einem Gläschen Wein an, fragte Rita: »Was ist das, ein noetisches Wesen?«

»Das Mousakas schmeckt ausgezeichnet! Du bist eine sehr gute Köchin. Wollen wir morgen grillen, was meinst du?«, antwortete Inos.

»Es gibt keinen Grill, wenn du mir nicht das noetische Wesen erklärst«, bohrte sie scherzend nach.

»Pappous hat mich einmal beiseite genommen, als meine berufliche Richtung feststand und mir die qualitativen Unterschiede von Träumen erklärt und wo sie seiner Meinung und Erfahrung nach herkommen. ›Woher er das nur weiß‹, habe ich gedacht und obwohl das ziemlich lange her ist, habe ich es nie vergessen. Im Gegenteil, mit diesem kurzen

Gespräch hat er wahrscheinlich die Weichen für meine Forschungsarbeit erst richtig gestellt. Heute Morgen habe ich an deinen Impuls, der dir deinen ›Kellertraum‹ erschlossen hat gedacht und mich deshalb ins Büro verzogen.

In seinem ersten Brief schreibt der Apostel Petrus vom ›verborgenen Menschen des Herzens‹ und Paulus spricht öfter vom ›inneren Menschen‹. Gemeint ist jeweils das, was wir heute unser ›wahres Selbst‹ nennen. Unser Verstand hat große Schwierigkeiten damit, diese Wirklichkeit zu erfassen. Unsere körperlichen Sinne nehmen sie nicht wahr, denn sie liegt im Bereich spiritueller Erfahrung. Unsere Kirchenväter sprechen in ihren Lehren vom ›Nous‹. Gemeint ist mit diesen verschiedenen Begriffen immer dasselbe. Nous kann man nicht einfach mit ›Verstand‹ oder ›Vernunft‹ übersetzen. Man könnte es jedoch das ›noetische Wesen‹ nennen.«

»Kannst du mir nun endlich verraten, was das ist? Spann mich nicht länger auf die Folter!«, fragte Rita ungeduldig nach.

»Der noetische, verborgene Mensch des Herzens ist ›Person‹ im vollen und wahren Sinn des Wortes, weil er der eigentliche Träger des Abbildes Gottes ist. In ihm liegt die Gottähnlichkeit und damit die Fähigkeit, Gott zu erkennen, aufzunehmen und zu erfahren. Wenn wir mit ihm, unserem wahren Selbst, in Berührung kommen, bewegen wir uns bereits im Bereich der Übernatur. Wie schon gesagt, der Nous ist nicht der Verstand – auch wenn er öfter mit dieser Vokabel übersetzt wird – und er kann nicht mit unserem Verstand erfasst werden.
Der ›Ort‹ für diese Erfahrung ist, unseren Kirchenvätern folgend, das Gebet. Denn echtes Gebet ist ein Zustand, in dem diese Erfahrung zustande kommt. Alles andere ist Übung und Vorbereitung – wir sagen Praxis dazu. Deswegen sind die Wüstenväter in die ägyptische Wüste und die

Athosmönche auf den Berg Athos in Griechenland gegangen. Sie haben die Stille gesucht, um sich im Herzen sammeln zu können, um genau diese Erfahrung zu machen. Und es folgten ihnen viele Männer und Frauen in die Klöster – bis heute.

Der Mensch ist als noetisches Wesen von seinem Schöpfer, dem dreieinen Gott, auf die Erkenntnis angelegt. Erkenntnis bedeutet in der Bibel allerdings Einswerden, Vereinigung. Und genau das geschieht in dem alles überragenden Gebet in Geist und Wahrheit. Dieses Gebet wird von den Vätern auch einfach noetisches Gebet genannt, weil sich unser menschliches Bewusstsein dabei in seine eigene, geistige, noetische Mitte hineinsammelt. Deswegen sagen sie, dass das Himmelreich in uns ist.

Schlussfolgernd kann man also sagen, dass Gott der Bildner des noetischen, verborgenen Menschen des Herzens ist und dieser wiederum der Bildner unseres menschlichen Leibes mit unserem menschlichen Bewusstsein. Der verborgene Mensch des Herzens kann uns also Träume eingeben. Die Traumbilder nimmt er aus dem, was in unserm menschlichen Bewusstsein vorhanden ist, um uns eine Botschaft zu vermitteln. Er hat die gleiche Natur wie die Geistwesen oder noetischen Wesen, die wir Engel nennen. Das Wort Engel kommt ja von meiner Muttersprache, heißt ›Angelos‹ und bedeutet einfach nur ›Bote‹.

Die Unterschiedlichkeit der Träume kommen nach Meinung von Pappous daher, dass es solche gibt, in denen wir einfach nur unsere alltäglichen Eindrücke verarbeiten und verdauen, andere die wegweisend sind und unsere Erkenntnis vermehren und solche, die durchaus auch von der dämonischen Welt verursacht werden. Er hat anscheinend auf diesem Gebiet reichlich Erfahrung gesammelt. Ich muss sagen, dass ich mich nach all den Jahren meiner Forschung und Erfahrungen seiner Sicht nur anschließen kann.«

»Das ist ja interessant. Du meinst, dass mein Impuls vom ›Kellertraum‹ damit zusammenhängen könnte? Das würde ja bedeuten, dass ich sowohl den Traum als auch die anschließende Deutung von diesem noetischen Wesen erhalten habe? Und dass das Verständnis solcher Dinge mit Beten zusammenhängt?«, fragte Rita nach. »So eine Erklärung höre ich heute zum ersten Mal. Ich habe noch nie von Wüstenvätern gehört, die sich ausschließlich dem Gebet gewidmet haben. Und die sollen so viel über das Menschsein wissen? Ich nehme an, du hast jede Menge Bücher darüber gelesen, sonst wüsstest du das ja auch nicht, oder? Ich habe mich leider nie sonderlich für so religiöse Menschen interessiert«

»Ja, ich habe viele Bücher gelesen und bin mittlerweile zu der Überzeugung gekommen, dass wir altes Wissen wieder entdecken sollten, weil es in den alten Schriften bereits viele Antworten gibt, die wir lediglich wieder ausgraben und in unsere heutige Sprache ›übersetzen‹ müssen. Träume gab es zu jeder Zeit, sie sind so alt, wie die Menschheit selbst. In der Bibel sind viele Träume beschrieben. Und diese waren stets wegweisend und dem Guten förderlich. Das ist ungemein viel Arbeit und benötigt nicht nur Interesse, sondern auch viel Zeit. Aber dafür bin ich ja in die Forschung gegangen.
Die umfangreichen Erfahrungen meines Großvaters kann ich allerdings noch nicht teilen. So weit bin ich noch nicht gekommen. Vieles ist geglaubte Theorie für mich und noch nicht gelebte Praxis, wie bei ihm. Doch mein Interesse und meine persönliche Forschung haben mir doch das eine oder andere aufgezeigt.«, erklärte Inos weiter.

»Dein Großvater ist ja ein ganz besonderer Mensch. Das wünsche ich mir auch: Träumen, verstehen und danach handeln. Ich mag ihn jetzt schon, obwohl ich ihn nicht kenne. Er hat dich letztlich zu dem gemacht, was dich heute ausmacht und was ich an dir so liebe. Ihr seid praktisch

so etwas wie ›spirituelle Traumforscher‹«, stellte Rita fest und ihre Augen funkelten.
Sie nahm sich vor, über diese Informationen nachzudenken und sie zu erwägen. Am liebsten hätte sie alles schriftlich gehabt, um es oft nachlesen zu können. An dieser Stelle wollte sie auch nicht weiter nachfragen, denn sie nahm ein ungewohntes, ganz ehrfürchtiges Gefühl bei dem Gedanken an den verborgenen Menschen des Herzens wahr.
Sie aßen schweigend und in Ruhe zu Ende.
»Also gut, wir grillen morgen. Was möchtest du haben?«, fragte sie lachend.
»Chicken-Souvlaki!«, war die prompte Antwort.
»Wir laden Emma und Günther ein und machen uns ein paar nette Stunden. Was hältst du davon?«
»Oh ja, das machen wir. Ich rufe sie gleich an«, freute sich Rita und erhob ihr Weinglas, um mit Inos erneut anzustoßen.

7

Junges Glück

Den Sommer nach der Australienreise, die so viel in Ritas Leben verändert hatte, verbrachten die beiden in ihrer bayerischen Heimat. Rita stelle ihren Reisedrang, der sonst ihren Lebensrhythmus bestimmte, hintan, übersetzte weitere Auftragsarbeiten von Verlagen und Inos hielt sich vorwiegend im Forschungszentrum und zu Hause in seinem Büro auf. Seine Auslandsverpflichtungen hielten sich dieses Jahr in Grenzen. Es war ein genüsslicher Sommer auf allen Ebenen. Rita war ausgesprochen glücklich. Auch Evelyn erkannte ihre Tochter nicht wieder. Sie freute sich für die beiden und hoffte, dass Rita endlich den richtigen Partner für ihr Leben gefunden hatte. Oft besuchten sie Ritas Mutter und Richard, oder Tom und seine Familie und verbrachten gesellige Stunden bei Kaffee und Kuchen miteinander. Das allerdings bei mäßigem Wetter, denn wenn die Sonne vom Himmel lachte und die Temperaturen stiegen, musste Inos raus und ans Wasser. Er war sonnenhungrig. Bei seiner Abstammung ja kein Wunder.

Sobald für ein Wochenende gutes Sommerwetter angesagt war, plante Inos die Ausflüge zu den nahegelegenen Seen. Früh morgens holte er dann Rita aus den Federn, packte alles Nötige ein, um ganze Tage unter freiem Himmel verbringen zu können. Für ihn der beste Ausgleich zu seiner Arbeit, und auch Rita genoss diese Zeit sehr. Einfach ein ruhiges Plätzchen am See, Rita und ein gutes Buch, manchmal Freunde um sich und natürlich durften schmackhafte

Speisen und Getränke aus der Kühlbox nicht fehlen. Mehr brauchte er nicht. Bücher lesen wollte Rita an solchen Tagen allerdings nicht, mit denen hatte sie wochentags genug zu tun. Daher reichten ihr einfache Klatsch- und Tratsch-Zeitschriften völlig aus, um sich die Zeit zu vertreiben.

Oft lag sie auch nur auf ihrer Decke, beobachtete Inos und dachte über ihn, seinen Beruf und ihre mögliche gemeinsame Zukunft nach. Dann schloss sie die Augen und malte sich alles Mögliche in ihrer Fantasie aus. Was sie gemeinsam noch alles erleben werden, wo sie wohnen, ob überhaupt gemeinsam, Pappous, die griechische Sprache … und das geplante Abendessen beim Griechen nach dem Sonnenbad. Denn die Speisekarte war ihr bereits sehr vertraut. Oft wusste sie schon ganz genau, was sie bestellen wollte und sogar die entsprechende Seite der Speisekarte kannte sie.

Inos war ein hervorragender Schwimmer und blieb häufig lange Zeit im Wasser. Rita nannte ihn den »braunen Fisch«, weil seine Haut außergewöhnlich schnell bräunte und dadurch sein südländischer Typ unterstrichen wurde. Seine äußere Erscheinung gefiel ihr nach jedem Badetag noch mehr, wenn er immer dunkler und dunkler wurde.

Verhinderte die Wetterlage das Baden an den Seen, nutzten sie die Gelegenheit für ausgedehnte Bergwanderungen in der wunderschönen voralpenländischen Umgebung. Am liebsten waren sie bereits zum Sonnenaufgang auf den Gipfeln und staunten über die ihnen zu Füßen liegenden Wälder und Wiesen. Ein kleiner Spruch samt Datum und Unterschriften in das Buch am Gipfelkreuz war für die beiden selbstverständlich. Bei klarer Sicht konnte man hunderte Kilometer weit in die Ferne blicken. Einige Seen in den Tälern, die eine stattliche Größe hatten, sahen von oben wie kleine Wasserlöcher aus und Flüsse wie dünne Fäden. Sie suchten sich gemütliche Sitzgelegenheiten, die die Natur vorbereitet hatte und blieben mehrere Stunden in den luftigen Höhen. Wenn sie zu bequem zum Wandern waren, nahmen sie eine Gondelbahn, um einen Gipfel zu stürmen.

Einmal versuchten sie es mit Rafting in einem sehr kalten Gebirgsfluss. Inos' bester Freund, Ricardo und dessen Frau, waren begeisterte Rafter. Ricardo hatte schon lange versprochen, einmal mit ihnen zum Raften zu gehen. Und zu Viert würde es auf jeden Fall mehr Spaß machen. Das war auch eine gute Gelegenheit für Rita, Ricardo und Jolanda kennenzulernen. Die beiden waren richtige Sportskanonen und nutzten jede freie Minute ihren Hobbys nachzugehen, wenn ihre Kinder gut versorgt waren. Inos und Rita waren wesentlich gemütlicher veranlagt. Doch sie ließen sich diese Möglichkeit nicht entgehen, um in Neoprenanzügen im Boot dem Flussverlauf mitten in der schönen Natur zu folgen. Die Fahrt war teilweise ruhig, aber es mussten auch einige Stromschnellen überwunden werden. Nicht wirklich gefährlich, jedoch für Anfänger durchaus ein Erlebnis der besonderen Art. Rita gefielen die ruhigen Flussabschnitte wesentlich besser als die rasanten, wenn das Wasser ins Boot spritzte und sie sich ordentlich festhalten musste. Im Großen und Ganzen war sie sehr froh, am Zielort wohlbehalten angekommen zu sein und zog für sich den Schluss, dass Rafting zu kalt und unbequem ist, ließ es jedoch ihre neuen Freunde nicht wissen, weil Ricardo und Jolanda voller Enthusiasmus waren. Vielleicht merkten sie es ohnehin. Dennoch verstand sie sich mit den beiden sehr gut und sie hatten richtig viel Spaß miteinander.
Natürlich gab es auch Wochenenden, die Inos und Rita ganz unspektakulär zu Hause verbrachten, gemeinsam kochten und sich allerhand Geschichten aus ihrem Leben erzählten. Der Gesprächsstoff ging ihnen niemals aus. Und immer wieder, wie konnte es anders sein, landeten sie bei ihrem Lieblingsthema, den Träumen.

8

Die Bilanz

Rita beschäftigten ihre Träume durch Inos natürlich noch mehr, und noch längst waren nicht alle Rätsel um ihre Träume gelöst. Bis jetzt war nur eine Seite ihres Traumbilderbuches auf der linken Seite beschrieben. Und das wollte sie ändern. Zusehends wuchs in ihr der Wunsch, die Bedeutung ihrer Träume zu verstehen, denn offensichtlich gab es immer schon Menschen mit solchen Träumen und andere, die sie deuten konnten. Nur sie tappte völlig im Dunkeln. Rita spürte, dass Inos mehr zu bieten hatte, als er sie bisher wissen ließ. Und sein besonderer Zugang zu Träumen hatte sie immer wieder staunen lassen.
So plante sie an einem Mittwochabend ein gemeinsames Treffen in ihrer Wohnung mit der Absicht, Inos um eine Traumauslegung zu bitten. Sie traute es ihm zu, die Rätsel lösen zu können und er kannte bereits ihr Traumbilderbuch. Offensichtlich war sie für den nächsten Schritt bereit.

Wie geplant kam Inos nach seiner Arbeit pünktlich zu ihr, umarmte und küsste sie zur Begrüßung. Nach dem gemeinsamen Abendessen machten sie es sich auf der Couch in Ritas Wohnzimmer gemütlich. Etwas zögerlich fragte sie Inos, ob er auch die Bedeutung ihrer Träume erkennen könnte, nachdem er sich ja berufsbedingt mit der Auslegung von Träumen beschäftigen würde. Natürlich war er an Ritas Träumen sehr interessiert, aber er hatte sich nicht aufdrängen, sie schon gar nicht für seine Forschungszwecke benutzen oder sich als Top-Experte in Sachen Traumauslegung darstellen wollen. Dazu war er zu bescheiden. Und diese Eigenschaft schätzte Rita auch ungemein an ihm, da er sich und sein Wissen nie aufgedrängt oder sich damit in den Mittelpunkt eines Gespräches gebracht hatte.

Er antwortete: »Ja, mein Team und ich konnten schon so manchem Klienten helfen, wenn es darum ging, die Bedeutung eines Traumes zu erschließen. Es ist nicht immer möglich, aber manchmal empfange ich Impulse oder Geistesblitze, die durchaus hilfreich sein können. Das ist allerdings keine Garantie auf die Wahrheit, die ein Traum vermitteln möchte. Nur der Träumer selbst kann das beurteilen, ob er mit meinen oder unseren Auskünften etwas anfangen kann.«
»Wollen wir es mit einem meiner Träume versuchen?«, konkretisierte Rita ihr Ansinnen.
»Wenn du es wirklich willst, kann ich es gerne versuchen«, antwortete er.
Rita stand auf und holte ihr Traumbilderbuch aus dem Wohnzimmerschrank, setzte sich wieder an Inos' Seite und schlug es auf. »Mit welchem sollen wir anfangen?«, fragte sie.
»Fang einfach an zu blättern und der, der dich als erstes ›anlacht‹, den nimmst du«, riet ihr Inos.
»Okay,« sagte sie, atmete tief durch und begann, etwas nervös, zu blättern.
Inos streichelte ihr übers Bein und liebkoste sie. »Ganz ruhig, dir passiert nichts.«
Rita sah ihn an, lächelte und blätterte weiter. »Ja, der ist gut. Den lese ich dir vor. Der ist wahrscheinlich ganz einfach für dich. Er heißt ›Die Bilanz‹«, sagte Rita und begann ihn vorzulesen:

»Mein Chef, Ernst, den ich sehr mag, gibt mir ein Buch eines sehr erfolgreichen Bauunternehmers in die Hand. Es handelt sich um die Bilanz des Konzerns, in dem wir beide arbeiten.

Die Bilanz besteht aus zwei Teilen: Die erste Buchhälfte besteht aus dem Zahlenwerk und die zweite Buchhälfte aus bunten grafischen Darstellungen mit allen möglichen Formen.

Mein Chef möchte von mir, dass ich diese Bilanz analysiere und ihm mein Ergebnis mitteile. Er möchte in erster Linie wissen, wie es diesem Bauunternehmer gelingt, so erfolgreich zu sein. Immer wieder blättere ich das Bilanzbuch durch. Das Zahlenwerk kann ich schon analysieren lassen, das stellt nicht die große Herausforderung dar, denn es gibt ganz bestimmte Vorgehensweisen, die ich anwenden kann. Die grafischen Darstellungen sind mein Problem. Ich habe keine Ahnung, was die zu bedeuten haben. Die Grafiken in der zweiten Buchhälfte sehen sehr schön aus, viele Farben werden verwendet. Das lässt sich am besten so beschreiben:

Auf der linken Hälfte einer aufgeschlagenen Doppelseite steht die Überschrift ›Bauauftrag I‹ und darunter sind auf farbigem Hintergrund jede Menge Kreise und andere Formen über die ganze Seite verteilt eingezeichnet, die wiederum viele verschiedene Farben und Größen besitzen. Auf der rechten Seite des Buches steht als Überschrift ›Bauauftrag I angenommen‹. Auch diese Seite hat einen einfarbigen Hintergrund, nur sind im Gegensatz zur linken Seite alle Kreise und Formen nun nach Farben und Größen geordnet – ein schönes Bild.

Die nächsten Doppelseiten dieses Bilanzbuches zeigen genau dieselbe Art von Bildern wieder. Rechts die Überschrift ›Bauauftrag II‹ und links ›Bauauftrag II angenommen‹. Und so weiter. Jeder Bauauftrag sieht allerdings anders aus, weil unterschiedliche Farben die einzelnen Seiten dominieren.

Ich bemerke jetzt aber, dass das Bilanzbuch kein Ende hat. Ich blättere weiter und weiter – es gibt anscheinend keine letzte Seite. Das finde ich komisch und ich erkenne, dass so eine Analyse gar nicht möglich ist. Ich kann auch nicht einfach den Bauunternehmer anrufen und ihn danach fragen. Er sollte ja nicht wissen, dass ich seine Bilanz analysieren muss.«

Inos hatte sehr aufmerksam zugehört. Nach einer Weile begann er, Rita über die mögliche Bedeutung des Traumes aufzuklären: »Du musst wissen, dass Träume für die empfangende Person maßgeschneidert sind. Personen und Gesichter, die der Träumende kennt, werden oft verwendet, um Charakterzüge, die er mit diesen Personen verbindet, darzustellen. Das bedeutet, sie möchten der Spiegelung und Erkenntnis dienen. Für Symbole braucht es schon etwas an Erfahrung, diese entsprechend und sinnvoll zu deuten. Prinzipiell sind dem Träumer aber alle verwendeten Bilder und Ausdrücke bekannt.

Träume können in mehrere Kategorien eingeteilt werden. Es gibt jene, die das Tagesgeschehen ordnen helfen und dadurch unbemerkt Erleichterung verschaffen. Aber es gibt auch solche, die eine Nachricht hinterlassen und die Aufmerksamkeit auf eine andere Dimension lenken wollen. Jene, die sozusagen einen seelischen Status Quo aufzeigen, oder sogar zukünftige Ereignisse zum Ausdruck bringen. Unter dem Gesichtspunkt des verborgenen Menschen des Herzens nenne ich sie vereinfacht ›Engelträume‹.

Ich vermute, dass es in deinem Traumbilderbuch um genau solche geht. Alle darin befindlichen Träume haben eine tiefere Bedeutung für dein Leben und möchten dir dadurch eine höhere Dimension deines Lebens eröffnen, eine andere Sichtweise, eine andere Perspektive bieten. Oft werden Träume in Zeiten von Veränderungen als Entscheidungshilfen vermittelt. Sie können aber auch der Bewusstwerdung bestimmter Lebensumstände und der jeweiligen seelischen Verfassung dienen. Diese Bildersprache ist wirklich sehr facettenreich. Wie wir wissen, sagt ein Bild oft mehr als tausend Worte. Im Normalfall haben wir ein wenig Angst oder zumindest hohen Respekt vor einer eventuell daraus resultierenden Veränderung in unserem Leben und dem Sich-einlassen auf das Ungewisse.

Erzähle mir von deiner damaligen Lebenssituation, als du diesen Traum hattest, soweit du dich erinnern kannst. Welche besonderen Umstände waren gegeben? Wo hast du dich aufgehalten? Mit welchen Leuten warst du zusammen? Wie hast du dich gefühlt? Sind dir die Personen und Ausdrücke des Traumes vertraut?«, fragte Inos.

»Ja, ich weiß es genau, was damals los war. Den Traum hatte ich während meines Sprachstudiums, ich war ungefähr 22 Jahre alt. Ich hatte bereits einige Semester hinter mir und – ich will mich jetzt nicht selbst loben – aber, die Professoren waren längst auf mich und meine herausragende Sprachbegabung aufmerksam geworden.
Mein Englischprofessor, Ernst Lobsky, hat mich zu jener Zeit des Öfteren als Assistentin zu seinen eigenen Dolmetschterminen mitgenommen, um mir die Abläufe näherzubringen. Er war auf Wirtschaftsenglisch spezialisiert und erhielt jede Menge Anfragen von internationalen Konzernen, bei großen Sitzungen simultan zu übersetzen.
Ich war damals schwer beeindruckt, mit welcher Souveränität er das meisterte. Außerdem war er auch rein menschlich ein großes Vorbild für mich. Ich hielt immer große Stücke auf ihn. Bei diesen Übersetzungsarbeiten habe ich viele Spezialausdrücke aus der Wirtschaft gehört, im Speziellen über Bilanzen. Spielt deshalb eine Bilanz die Hauptrolle?« fragte Rita nach.

»Wie du siehst, hat dein Traumvermittler jenes Bildmaterial verwendet, das aktuell vorhanden und dir zu jener Zeit sehr vertraut war«, antwortete Inos und fuhr fort: »Jetzt könnte man natürlich sagen, das war's schon. Alles klar, daher also der Traum. Nichts weiter als Unterhaltung und du hast nett von deinem Professor als Chef geträumt. Aber nein, ich denke, dieser Traum bedeutet viel mehr. Im Hinblick auf den verborgenen Menschen des Herzens fällt mir spontan eine mögliche Bedeutung dazu ein:
Dein Professor ist im Traum dein Chef, den du aufgrund seiner Souveränität sehr magst. Die Chefposition stellt eine höhere Position dar, eine dir übergeordnete. Sie bedeutet höhere Erkenntnis, höheren Einflussbereich, mehr Macht.

Auch sein Name verrät in diesem Fall die ernst zu nehmende Botschaft des Traumes. Dein Chef verkörpert deine eigene höhere Erkenntnisfähigkeit, die dir innewohnt. Und genau diese stellt dir die Aufgabe der Analyse.

Analyse ist nichts anderes als die Detailuntersuchung von Inhalten, sie erfordert deine Aufmerksamkeit und Auseinandersetzung mit den Angaben in der Bilanz. Er möchte von dir ein Analyseergebnis erhalten. Die Auseinandersetzung mit den Details hat Verinnerlichung der Inhalte zur Folge, was wiederum deine Erkenntnisse und dein Wissen erhöht.

Die Bilanz ist von eurem Konzernchef, für den ihr beide arbeitet. Das bedeutet, dass deine höhere Erkenntnisfähigkeit wiederum einer höheren Instanz untergeordnet ist. Dies deutet auf die Abbildung einer höheren Hierarchie hin. Du, Ernst und der Konzernchef. Du als Erdenmensch, Ernst als deine höhere Erkenntnisfähigkeit oder dein Engel und der Konzernchef als höchste geistige Instanz – nämlich Gott selbst.

Dass der Konzernchef ein Bau-Unternehmer ist, ist ebenfalls kein Zufall. Bauen bedeutet Bewegung, Wachstum, Erweiterung, Vervielfältigung. Das Buch, das in deinem Traum als Bilanz bezeichnet wird, ist die Zusammenfassung der ganzen Schöpfungstätigkeit Gottes. Es umfasst Zahlen, Farben und Formen in allen möglichen Größen. Alles, was wir sehen, worin wir uns bewegen, womit wir hier auf Erden arbeiten, seien es rechnerische Aufgaben bis hin zu hochwissenschaftlichen Formeln, sowie die Erforschung von Farben und Formen, entspringt diesem ›Bauunternehmer‹.

Das Zahlenwerk meinst du, analysieren lassen zu können, denn es gibt viele Menschen, die solche Analysesysteme bedienen. Darin siehst du kein Problem. Dies deutet auf die langjährige Ausbildung der menschlichen Verstandeskräfte hin, die solch analytisches Denken ermöglichen. Aber die grafischen Darstellungen, die einzelnen Bauaufträge, fordern dich bei weitem mehr heraus. Hier sind nämlich die

Fähigkeiten der Kreativität und des ›Herzens‹ gefragt, die andere Seite der Medaille. Nur mit beiden Seiten, Verstand und Herz, werden wir ein Ganzes. Jeweils die linken Seiten des aufgeschlagenen Buches zeigen dir die Inspirationen, die vielfältigen Ideen und Gedanken Gottes für seine Schöpfung. Auf den rechten Seiten findest du die gelungenen Umsetzungen durch die rechte Ordnung. Das heißt: die gesamte sichtbare und unsichtbare Schöpfung ist ein höchst kreatives und wohlgeordnetes System. Du bemerkst, dass dieses Buch kein Ende hat; du findest darin keine letzte Seite. Das ist nichts anderes als das Aufzeigen der unendlichen Kreativität Gottes. Eine vom Verstand zu erfassende Analyse ist daher nicht möglich. Um die Schöpfung Gottes ansatzweise verstehen zu können, sind Glaube, Liebe und die Fähigkeit des Staunens Voraussetzung.
Dass du ihn nicht anrufen kannst, weil er von deinem Analysevorhaben nichts wissen sollte, ist möglicherweise ein Hinweis darauf, dass viele Überlegungen und Forschungen getrennt vom Schöpfer durchgeführt werden und daher letztlich ergebnislos bleiben. Mein Forschungsbereich eingeschlossen. Ich kann mir vorstellen, dass dieser Traum eine persönliche Einladung war und ist, dich mit den höheren Ordnungen und Geheimnissen zu beschäftigen«, schloss Inos seine Traumauslegung ab.

Rita war verblüfft über die Ausführungen; ja fast sprachlos. Inos benutzte eine andere Sprache, andere Ausdrücke, um den Sinn dieses Traumes zu erklären. Plötzlich spielten ein Engel und Gott eine wirkliche Rolle in ihrem Leben. Nie und nimmer hätte sie selbst an so etwas gedacht. Aber es gefiel ihr. Das hörte sich doch äußerst spannend und irgendwie logisch an. Inos hatte recht, als er vorhin sagte, dass Träume eine andere Dimension haben, dachte sie und bat ihn, die Traumauslegung zu wiederholen, denn sie müsse sich erst an diese Andersartigkeit gewöhnen und die linke Seite im Traumbilderbuch komplettieren. So erklärte er den möglichen Sinn ihres Traumes erneut und freute

sich über ihre Zustimmung seiner intuitiven Auslegung. »Machen wir weiter?« fragte sie nach der Wiederholung aufgeregt. »Ich habe noch jede Menge davon und möchte noch mehr von dir hören, denn du hast diesem Traum Seele verliehen. Das gefällt mir.«
»Gerne«, antwortete Inos. Er freute sich über Ritas Vertrauen und Interesse. »Einen machen wir noch, dann lass uns zu Bett gehen, ich bin schon etwas müde. Der heutige Tag im Institut war wirklich sehr anstrengend.«

9

Der Vergnügungspark

Ja, hier habe ich noch einen guten Traum, den habe ich einst den ›Vergnügungspark‹ genannt«, sagte sie und las vor:

»Ich befinde mich auf dem Weg zur Arbeit und fahre mit einem Oberleitungsbus, der übervoll ist. Ich habe meine Umhängetasche dabei, in der sich Schuhe und Essen befinden. Während der Fahrt bekomme ich Hunger und beginne, noch im Bus, zu essen. Durch das Essen verpasse ich die Station, an der ich aussteigen muss, um zur Arbeit zu kommen. Erst später bemerke ich, dass ich die Haltestelle verpasst habe und steige nun woanders aus.

Es ist außerhalb der Stadt, in der ich meine Arbeitsstätte habe. Ich treffe eine Mutter mit ihrem Kind, die sich ebenfalls verfahren hat und wir suchen gemeinsam eine Lösung, wie wir wieder zurückkommen. Wir befinden uns an einem schönen Ort mit einem großen Gasthaus mit Garten, recht urig hergerichtet und setzen uns an einen Tisch im Freien. Ich sage zu der Mutter, dass ich auf die Anhöhe gehe, um mir einen Überblick zu verschaffen, wie wir wieder zurückkommen.

Als ich wieder zum Tisch komme, ist die Frau mit ihrem Kind weg. So mache ich mich auf die Suche nach Hilfe, um den Weg zurückzufinden. Ich gehe aufs offene Gelände, es ist ein Vergnügungspark – recht weitläufig mit vielen aufregenden Fahrgeschäften.

Plötzlich stellt sich ein junger Mann vor mich und hindert mich am Weitergehen; ich weiche ihm mit ein paar Schritten

seitwärts aus, er aber bewegt sich genau parallel zu mir, sodass ich wieder nicht an ihm vorbei komme. Das geht so einige Male hin und her. Dann fragt er mich, wann ich das letzte Mal Sex hatte und wie es war. Ich weigere mich, darüber Auskunft zu geben und mache ihm klar, dass ich kein Interesse habe. Dennoch begleitet er mich auf meinem weiteren Weg. Ich erzähle ihm, dass ich den Weg zurück suche, nach Taxi, Bus oder Zug. Er sagt, dass hierher keine Taxis fahren, weil wir zu weit draußen sind.
Wir gehen weiter ins freie Gelände mit großen Wiesen. Vor uns sehe ich, dass einige Pferde herumgaloppieren und anscheinend ausgebrochen sind. Einige Angestellte laufen aufgeregt herum und versuchen die Pferde einzufangen – ohne Erfolg. Eines der Pferde galoppiert direkt auf mich zu. Ich konzentriere mich auf meine Mitte, aktiviere mein Chi, strecke meine rechte Hand mit der Handfläche senkrecht nach vorne Richtung Pferd und siehe da, das Pferd bleibt direkt vor mir stehen, berührt meine Hand mit den Nüstern, ist ganz ruhig und sanft. Alle, die das sehen, sind ganz erstaunt, dass es so etwas gibt.
Ich bin immer noch auf der Suche nach dem Rückweg und gehe mit meinem Begleiter zurück zur Gastwirtschaft. Wir müssen einen Hügel überqueren mit einem schönen Gehweg in Serpentinenform. Aber der Weg wird immer steiler und schließlich müssen wir uns an Seilen festhalten, damit wir nicht abstürzen.

In der Gaststätte suche ich mein Handy in der Tasche und bemerke, dass das ein hochmodernes Gerät mit großem Display ist – es ist nicht meines. Jetzt sehe ich, dass ich eine fremde Tasche mithabe. Das Equipment ist so modern, dass selbst die Tasche auf ihrer Vorderseite eine eingebaute Kamera samt Bildschirm hat. Ich weiß nicht, wann es zu dieser Verwechslung gekommen ist.
Meine Verzweiflung steigt, weil ich ja schon längst in der Arbeit sein müsste und durch die Taschenverwechslung auch noch meine Schlüssel weg sind. Ich finde in der fremden Ta-

sche die Geldbörse und siehe da, sie ist voller 500 US-Dollar-Scheine. Der Kellner erzählt mir, dass im Lokal ein Multimillionär war und die Tasche vielleicht ihm gehört. Als er zu dessen Tisch geht, ist er allerdings nicht mehr da und der Kellner sagt mir, dass ich ihn vielleicht in der Stadt in der Regierung finde.
Meine Ungeduld und mein innerer Stress steigen unaufhörlich, weil ich anscheinend von diesem Ort einfach nicht wegkomme. In dieser Stimmung wache ich auf und beginne nachzudenken, wie ich dieses Problem jetzt lösen könnte. Ich will wieder in den Traum zurück, um zu erleben, wie es weitergeht – aber das ist nicht möglich.

Das war's, der ist ziemlich lange. Fällt dir eine Erklärung dazu ein?«, wollte Rita wissen.
»Du weißt Bescheid«, sagte Inos. »Erzähle mir bitte wieder, wie vorhin, von deiner damaligen Situation, als du diesen Traum hattest.«
Rita erinnerte sich zurück und begann aus dem Nähkästchen zu erzählen: »Das war das Jahr, in dem ich zwei Auslandssemester in Russland absolviert habe. Damals wollte ich die ganze Welt erobern und konnte es kaum erwarten, damit in Moskau zu beginnen.
Ich war eine junge Studentin, der alle Möglichkeiten offen standen – dessen war ich mir auch bewusst. Ich würde durchaus sagen, dass ich sehr stolz auf mein Aussehen und mein Begabung war. Ich hatte nie Schwierigkeiten, Kontakt mit anderen Menschen aufzunehmen und nahm jede Gelegenheit wahr, mein Russisch zu perfektionieren.
Diese Stadt zog mich in ihren Bann und schon bald kannte ich die angesagtesten Clubs, zu denen ich durch neue Freunde und Freundes-Freunde Zugang erhielt. Ich spürte den Puls des Lebens. Wilde, ausgelassene Partynächte mit dröhnender Musik, Tanz und jeder Menge Alkohol standen auf dem Programm. In einem dieser Clubs habe ich auch Igor, einen gebürtigen Russen, kennengelernt. Er war erheblich älter als ich und ein sehr attraktiver und erfolgrei-

cher Mann mit großem Einfluss in Wirtschaft und Politik. Er zahlte eine Flasche Champagner nach der anderen und überhäufte mich mit Komplimenten. Ich fühlte mich sehr geschmeichelt und zu ihm hingezogen. Viele Club-Nächte haben wir so miteinander verbracht.

Allerdings lebte er zu dieser Zeit aus beruflichen Gründen in Deutschland und kam zu vielen Meetings in die Firmenzentrale zurück nach Moskau. Immer, wenn er da war, verbrachte er seine freie Zeit mit mir. Er öffnete mir die Tür in die Welt der Reichen und Schönen. Dazu erhielt ich sehr viele Geschenke von ihm. Nicht nur teure Markenkleider, auch Schmuck und sogar ein tolles Auto. Ich fühlte mich unbesiegbar und begehrenswert.

Ich war irgendwie auf der Autobahn meines Lebens unterwegs – auf der Überholspur. Oft konnte ich mein Glück selbst nicht glauben, so anders war plötzlich mein Leben geworden, viel aufregender, so neu. Igor war welterfahren und intelligent. Er wusste sich am Bankett des öffentlichen Lebens zu präsentieren. Kein Restaurant war exklusiv, keine Speise teuer genug. Geld spielte keine Rolle. Er lebte im Überfluss. Ich hatte mir bereits meine Zukunft mit Igor ausgemalt, wie wir gemeinsam in Deutschland leben könnten und ihm oft davon vorgeschwärmt.

Die Monate meines Auslandsaufenthaltes verliefen sehr rasant, denn ich habe meine Pflichten im Studium trotz meiner privaten Erlebnisse immer erfüllt. Mit der Zeit fühlte ich mich ein wenig müde, ja ausgepowert und wollte auch ruhigere Abende mit Igor verbringen. Aber er genoss seine freie Zeit in den Nachtclubs und auf privaten Partys und wollte mich immer dabei haben.

Als endlich mein zweites Semester zu Ende ging, habe ich eine Überraschung für Igor geplant. Eine Woche vor dem offiziellen Semesterschluss habe ich den Rückflug nach Deutschland gebucht, in jene Stadt, in der Igor lebte. Ich habe mich riesig gefreut, ihn mit meiner Ankunft zu überraschen. Als ich an der Haustüre seiner Villa stand und sehnsüchtig darauf wartete, dass er öffnet, kam alles ganz

anders. Eine attraktive russische Frau öffnete die Tür. Im Haus hörte ich zwei Kinder streiten, die nach ihrer Mutter riefen, die offensichtlich jene Frau an der Tür war. Höflich fragte sie nach, was ich wollte. Mir wurde plötzlich ganz schwummrig, als ob der Boden unter meinen Füßen weggezogen wurde. Mit letzter Kraft stellte ich mich als Assistentin von Igor vor und sagte ihr etwas verlegen, dass ich einige Unterlagen für ihn im Auto hätte. Mit ihrer Antwort wurde alles noch klarer, als es bereits schien, denn sie sagte: ›Mein lieber Mann ist nicht zu Hause. Er arbeitet sehr viel, aber das wissen sie als seine Assistentin ja selbst.‹
Das war der K.-o.-Schlag. So schnell es ging habe ich mich verabschiedet und gehofft, dass die nette Person nichts gemerkt hat, denn ich wollte hier keine Szene machen und auf keinen Fall verantwortlich dafür sein, Kindern den Vater zu nehmen. Das kannte ich aus eigener, schmerzlicher Erfahrung und wollte deshalb diese Familie ihrem eigenen Schicksal überlassen. Ich war am Boden zerstört. Diese Dreistigkeit und Verlogenheit eines Menschen hatte ich nicht für möglich gehalten. Lange Zeit fühlte ich mich missbraucht und schmutzig und hatte jegliches Vertrauen in die Männerwelt verloren. Alles war sinnlos geworden und ich empfand die ganze Welt als verlogen, ausbeuterisch und von Grund auf schlecht.
Zum Abschluss meiner Wut- und Trauerphase habe ich Igor sämtliche Geschenke, Kleider und Schmuck, versehen mit einem sehr deutlichen Brief nach Hause geschickt. Wer das Paket geöffnet hat, ob er jemals seiner Frau von mir erzählt hat, oder ob ich eine von Vielen war, habe ich nie erfahren. Ich wollte es auch nie wissen, denn diese Kränkung war zu gravierend. Immer noch schaudert es mich beim Gedanken an ihn. Er hat auch nie mehr versucht, mit mir Kontakt aufzunehmen. So wurde dieser verlogene Igor leider ein Teil meiner Lebensgeschichte. Und zu dieser Zeit hatte ich auch diesen Traum. Fällt dir zu so viel Dummheit etwas ein?«, fragte Rita.

»Es tut mir leid, dass dir das passiert ist. Aber trotzdem, gibt es immer Hoffnung und die Möglichkeit, sich zu ändern. Und das hast du ja gemacht. Ich finde deine Reaktion vor seiner Villa bemerkenswert. Echt stark. Eine Konsequenz, die nicht jeder hätte durchziehen können. Du bist eine sehr starke Frau, Rita. Solche Erfahrungen sind auch mir im jugendlichen Leichtsinn nicht erspart geblieben. Da müssen wir anscheinend alle durch. Wichtig für mich ist, aus diesen Dingen zu lernen und nicht zu resignieren, nicht aufzugeben und immer das Bessere zu suchen. Für mich bist du die Beste, darum musste ich auch so lange auf dich warten«, tröstete sie Inos. »Lies mir bitte den Traum noch einmal vor, damit ich besser in die Situation hineinfinden kann. Er ist sehr umfangreich und aussagekräftig«

Nachdem Rita seinem Wunsch gefolgt war, und den Traum noch einmal vorgelesen hatte, konzentrierte sich Inos und schloss kurz seine Augen. Nach einer Weile begann er zu sprechen:
»Du befindest dich also auf dem Weg zur Arbeit mit dem Oberleitungsbus, der übervoll ist. Der O-Bus stellt das Fortbewegungsmittel in der geistigen Welt dar. Der Bus steht für deine Seele, die durch die Verbindung mit der Oberleitung ›fahrtüchtig‹ ist. Denn im Normalfall fließt Strom in der Oberleitung, der ein Fortkommen ermöglicht. Der Strom ist zwar unsichtbar, aber dennoch vorhanden. Er deutet auf die himmlischen Antriebskräfte hin, die dir inneres Wachstum verschaffen. Der Arbeitsauftrag deiner Seele ist die geistige Arbeit und sie benötigt die Verbindung mit oben.
Dass der Bus überfüllt ist, deutet auf deine Verfassung hin. Zu viele Eindrücke sind in dir gegenwärtig. Es ist die Veränderung in deinem Leben durch die Bekanntschaft mit Igor und die damit verbundenen Ereignisse. Deine eingepackten Schuhe und das Essen zeugen davon, dass du bereit bist, deinen Weg selbstständig zu gehen und du auch dafür sorgst, dich unterwegs zu sättigen. Diese Entschlos-

senheit ist keineswegs falsch. Nur hat dich dein Hunger nach Erlebnissen die richtige Station versäumen lassen, nämlich dahin zu fahren, wo deine wirkliche Arbeitsstätte ist – deine innere Stadt.

Du bemerkst wohl, dass etwas nicht stimmt und möchtest wieder zurück. Auf dem Rückweg erlebst du nun verschiedene Vorkommnisse, die deinen Blick schärfen und dir Klarheit über deine Situation verschaffen sollten. Die Mutter mit ihrem Kind zeigt dir, dass jede Generation, ob jung oder alt, vom falschen Aussteigen betroffen ist. Man trifft sich und verliert sich wieder aus den Augen. Den Ort, an dem du dich befindest, beschreibst du als Vergnügungspark. Vergnügen verdeutlicht hier in erster Linie das Abgelenktsein vom Wesentlichen durch jede Menge äußerer Sinneseindrücke wie das Gasthaus mit Garten, der Rummel …

Du gehst auf eine Anhöhe, um dir einen Überblick zu verschaffen. Die Anhöhe stellt eine gehobene Sichtweise dar, einen Perspektivenwechsel, damit du den Weg zurück erkennen kannst. Aber dennoch bleibst du in diesem großen Gelände ›gefangen‹.

Der junge Mann, der dich nach Sex fragt, symbolisiert deine gedankliche Hauptausrichtung in jener Zeit. Dass er jung ist, deutet auf seine besondere Kraft hin, die dich sogar am Weitergehen hindert. Obwohl du sein offensichtliches Angebot nach unverbindlichem Sex nicht in Anspruch nehmen willst – Sex ohne Verpflichtung, Sex ohne Beziehung, denn das ist sein Begehr – bleibt er hartnäckig an deiner Seite. Das heißt, diese Gedankenkraft ist deine ständige Begleiterin. Durch die willkürlichen Auswirkungen dieser in dir wohnenden Kraft findest du kein Fahrzeug, dir wird kein Anschluss zurück gezeigt. Das heißt: Lässt du dich von ihr beherrschen, führt dich das immer weiter nach außen, anstatt nach innen, zu der wahren Arbeitsstätte deiner Seele. Du weißt am besten, auf welche Basis deine Beziehung zu Igor gegründet war.

Jene Pferde, die herumgaloppieren, stellen deine inneren Kräfte dar, die sich nicht vom allgemeinen Vergnügungsparkvirus kontrollieren lassen möchten. Das ist deine Rebellion. Die Angestellten sind die Jäger deiner Kräfte und Gedanken, die jedes ›Zur-Ruhe-Kommen‹ verhindern. Sie beabsichtigen, deine Gedanken in ihre ›Welt‹ einzufangen und zu binden. Erst durch deine Sammlung und Konzentration auf deine Mitte, der Aktivierung deines Chi, deiner gesamten Lebensenergie, gelingt es dir selbst, eine deiner ausgerissenen Kräfte zu bändigen. Allein durch diese Vorgehensweise wirst du befähigt, den Weg erneut zurück zu suchen.

Die Beobachter, deine anderen gedanklichen Ausrichtungen, sind erstaunt, denn du vermochtest durch deine Sammlung mitten in diesem Durcheinander eine gezielte, gedankliche Stoßrichtung hervorzubringen. Der Rückweg gestaltet sich sehr beschwerlich und steil, weil du immer noch deinem ›Begleiter‹ ausgesetzt bist.

Dennoch erreichst du deine Ausgangsposition – das Gasthaus. Hier wird dir noch einmal vor Augen geführt, wer und was den Vergnügungspark regiert. Es sind Hightech-Geräte, Geld und Sex, die alle Aufmerksamkeit auf sich ziehen wollen. Durch die Verwechslung deiner Tasche wird dir versinnbildlicht, dass du auf falsche Lebensinhalte gesetzt hast. Du hast dir fremdes Gedankengut angeeignet, ohne zu wissen, wann die Verwechslung passiert ist, was eine Folge von Unachtsamkeit ist. Der verloren geglaubte Schlüssel ist ein Symbol für deinen dir innewohnenden Wunsch nach Standort-, Sicht- oder Paradigmenwechsel.

Der ganze Umstand, den du hier erlebst, versetzt dich in Unruhe und Stress, denn innerlich weißt du, dass sich die für dich vorgesehene Arbeitsstätte ganz woanders befindet. Es ist jener Platz, der der Kräftigung deiner Seele dienlich ist und du fühlst, dass dies nicht der Vergnügungspark ist. Daher kommt das starke Bedürfnis des Zurückwollens.

Ich denke, dieser Traum zeugt von deinem seelischen Kampf während deiner Beziehung zu Igor, denn er war die

Station, an der du dich selber verlassen hast und dich unkontrollierten Kräften ausgesetzt hast – deinem eigenen Vergnügungspark. Doch letztlich hat sich in deiner damaligen Lebenssituation im wahrsten Sinne eine Ent-Täuschung ereignet, denn dir wurde die Täuschung, der du unterlegen warst, genommen.
Sehr, sehr wenig ist tatsächlich das, was es zu sein scheint. Das war schon immer so. Kannst du mit dieser Auslegung leben? Ist sie für dich einleuchtend?«

»Ja, total! Wie machst du das? Wie kommt man auf so etwas?«

»Ich verlasse mich in solchen Momenten voll auf meine Intuition. Natürlich steht die langjährige Berufserfahrung hinter mir und ich kann aus einem Pool von Möglichkeiten schöpfen. Aber wie ich schon vorhin gesagt habe, das ist nicht immer möglich. Manchmal kommt nichts, einfach gar nichts, keine einzige Idee. Da müsste ich mir irgendetwas zusammenreimen. Und das will ich auch nicht; dann halte ich lieber meinen Mund. Es freut mich jetzt selbst, dass diese Ideen so hereingeschneit sind«, sagte er lächelnd.

»Das ist ja unfassbar! Wie blind ich doch war. Ich hatte nie genug Mumm in den Knochen, diesen Kerl nach seinen familiären Verhältnissen zu fragen, um der befürchteten Enttäuschung auszuweichen. Irgendwie hat er immer wieder eine Atmosphäre geschaffen, die dies nicht ermöglichte. Aber das Unvermeidliche holte mich ja doch ein. So vereinnahmt war ich von allem, was mit mir und um mich herum geschah.
Du hast absolut recht mit deiner Erklärung. Sie leuchtet mir völlig ein. Dieser Traum sollte ein Warnschuss sein, der mich vor dem Übel, das mir dann letztlich widerfahren ist, bewahren sollte. Ich war jung, dumm, naiv, gedankenlos, überheblich, passte genau in Igors Beuteschema und nährte dadurch noch dazu seinen unersättlichen Egoismus und

seinen ausgeprägten Eigennutz. Damals bin ich allerdings tausend Tode gestorben, als diese Seifenblase platzte. Es war eine furchtbare Enttäuschung für mich. Traurig aber wahr«, gestand Rita ganz aufrichtig und offen. »Nur schade, dass ich diesen Traum nicht schon früher verstanden habe. Lass mir noch einige Minuten zum Nachdenken!«

Sie versuchte, diesen Lebensabschnitt neu einzuordnen. Einerseits ärgerte sie sich immer noch über ihr damaliges Verhalten, andererseits stieg eine unbeschreibliche Freude in ihr auf, die ihren Ärger aufwog, der sich in Wohlgefallen und Bejahung aufzulösen begann. Geduldig wartete Inos auf ein Lebenszeichen von Rita, ohne sie zu drängen und legte sich auf die Couch bis sie nach geraumer Zeit endlich zu Bett gehen konnten.

18

Unerwartete Geschenke

Inos plante eine Überraschung für Rita. Eines Tages, beim gemeinsamen Abendessen – Rita war aufgefallen, dass er irgendwie ein wenig herumdruckste – wollte Inos zwei Wochen ihrer Zeit im September reservieren. »Fahren wir in den Urlaub?«, wollte Rita aufgeregt wissen. »Wohin?«, war ihre nächste Frage. Aber Inos verriet nichts weiter, als dass sie für zwei Wochen Sommerkleidung einpacken sollte. Alles andere werde eine Überraschung.
Sie arbeitete zwar gerade an einer etwas anstrengenden Übersetzung und bis in drei Wochen würde sie damit auch nicht fertig werden, aber der Vorteil ihrer Tätigkeit war zweifellos die freie Bürowahl. So machte sie sich darüber keinen Kopf und reservierte die dritte und vierte Septemberwoche für die Unternehmung. Sie hatte keine Ahnung, welchen Plan Inos hatte. Nur Evelyn hatte er davon erzählt. Eine Vermutung Ritas war natürlich Griechenland. Nachdem sie wusste, dass Inos gerne seine Familie besuchte und das letzte Treffen mindestens ein halbes Jahr zurücklag, wäre es das Naheliegendste gewesen. Trotzdem war die Spannung groß, denn sicher war sie sich nicht.

Am Abreisetag ging es noch drunter und drüber, weil Ritas Laptop den Geist aufgegeben hatte und sie in Windeseile einen neuen besorgen musste, um die anstehende Arbeit in den Urlaub mitnehmen zu können. Ganz knapp vor dem Abflug konnte sie noch alle nötigen Programme installieren und ihren neuen »Bürokollegen« einpacken. Auch ihr

Stil, den Koffer zu packen, hatte sich noch kein bisschen verbessert. Immer noch war sie eine etwas planlose Packerin. Aber letztendlich hatte sie alles beisammen und die Fahrt zum Flughafen konnte starten. Erst jetzt, bei der Kofferabgabe, wurde der Zielflughafen offenbar – es war Athen. Sie hatte also recht behalten, es ging zu Inos Familie nach Griechenland und sie freute sich riesig darüber endlich seine Eltern, die Geschwister und Pappous, kennenzulernen.

Der Flug dauerte bloß zweieinhalb Stunden, nichts im Vergleich zur Australienreise vergangenen März. Und im Handumdrehen waren sie vom deutschen Altweibersommer in das immer noch heiße griechische Klima gewechselt. Den weiteren Reiseverlauf kannte sie allerdings nicht.

Nach einer über einstündigen Busfahrt quer durch Athen gelangten sie zum Hafen von Piräus. Ein riesiges Hafengelände. Viele Kreuzfahrtschiffe und Fähren lagen vor Ort. Am Horizont erkannte Rita auch jede Menge Frachtschiffe, die auf die Einfahrtserlaubnis in den Hafen warteten, genau wie in Darwin. Durch Inos' Orts- und Sprachkenntnisse bewegten sie sich auf sicherem Terrain. Die letzte Fähre im Hafen war ihre. Eine Stunde vor der Abfahrt holte Inos die übers Internet gebuchten Tickets für die Überfahrt und sie konnten einchecken.

Nachdem es bereits Abend war und die Überfahrt mehr als acht Stunden dauern sollte, hatte Inos auch eine kleine Kabine zum Ausruhen gebucht. Er hatte an alles gedacht! Alles deutete darauf hin, dass Rita eine ganz besondere Zeit bevorstand. Inos sorgte sich rührend um sie. Als die Kabine gefunden und das Nötigste erledigt war, machten sie sich auf den Weg, um das Schiff zu erkunden. Er führte sie geradewegs auf jenes Deck, das einen freien Blick auf die Verladetätigkeiten unter ihnen zuließ. Das war spannend. Hier wurde herumgeschrien; pure Hektik war zu spüren, dass alle angemeldeten Last- und Personenkraftwagen sicher in den Rumpf des Schiffes gelangen konnten. Das wirkte wie ein organisiertes Chaos – für Außenstehende nicht zu ver-

stehen, wie in diesem Getümmel überhaupt jedes Fahrzeug seinen zugewiesenen Platz erreichen konnte.
Die Fähre war so groß, dass sie zwei riesige Ein- und Ausfahrtsrampen besaß. Eine separate Rampe war ausschließlich den Reisenden zu Fuß vorbehalten. So kamen sich Autofahrer und Fußgänger nicht in die Quere. Das alles von oben zu bestaunen, gefiel Rita sehr. Pünktlich wurden die hydraulischen Rampen langsam geschlossen und das Schiff legte ab. Gemütlich von ihren Sitzplätzen am obersten Deck aus konnten Rita und Inos noch einmal das ganze Hafengelände überblicken und schließlich aus einer etwas größeren Entfernung auch ganz Athen, eine Stadt in mediterranem Weiß, die sich über die Hügelketten erstreckte.
Die Fähre gewann an Fahrt und Athen verschwand bald im Dämmerlicht des Sonnenuntergangs. Vor ihnen lag die wunderschöne Inselwelt Griechenlands. Noch lange blieben die beiden an Deck, bevor sie ihre Kabine aufsuchten, um etwas zu schlafen. Genau nach der kalkulierten Fahrtzeit wurden sie vom Schiffspersonal per Telefon geweckt. Was für ein Luxus. So konnte niemand den Ausstieg in die rabenschwarze Mittelmeernacht verpassen. Endlich, Inos' kleine Heimatinsel Patmos war erreicht.
Viele Menschen wurden von Reiseleitern empfangen, um in die Pensionen und Hotels gebracht zu werden. Andere mussten sich erst jetzt ein Schlafquartier suchen und Inos – ja Inos ging mit Rita zum nahegelegenen Parkplatz. Rita quälte natürlich die Frage, wo sie wohl schlafen würden, aber Inos hatte ihr jegliche Frage über den Urlaub bis zum ersten Tag nach der Ankunft verboten. Das war eine große Herausforderung für sie. Immer, wenn ihr eine Frage auf der Zunge lag, presste sie schnell ihre Lippen zusammen, um diese Auflage zu erfüllen. Hier halfen auch keine geschickten Umschreibungen, denn Inos roch den Braten, noch bevor sie den Mund aufmachen konnte. Sie hatten allerhand Spaß miteinander.
Am Parkplatz schweifte ein suchender Blick über die Autos und Inos konnte seinen Wagen schnell ausmachen. Seine

Eltern hatten ihn zum Hafen gebracht und den Schlüssel, wie immer, an einer bestimmten Stelle deponiert. Es war ein kleines Suzuki-Jeep-Cabrio und passte hervorragend zu dieser kleinen Insel.

Noch kannte Rita nicht mehr als den Namen der Insel und hatte bisher auch nichts sehen können, weil es immer noch stockdunkel war. Schnell waren die Koffer verstaut und los ging die Fahrt durch den kleinen, entzückenden Hafenort, hinauf in das karstige Hinterland. Hier gab es weder Straßenbeleuchtung noch Leitplanken. Nicht ungefährlich für Ortsfremde, aber so lieben alle Griechenlandfans ihre Urlaubsdestination.

Nach einer kurzen Fahrt von ungefähr zehn Minuten war das Ziel erreicht. Vor ihnen lag ein kleines griechisches Steinhäuschen, soviel konnte Rita im Scheinwerferlicht sehen. Inos parkte den Wagen und führte Rita ins Haus. Aber niemand war da. Rita hatte damit gerechnet, dass seine Eltern auf sie warten würden. Das Haus war ein altes, original griechisches Steinhaus. Hier gab es kaum gerade Flächen. Das Mauerwerk war buckelig, die Steinböden robust verlegt, die Fenster in blauen Fensterrahmen und typische Rundbögen innen und außen komplettierten den ersten angenehmen Eindruck. Es wirkte ganz besonders einladend und romantisch. Inos führte Rita hinaus auf die Terrasse vor der Küche und da konnte sie das Rauschen des Meeres in der anscheinend nahegelegenen Bucht hören.

»Das ist ja traumhaft, über welches Reisebüro hast du das gebucht?«, wollte Rita nun wissen. Doch Inos schwieg sich immer noch aus.

Erst nachdem sie das Haus bezogen hatten, Rita alle drei Räume ansehen konnte und sie nun auf der kleinen Terrasse den ersten Drink einnahmen, es war mittlerweile vier Uhr morgens, klärte sie Inos darüber auf, dass dieses Haus ihm gehörte und seine Verwandten wenige Kilometer entfernt ihr Zuhause hatten. Hierher zog er sich auch manches Mal zurück, wenn er in Ruhe arbeiten wollte. Aus diesem Grund war der zweite Schlafraum mit einem Schreibtisch ausgestattet. Niemand in Deutschland wusste von diesem Refugium. Das Haus war sein Geheimnis. Kein Freund, auch nicht Ricardo, wusste von diesem Haus. Nicht einmal frühere Partnerinnen hatte er hierher eingeladen. Immer wenn er nach Griechenland gefahren war, hatten alle gedacht, er würde seine Familie besuchen und sind selbstverständlich davon ausgegangen, dass auch sein Schlafplatz bei den Eltern war. Rita war schockiert und begeistert zugleich. Aber sie konnte ihn nur zu gut verstehen. Ihm ging es mit dem Haus genauso, wie ihr mit den Träumen. Auch die waren für niemanden aus ihrer engeren Umgebung bestimmt. Emma hatte lediglich in einer schwachen Minute und mit erheblichem Sektpegel vom »Ersten Traum« erfahren. Inos war anscheinend wesentlich konsequenter.

Jetzt wurde Rita bewusst, welche »Ehre« ihr mit dieser Reise zuteil wurde und erkannte, dass Inos es mit ihr wirklich ernst meinte. Einerseits hätte sie vor Freude herumhüpfen können und andererseits befiel sie ein leichtes Angstgefühl vor dieser so perfekten Beziehung. Denn sie glaubte nicht an die große Liebe im Leben und dass Partner ihr ganzes Leben miteinander verbringen konnten. Auch Mutter hatte ihren Vater, Ben, ihre große Liebe genannt und trotzdem haben sie sich getrennt. Also blieb doch eine gewisse Skepsis zurück. Sie nannte es ganz einfach Realismus, spürte aber, dass sie womöglich diese vorgefasste Meinung würde revidieren müssen, genauso wie mit Australien.
»Sag niemals nie!«, musste sie selber ihre Gedanken korrigieren und umarmte ihren Freund ganz fest und flüsterte ein leises »Danke«.
Nach einigen Stunden Schlaf wachte Rita in einer traumhaften Umgebung auf. Erst jetzt, bei Tageslicht, sah sie die raffinierten Einzelheiten dieses Hauses. Es bestach durch seine Schlichtheit, kombiniert mit traditioneller Rustikalität. Die Räume waren verwinkelt und befanden sich auf verschiedenen Ebenen, die durch kleine, gemauerte Treppen miteinander verbunden waren, weil dieses Haus offen-

sichtlich auf einen kleinen Hang gebaut worden war. Man hatte sich einfach nach den natürlichen Gegebenheiten des Untergrundes gerichtet.
Selbst in den kleinsten Nischen war Platz für ein noch kleineres Fensterchen. Damit der Aufenthalt so angenehm wie möglich sein konnte, war auch eine Klimaanlage installiert, die geräumige Wohnküche mit guten Geräten ausgestattet und das Bad stilvoll mit Badewanne und Dusche eingerichtet. Im gemütlichen Wohnzimmer versteckte sich in einem uralten Kasten der Fernseher. Nach der genauen Besichtigung des Innenbereiches folgte nun der Gang durch den Garten. Rita traute ihren Augen nicht, als sie die Terrasse vor der Küche betrat. Das Haus lag direkt am Meer mit freiem Blick hinaus in die Weite, in etwa 20 Metern Seehöhe auf einem Felsen.
Über eine kleine Steintreppe gelangten sie hinauf auf das Flachdach, das als Dachterrasse diente. Inos nannte diese Terrasse »Roofgarden«. Auch hier ein fantastischer Blick Richtung Süden auf das offene Meer. Große Topfpflanzen zierten diese Terrasse mit den typisch griechischen Sitzgelegenheiten aus gemauerten kleinen Bänken mit blau-weißen Stoffbezügen und großen Kissen. Alles liebevoll von Inos Mutter bereits für die beiden geputzt und vorbereitet. Selbst an eine windgeschützte Ecke war bei der Errichtung gedacht worden und als Sonnenschutz diente ein recht dichtes Bambusdach. Die Vegetation rings umher schien sehr eingeschränkt zu sein. Die sommerliche Hitze ließ schnell alles Grün verdorren. Lediglich im angelegten Garten um das Haus wuchsen blühende Sträucher, Kakteen und Bäume, die sich im Laufe der Jahre der vorherrschenden Windrichtung beugen mussten.
Rita war sprachlos. Aber das war noch nicht alles. Über eine Felsentreppe führte Inos sie hinunter zum Meer. Zum Haus gehörte nämlich einer kleiner Strandabschnitt, der nur über diese Treppe zugänglich war. Das bedeutete »Alleinlage«. Keine Touristen hatten hier Zutritt! Nachdem die natürliche Umgebung von Inos Haus sehr felsig war,

hatte er vor einigen Jahren eine Terrasse betonieren lassen, um den Meerzugang besser nützen zu können. Es entstand sozusagen eine Terrasse direkt am Meer. Hier fanden sich auch gemütliche Strandliegen zum Sonnen. Durch die angrenzenden Felsen in U-Form ergab sich eine der vielen kleinen, natürlichen Buchten der Insel. Der öffentliche Strandabschnitt dieser Bucht befand sich, durch große Felsen von Inos Land getrennt, in einiger Entfernung. Er umarmte Rita auf seiner Meeresterrasse und küsste sie in seinem kleinen Reich.

»Bleib noch ein wenig hier und genieße den anbrechenden Tag, ich mache Frühstück für uns«, sagte Inos und ging zurück ins Haus. Rita kam sich vor wie Aschenputtel oder wie in einem ihrer Träume.

Mit dem offenen Suzuki ging's nach dem Frühstück über die kleine Insel. Inos zeigte ihr die wichtigsten Orte, wie die Hafen- und die Hauptstadt. Am Hafen war immer etwas los. Jede Fähre schwemmte neue Urlauber auf die charmante Insel und nahm ebenso viele wieder mit. Jetzt wusste Rita, warum sie mit der Fähre hierher gekommen waren. Diese Insel war so klein, dass keine Rollbahn Platz gefunden hätte. Mit gerade dreizehn Kilometern Länge und maximal vier Kilometern Breite voller karstiger Hügel wäre ein Flugplatz undenkbar. Von oben betrachtet hatte sie die Form eines Seepferdchens mit unzähligen kleinen Buchten und Stränden.

Rita bewunderte die Menschen, die hier lebten und mit großer Mühe und Hingabe der Natur ihre Früchte abrungen. Terrassenförmige Minifelder in den karstigen Hügeln wurden per Hand und kleiner Gerätschaft bestellt. Das Erntegut wurde mit Packeseln eingebracht. Sie hatte immer gedacht, wie kitschig diese Postkarten doch waren, mit diesen typischen, vollbepackten Eseln. Jetzt wusste sie, dass das für viele Menschen hier normaler Alltag war, der den vollen Einsatz ihrer Kräfte verlangte. Auch die kleinen Obst-, Wein- und Olivengärten wurden von den Einheimischen hier liebevoll gepflegt. Die Straßen entlang der Küste eröffneten nach jeder Kurve eine völlig neue Perspektive. Oft musste Inos den Wagen anhalten, damit Rita ihre Begeisterung auskosten konnte. Sie war überglücklich mit Inos an ihrer Seite. Dieser erste Tag war zum Ankommen reserviert. Nach dem Abendessen in einer Taverne am Hafen fragte Inos, ob Rita am darauffolgenden Tag gerne seine Familie kennenlernen würde. Natürlich freute sie sich darüber, denn damit hatte sie bereits gerechnet. Sie war neugierig auf seine Eltern, die beiden Geschwister und natürlich auf Pappous.

Nach dem ausgedehnten Sonnenbad am Hausstrand stand die erste »Besichtigung« der Familie auf dem Programm. Rita war sehr nervös, denn sie wusste, dass dieses Kennenlernen ein weiterer Schritt in der Festigung ihrer Beziehung war. Unweit von Inos' Haus sah Rita zum ersten Mal dessen Eltern, Ioannes und Maria, und die beiden jüngeren Brüder, Antonios und Michail, die beide mit ihren Familien im Tourismusgeschäft auf der Insel arbeiteten. Alle waren gekommen, denn auch sie waren gespannt auf Inos Freundin.

Pappous saß gemütlich in seinem schwarzen Gewand unter den Olivenbäumen vor seinem kleinen Haus im Garten. Das hatte er vor vielen Jahren nicht allzu weit vom Familienhaus entfernt gebaut, um ganz zurückgezogen und still leben zu können, genau an dem Platz, wo er zuerst Inos und dann seinen Urenkeln, den Kindern von Inos Brüdern, die vielen Geschichten von der Seefahrt und seinen Träumen erzählt hatte. Es bestand praktisch nur aus einem einzigen Raum mit rund 35 Quadratmetern und war kaum noch zu sehen, weil es inzwischen von den Oliven- und Feigenbäume überragt wurde, die ihm in den heißen Sommermonaten kühlenden Schatten spendeten. Es sah entzückend aus. Pappous hatte sein Häuschen sehr schlicht eingerichtet. Es fanden sich darin lediglich eine kleine Küchenzeile, die er zum Glück nicht benutzen musste, weil er immer mit der Familie im großen Haus aß, ein Tisch mit

zwei Stühlen und ein kleines Sofa im vorderen Bereich. Seine Schlafstätte und das kleine Bad wurden durch einen Schrank vom Rest des Raumes abgetrennt.
Pappous war ein alter Mann mit einem weißen, langen Bart, der bis zur Mitte seines Brustbeines reichte. Den ließ er sich allerdings erst nach dem Tod seiner Frau Athina wachsen, weil sie kein »Gestrüpp« im Gesicht ihres Gatten haben wollte. Neben seinem Bett befand sich der »Herrgottswinkel«, der allerdings in Griechenland ein wenig anders aussieht, als in Bayern. Hier hingen zwei Ikonen, die vom Kerzenschein der Ikonenampel sanft beleuchtet wurden. Alles war genauso, wie Inos es beschrieben hatte. Pappous und Inos freuten sich, einander wiederzusehen und umarmten sich kräftig.
Rita mochte Pappous schon lange bevor sie ihn gesehen hatte und das spürte er auch. Da bemerkte sie es wieder, dieses Strahlen in den Augen, wie bei Little John. So leuchtend und geheimnisvoll. Und wieder hatte sie dasselbe Gefühl wie in Australien, als ob Pappous durch sie hindurch sehen könnte. Da war er, der Mann, der so viel Traumerfahrung hatte.
Jeder Moment wäre ein Foto wert gewesen, denn diese Familie, die anscheinend ihr Leben im Freien verbringt, strahlte so viel Gelassenheit aus. Rita wurde von allen herzlich begrüßt. Eltern und Geschwister sprachen perfektes Deutsch, nachdem sie lange Zeit in Deutschland gelebt und seine Geschwister dort Schulen besucht hatten. Nur für Pappous war eine Übersetzung notwendig, aber das machte jeder sehr gerne. Er war voll in das Familiengeschehen integriert und wurde oft um Rat gefragt, wenn es wichtige Entscheidungen zu treffen galt. Immer wieder suchte Rita Blickkontakt zu ihm. Seine ganze Erscheinung und seine Augen waren so anziehend für sie.

So hatte sich Rita ihre Familie auch immer gewünscht. Aber das war ihr leider verwehrt geblieben. Der ganze Nachmittag war angefüllt mit Gesprächen über Ritas bishe-

riges Leben und ihr Kennenlernen in Sydney. Alle amüsierten sich prächtig und lachten viel miteinander. Auch eine Nachbarin freute sich über die Vorstellung von Inos Freundin zu Hause und rief quer über die Straße in den Garten der Eltern einen Gruß. Das war typisch griechisch!
In einer ruhigen Minute nahm seine Mutter, Maria, neben Rita Platz und brachte ihre Freude über ihren Besuch nochmals zum Ausdruck, denn bis zu diesem Zeitpunkt hatten weder Eltern noch Geschwister je eine Freundin von Inos kennengelernt. Sie wusste zwar, wenn er mit jemandem zusammen war, doch zu einem persönlichen Gespräch war es nie gekommen. So war Rita für die Familie etwas ganz Besonderes. Bis spät in die laue Sommernacht hinein genoss die ganze Familie das Beisammensein.

Einige Tage dieses »Überraschungs-Paketes« vergingen. Es war großartig. Rita, eine begeisterte Schnorchlerin nutzte jeden Tag einige Stunden für dieses Hobby. Die Tier- und Pflanzenwelt unter Wasser hatten sie immer schon fasziniert. Jede Menge Fische in allen möglichen Farben, Größen und Mustern tummelten sich in der kleinen geschützten Bucht vor ihrem Haus. Manche Fischschwärme wirkten wie Kindergärten oder Schulen, denn die Fische in den einzelnen Zusammenschlüssen hatten immer dieselbe Körpergröße. Ihre winzigen Schuppen spiegelten das einfallende Sonnenlicht in allen Farben. Immer, wenn Rita ganz ruhig im Wasser glitt und keine Schwimmbewegungen machte, kamen die Fische bis vor die Taucherbrille an sie heran. Sobald sie jedoch nach einem Fisch greifen wollte, waren sie wie der Blitz verschwunden. Ein Felsen in der Form eines Schuhs, der zur Hälfte aus dem Wasser ragte, als ob ihn vor Urzeiten ein Riese hier am Strand vergessen hätte, zog ihre Aufmerksamkeit auf sich und ließ sie allerhand Geschichten ausdenken. Beste Fantasiereise. Das alles war sehr viel spannender als Fernsehen oder Zeitunglesen. Ab und zu musste sie sich aber doch zurückziehen, um an ihrer Buchübersetzung zu arbeiten, aber selbst das machte in dieser Umgebung viel mehr Spaß. Mit einem Verlängerungskabel für den Computer bis zur Terrasse hatte sie praktisch ein »Open-Air-Büro« direkt am Mittelmeer. Wem würde so etwas nicht gefallen? Inos nutzte gleichfalls die Zeit, um seine Unterlagen zu studieren. Oft saß er aber auch nur da und beobachtete Rita bei ihrer Arbeit und umgekehrt; auch Rita sah ihm gerne zu, wenn er hochkonzentriert in den Forschungsberichten versunken war. Beide genossen die gemeinsame Zeit in dem kleinen Haus am Meer. Sie gingen gemeinsam einkaufen, kochten leckere griechische Speisen und verbrachten viel Zeit im Roofgarden bis zum täglichen Abschluss-Ouzo.

An einem Abend in der zweiten Woche lud Inos Rita in eine exzellente Taverne ein. Der ruhig gelegene Tisch am Meer, auf dem mehrere Kerzen in Sturmgläsern brannten, war wunderschön eingedeckt. Die heiße Nachtluft trug das Ihrige zu diesem Ambiente bei. Speziell ausgewählte Köstlichkeiten wurden serviert und Rita ließ sich richtig verwöhnen. Inos legte großen Wert auf eine gepflegte Umgebung, auch wenn diese ihren Preis hatte. Irgendetwas war jedoch an diesem Abend anders. Rita hatte es schon den ganzen Tag gespürt, es jedoch nicht verifizieren können. Und Inos wirkte ein wenig nervös und unkonzentriert.
Nach dem Essen gestand Inos Rita seine große Liebe zu ihr und holte ein kleines Päckchen aus seiner Tasche. Es war wirklich nicht groß. Als Rita es sah, wusste sie sofort, was los war. Jetzt war klar, warum Inos den ganzen Tag ein wenig komisch war. Es konnte nur ein Ring sein. So war es auch. Inos öffnete die Verpackung und siehe da, ein wunderschöner Goldring mit einem großen Diamanten besetzt, kam zum Vorschein. Inos nahm Ritas Hand, steckte den Ring an ihren Finger, er passte auf Anhieb, und fragte sie, ob sie seine Frau werden möchte.

Sie war überwältigt – von allem und von ihrem Inos. Auch ihre Gefühle zu ihm waren in den vergangenen Monaten immer weiter gewachsen. Es gab nichts an ihm, was sie an der Vertiefung dieser Beziehung hätte hindern können. Das war auch beängstigend, denn so etwas hatte sie noch nicht erlebt. War das die große, die einzig wahre Liebe? Sie wusste, dass die Zeit, seit sie sich kannten, sehr kurz war, lediglich fünf Monate, und es jeder Logik widersprach, ihr Leben in so einem Moment völlig neu auszurichten. In ihrem selbst gebastelten Lebensprogramm war nämlich eine Heirat nicht vorgesehen. Sie wollte immer »frei« bleiben. Aber Inos besaß ebenfalls eine Freiheit, die ganz anders war als Ritas, die sie ganz besonders anzog und ihn für sie unwiderstehlich machte. Sie nannte sie die »schöne Freiheit«, völlig ungezwungen. Wieder einmal begann sie zu weinen, als ihr Inos in die Augen blickte, was beide an die Harbour Bridge erinnerte. Aber dieses Mal waren es eindeutig Tränen des Glückes und nicht der Verwirrung. Dreizehn Jahre lang hatte sie anscheinend von ihrem zukünftigen Mann geträumt. Und da war er. Nicht zu fassen!

Sie umarmte und küsste ihn.
»Darf ich das als ein Ja deuten?«, fragte er.
»Ja, das darfst du. Ich will deine Frau werden und den Rest meines Lebens mit dir verbringen!«, antwortete sie leise aber bestimmt. »Jetzt werde ich wohl bald aufwachen und sehen, dass es nur ein weiterer Traum war«, fuhr sie fort.
»Nein, wir beide und unsere Liebe sind echt«, erwiderte Inos. »In diesem Traum darfst du weiterleben«.
Sie waren überglücklich und erleichtert zugleich. Als seine Verlobte und zukünftige Ehefrau verließ Rita an diesem Abend die Taverne.

Gleich am nächsten Morgen lief das Telefon heiß und jede Menge Mails wurden geschrieben. Alle sollten es erfahren! Am liebsten hätte sie die Neuigkeit in der Tageszeitung veröffentlicht. Immer wieder griff sie nach dem Ring an ihrem Finger, um sicherzugehen, dass er immer noch Realität war. Es war kein Traum! Alles war echt. Auch Inos'

Familie erfuhr noch am selben Tag von der Verlobung. Und wie konnte es anders sein, spontan wurde ein griechisches Grillfest im Garten ausgerichtet. Alle aßen, tanzten und freuten sich für und mit den beiden.

Jeden Sonntag besuchte die ganze Familie den Gottesdienst in einem der wunderschönen alten Klöster vor Ort. Für Rita eine absolute Premiere. Sie hatte keinerlei Erfahrung in diesen Dingen, denn in Deutschland zählte sie zu den »unsichtbaren« Kirchenmitgliedern. Für Inos' Familie waren die sonntäglichen Liturgiebesuche eine Selbstverständlichkeit.

Als Rita das Gotteshaus betrat, lief ihr plötzlich ein warmer Schauer durch den ganzen Körper. Es war ohne Zweifel ein ganz besonderer Ort – voller Kraftvermittlung. Die Kirche sah anders aus als jene in Deutschland. Sie war offensichtlich in drei große, parallel nach vorne verlaufende Abschnitte eingeteilt. Auf der rechten Seite des Kirchenschiffes versammelten sich alle Ordensfrauen in ihren tiefschwarzen, bodenlangen Kleidern, mittig standen und saßen viele Männer und auf der linken Seite fanden alle Frauen und Kinder Platz. Räumlich getrennt werden die Abschnitte durch wunderschöne hohe Wände aus Holz mit integrierten Sitzen und auffälligen Schnitzereien. Das Zentrum dieser Kirche im vorderen Bereich bildet eine riesige Ikonostase, die Ikonenwand aus handgeschnitztem Holz, in die viele Ikonen eingearbeitet waren.

Die Innenwände der Kirche und alle Kuppeln waren von Ordensschwestern dieses Klosters in jahrelanger Handarbeit mit Szenen aus dem Leben Jesu im Ikonenstil bemalt worden. Auch jede Menge heilige Männer und Frauen der Ostkirche zierten die Wände. Der Einfall der Sonnenstrahlen durch die feinen Glasfenster und die außergewöhnlichen Farben der Ikonenfresken an den Wänden tauchten den ganzen Kirchenraum in ein unbeschreiblich harmonisches Farbenspiel das, wäre es hörbar, sicher die schönste Symphonie der Welt wäre. Hier hatte nicht jeder Kirchenbesucher seinen festen Platz; es war ein laufendes Kommen und Gehen während der Liturgie zu beobachten und wenn einmal jemand in den traumhaften Klosterhof hinausging und später wieder eintrat, suchte er einfach einen anderen Platz auf. Die griechischen Gesänge während des Gottesdienstes waren etwas gewöhnungsbedürftig, aber nach einer halben Stunde begannen sie, Rita zu gefallen. Sie verstand nicht viel von den liturgischen Abläufen, so beobachtete sie die Anwesenden und machte einfach alles nach, was sie sah: Kreuzzeichen, Niederknien, Verbeugen, Aufstehen, Hinsetzen ... Ganz besonders angetan hatten es ihr die jüngsten Kirchenbesucher. Wie selbstverständlich küssten die Kinder die Ikonen, holten die kleinen Kerzen zum Entzünden und nahmen aktiv am Geschehen teil. Auch die Einladung der Klosterschwestern nach der Liturgie zum Kaffee mit selbst gebackenen Leckereien, war eine ganz neue Erfahrung, aber eine sehr wirkungsvolle. Das war Ritas erster intensiverer Berührungspunkt mit der Orthodoxen Kirche.

Die Sonntage waren für die Familie stets der Ruhe und Besinnung vorbehalten, fernab vom touristischen Trubel auf der Insel. Inos und Rita verbrachten an diesem letzten Sonntag vor ihrer Heimreise einige Stunden bei seinen Eltern auf der Terrasse und besprachen all die neuen Eindrücke mit ihnen. Rita plagte natürlich die ganze Zeit über ihr Traumbilderbuch. In weiser Voraussicht hatte sie es in ihre Handtasche gepackt. Sie wollte unbedingt mit Pappous darüber sprechen, nur gab es in den letzten Tagen, aufgrund der ganzen Aufregung um die Verlobung, leider keine Gelegenheit.
Aber dieser Sonntag schien der richtige dafür zu sein. Sie kniff Inos leicht in die Seite und gab ihm so zu verstehen, dass er endlich seinem Großvater Bescheid geben sollte. Der saß, wie immer, vor seinem Häuschen unter den Olivenbäumen und ließ während des Gebetes seinen Komboskini durch die Finger gleiten. Er wirkte unwahrscheinlich ruhig dabei. Rita gefiel der Anblick dieses alten Mannes.

Inos nahm Rita an der Hand und sie gingen durch den Garten zu Pappous.

»Nehmt Platz bei mir. Wir wollen uns ein wenig unterhalten, bevor ihr abreist«, sagte er liebevoll und unterbrach sein Gebet.

Inos übersetzte für Rita ins Deutsche. Er erzählte Pappous von Ritas Träumen und ihrer vorbildlichen Traumsammlung. Schließlich zog sie das Traumbilderbuch aus ihrer Tasche und zeigte es ihm. Behutsam nahm er es in seine Hände, legte es auf seine Oberschenkel und strich mit seinen Händen sanft darüber.

»Sehr schön ... sehr schön. Du wirst von deinem Engel reich beschenkt«, bemerkte er leise und sah Rita an.

Obwohl er den Inhalt noch gar nicht kannte, geschah in diesem Augenblick irgendetwas Besonderes. Rita nahm es deutlich wahr, konnte es aber nicht einordnen. Aber es fühlte sich gut an. »Zwei Experten an einem Platz«, dachte sie und freute sich.

»Willst du mir daraus vorlesen?«, fragte Pappous, der Ritas Absicht schon lange erkannt hatte. Rita nickte zustimmend und lächelte ihn an.

»Welchen soll ich nehmen?«, fragte sie Inos.

»Mach es wie zu Hause! Nimm einfach wieder den, bei dem du hängen bleibst, wenn du durchblätterst«, antwortete er. Auch Inos war gespannt, wie Pappous auf die Träume reagieren und wie er sie auslegen würde.

11

Das Sterndorf

Hier habe ich einen schönen Traum! Ich habe ihn ›Das Sterndorf‹ genannt. An den kann ich mich noch ganz besonders gut erinnern. Er gefällt mir.« Rita las ihn vor und Inos übersetzte:

»Ich sehe viele Dörfer, die sehr liebevoll angelegt sind. Alle Dörfer sind sehr ähnlich, daher beschreibe ich eines davon: Von oben sieht es aus wie ein Stern. In der Mitte befindet sich eine Art Burg und ringsum abgehend kleine Dorfstraßen. Entlang all dieser Straßen sind kleine Häuser und jedes hat einen kleinen Vorgarten. Alles sieht sehr gepflegt aus. Es ist zwar hell, aber die Sonne scheint nicht. Allein der Vollmond bringt Licht in dieses Dorf. Rings um das Dorf ist noch viel Platz vorhanden und es werden entlang der Straßen stets neue kleine Häuschen gebaut mit gepflegten Vorgärten. Das ›Sterndorf‹ wächst unaufhörlich. Ist ein Häuschen verlassen und droht zu verfallen, ist gleich jemand zur Stelle, um es zu beziehen, sodass das ganze Dorf sehr belebt wirkt. Die Menschen scheinen sich gut zu verstehen und jeder weiß, wo sein Platz ist.

Um das Dorf herum gibt es allerdings so etwas wie eine Grenze, eine hohe Mauer. An einzelnen Stellen sind Zugangstore eingesetzt, die sogar bewacht werden. Aber das scheint die Dorfbewohner nicht zu kümmern, so glücklich sind sie. In der Burg wohnt ein Herr, der Vorsteher des Dorfes. Er sorgt für Ordnung und weist die Bewohner an, was zu tun ist. Nachdem alle so glücklich sind und das Dorf sehr gepflegt aussieht,

ist das für viele ein erstrebenswerter Wohnort, denn unaufhörlich werden neue Häuschen gebaut. Der Vorsteher scheint sehr beschäftigt zu sein; emsig geht er seiner Arbeit nach. Je größer das Dorf wird, desto größer scheint auch diese Burg zu werden, die er bewohnt. Ich sehe den Vorsteher über den Burghof schreiten und er verschwindet hinter einer schweren Türe mit einem kleinen Guckloch.
Das kann ich nicht auf sich beruhen lassen und ich öffne ganz behutsam und leise dieses Guckloch von außen. Meine Neugierde hat mich wieder einmal besiegt! Oh, das ist ja interessant! Ich sehe einen rechteckigen Raum, etwas feucht und es riecht ein wenig muffelig aus dem Guckloch heraus.
Der Vorsteher steht vor einem Aufbau, der folgendermaßen aussieht: Es sind aneinandergereihte weiße Styroporplatten, etwa 3 cm dick mit kleinen Löchern darin. Alle Löcher mit einem Durchmesser von ungefähr 3 cm sind in Abständen von etwa 10 cm angeordnet. In jedem dieser Löcher steckt ein Grashalm mit Wurzel unten dran. Die Grashalme sehen ganz unterschiedlich aus. Manche sind lang und kräftig, andere sehr zart und samtig, weiter hinten sehe ich auch viele dürre Halme.
Der Vorsteher beginnt, einzelne Grashalme in andere Löcher umzustecken. Er hat anscheinend ein ausgeklügeltes System, denn es sieht recht bestimmt aus, wie er das macht. Die dürren Halme entfernt er aus den Löchern und wirft sie in einen Abfalleimer. Unter den Styroporplatten höre ich Wasser fließen. Ich kann erkennen, dass die Wurzeln der Gräser das darunter fließende Wasser jedoch nicht erreichen. Bevor der Vorsteher mit seiner Arbeit fertig ist, schließe ich vorsichtig das Guckloch und mache mich schleunigst davon.

Das ist alles, was ich gesehen habe. Hast du vielleicht eine Idee, was das bedeuten könnte?«, fragte sie Pappous.

Ihm gefiel, was er da hörte und schon während ihm vorgelesen und übersetzt wurde, erkannte er in seinem Herzen den Sinn dieses Traumes. Seine Augen leuchteten, nein noch mehr, er leuchtete als Ganzes. Inos und Rita wurden von seiner starken Präsenz erfasst. So etwas hatte sie zuletzt durch Little John erlebt. Einmalige Männer, dachte sie. Pappous antwortete: »Ja, ich habe eine Idee« und begann zu erzählen:

»Du siehst viele Dörfer, die ähnlich aufgebaut sind und beschreibst daher eines von ihnen. Das geistige Prinzip, das hinter dem einen Dorf steht, und das ich dir jetzt erklären werde, gilt daher für alle. Das Dorf steht für eine Anhäufung von Gedanken; ein Ballungszentrum von gedanklichen Energien, eine ›Gedanken-Gemeinschaft‹ derselben Ausrichtung. Menschen mit gleichen Gesinnungen treffen irgendwann aufeinander, nähren und bestätigen sich gegenseitig mit ihren Gedanken und Lebensformen.
Die Mauer mit einzelnen bewachten Eingängen, die du um das Dorf siehst, bedeutet, dass nur jene Menschen oder Gedanken Einlass erhalten, die dieses Dorf weiter wachsen lassen und mit ihren Beiträgen weiter nähren. Daher wächst das Dorf.
Die Häuschen an den Dorfstraßen stehen für die einzelnen Menschen und deren Seelen, die sich in Gemeinschaften mit gleicher Gesinnung treffen und dort glücklich sind, denn sie werden genährt und nähren ihrerseits weitere Dorfbewohner.
Die Mitte des wachsenden Dorfes bildet eine Burg. Sie weist auf etwas Zentrales, Großes, Unzerstörbares, Festes hin. Sie ist das Zentrum der Gedankenkräfte.
Der Vorsteher ist jene Person, von der diese Gedankenkraft ausgeht und er entsendet sie sternförmig, was bedeutet: in alle Richtungen. Er ist Meister seines Faches und bestimmt durch seine erhöhte Stellung als Burgbewohner die ausgesandten Gedankeninhalte.
Dass auch die Burg wächst, während das Dorf wächst ist das Bild für eine geistige Gesetzmäßigkeit. Die Burg ist die Abbildung der Kräfte des Meisters. Das bedeutet, je mehr Seelen ihm zuströmen, desto anerkannter und mächtiger

wird dieser. Anders gesagt, was du aussendest, erhältst du in derselben Intensität zurück, oder was du säst, erntest du mit allen damit verbundenen Konsequenzen.
Ich nehme an, du hast einmal so eine Person kennengelernt. Die ihm angeschlossenen Seelen denken nach seinen Vorgaben und sind glücklich darüber, denn er gibt ihnen darin festen Halt und Schutz, wie der einer Burg. Es werden nur mehr jene Menschen vom Vorsteher und seiner Gemeinschaft geduldet, die dieselbe Gesinnung haben. Durch das Zuströmen von Menschen in dieses Dorf wächst daher auch die Macht ihres Vorstehers immer weiter.
Du siehst den Vorsteher in seiner Burg in einen Raum verschwinden, in dem er arbeitet. Das ist sein innerster Seelenraum, der in diesem Fall jedoch dunkel ist – also nicht erleuchtet.
Die Grashalme stehen für die einzelnen Personen in seiner Gemeinschaft. Ihre Unterschiedlichkeit an Größe und Form deutet auf die Verschiedenheit der Seelen hin. Der Meister sieht es als seine Aufgabe an, die Personen an jene Stellen zu rücken, die er für richtig hält. Das bedeutet, er weist ihnen Aufgaben und Aufträge an jenen Orten zu, die er bestimmt. Jeder Grashalm besitzt eine Wurzel, die das darunter fließende Wasser jedoch nicht erreicht. Das heißt, dass durch den Gedankenaufbau des Vorstehers die ihm angeschlossenen Seelen das lebendige Wort Gottes, welches durch das fließende Wasser symbolisiert ist, nicht erreichen können, obwohl jede Wurzel, jede Seele danach trachtet. Ja, er verhindert es durch seine Machtausübung sogar, obwohl alles, was er macht, sehr kräftigend wirkt.
Die weiße Styroporplatte veranschaulicht, dass jede einzelne Seele von seinem Gedankengut umschlossen ist. Und jene, die dürr geworden sind, das heißt, jene Menschen, die diese Gemeinschaft und ihren Meister nicht mehr wachsen lassen können oder sich seinem Einfluss entziehen, entsorgt werden. Die werden bei Zeiten ihrer Seelenkräfte beraubt und anschließend von der Gemeinschaft ausgeschlossen. Viele von ihnen bleiben einsam, verletzt und als Opfer

ihrer eigenen Wünsche, Vorstellungen und Illusionen zurück. Sie haben nie gefunden, was sie eigentlich gesucht haben – wahre Freiheit – um diese werden sie nämlich in diesem künstlichen Paradies betrogen.
Dir ist im Traum aufgefallen, dass keine Sonne scheint, sondern der Mond für genügend Helligkeit sorgt. Das deutet darauf hin, dass sich diese Person das spirituelle Licht, welches sie ohne Zweifel ausstrahlt, geborgt hat, wie der Mond sich das Licht der Sonne borgt und dadurch strahlt. Der Vorsteher benutzt fremdes Licht, ohne mit der Lichtquelle direkt verbunden zu sein. Das ist sehr trügerisch. Die Sonne symbolisiert nämlich spirituelles Licht, Wahrheit und reine Seelennahrung.
Er benutzt sozusagen andere Menschen dazu, selber zu wachsen, sich aufzublähen und dadurch seine Autorität auszuüben. Seine Welt ist eine Welt von Projektionen, Erwartungen und der eitlen Ruhmsucht, die er selber nicht zu kennen scheint. Ja, das ist ein äußerst trügerisches Spiel, das hier gespielt wird. Dieses System ist jedoch auf Sand gegründet, auch wenn vordergründig anscheinend Gutes geschieht. Viele Menschen fühlen sich zunächst in solchen Gruppen, die dir hier als Dorfgemeinschaft gezeigt wurde, wohl. Sie sind bestätigt, anerkannt und genießen auf ihre Weise in diesem Rahmen auch eine gewisse Freiheit, die ihren Vorstellungen entspricht.
Ein guter Lehrer oder Meister ist jedoch nur dann wirklich gut, wenn er fähig ist, den bewussten Prozess des Seelenwachstums anzustoßen und er seinem Schüler erlaubt, über sich selbst und über ihn hinauszuwachsen. Diese Fähigkeit besitzt der Vorsteher anscheinend leider nicht. Aber es gibt viele solcher Vorsteher, die wahrlich Meister darin sind, gutgläubige Menschen zu täuschen. Darum ist es äußerst wichtig, unsere eigenen Beweggründe genau zu erkennen, damit uns diese nicht zum Verhängnis und zum Leiden werden und es uns schließlich nicht wie den armen vertrockneten Grashalmen ergeht.
Erinnere dich an die letzte Szene. Du hast das Guckloch in

der Tür geschlossen, bevor er dich bemerkt hat und hast dich aus dem Staub gemacht. Du durftest durch diesen Traum einen Blick hinter die Kulissen dieser Person und somit von vielen derartigen Verbindungen werfen. Dieses Prinzip trifft wahrlich auf viele Gruppen und Strömungen nicht nur im spirituellen Bereich mit verehrten Führern, Vorbildern und Idolen zu. Dein Traum ist ein großes Geschenk, Rita«, beendete Pappous seine Auslegung.

Emsig notierte Rita die Übersetzung von Inos auf die linke Seite neben den Traum in ihrem Traumbilderbuch. Pappous war bemüht, ihr den Zusammenhang zwischen ihrem äußeren und inneren Leben und diesem Traum aufzuzeigen.

»Ich könnte mir vorstellen, diesen Traum umzubenennen. Ein sehr treffender Titel wäre wohl ›Der falsche Prophet‹ oder ›Falsche Propheten‹. Was meinst du?«, fragte er.

Rita war tief bewegt, denn sie wusste, dass er mit dieser Erklärung richtig lag. Hier erfolgte offensichtlich ein seelischer Betrug an vielen gutgläubigen Menschen, dem sie zum Glück noch rechtzeitig entkommen war und sie erinnerte sich an ihre damalige Situation:

Es war ihr Work-and-Travel-Jahr. Nach dem ausgezeichneten Universitätsabschluss ging Rita auf die große Reise, um die Welt anzusehen. Wieder einmal zog es sie hinaus in die Ferne und sie folgte dem Ruf nach Abenteuern. Niemand hätte es ihr ausreden können. Ganz locker und unverbindlich hatte sie lediglich die Länder ins Auge gefasst, die sie bereisen wollte. Ihr erstes Reiseziel war Italien, dann folgten Russland, Indien, ihr Geburtsland Kanada und letztlich stand noch Brasilien auf ihrem Plan.

Durch ihr schon während der Studienzeit aufgebautes Netzwerk und die guten Beziehungen zu Verlagen, für die sie bereits viele Übersetzungsaufträge ausgeführt hatte, konnte sie dieses Jahr leicht finanzieren. Allein ihr Laptop und das Handy waren die Gewähr, auch während der Reisezeit genug Geld zu verdienen. Als Reiseleiterin in großen Städten hatte sie durch ihre Sprachkenntnisse leichtes Spiel. Sie hatte genau das erreicht, was sie sich immer gewünscht hatte. Es war ein aufregendes Jahr: All die wundervollen Erlebnisse, die netten Menschen, die hilfreich zur Seite standen, die traumhaften Gegenden, die sie durchwandert hatte, die Stress-Situationen an Flughäfen und Bahnhöfen, die kleinen Zimmerchen in den Hinterhöfen, manche Schwärmereien und Liebschaften ...

Aber es war ihre letzte Station dieses Jahres, die mit dem Traum in Verbindung stand. Sie wollte unbedingt in Brasiliens Hauptstadt, Brasilia, reisen, denn sie wusste aus diversen Berichten, dass die hypermoderne Stadt auf dem zentralen Hochplateau äußerst sehenswert war. Mit ihren 2,6 Millionen Einwohnern wirkte sie auf jeden Fall überschaubarer als die Großstädte Indiens. Die lokale Ausdehnung und die tropische Vegetation dieser Stadt hatten sie fasziniert. Sie war auch sehr an der modernen Architektur in der Kernstadt interessiert, hatte aber schnell bemerkt, dass es hier nicht ungefährlich war, denn die sozialen Unterschiede zwischen Mittel- und Oberschicht zur Unterschicht waren sehr hoch. Frustration, Kriminalität, Alkohol- und Drogenkonsum waren die Folge der hohen Arbeitslosigkeit. So musste sie Vorsicht walten lassen. Stets hatte sie noch vor Einbruch der Nacht ihr Hotel aufgesucht und es sich in der Lobby oder den Bars gemütlich gemacht.

An einem dieser Abende machte sie eine besondere Bekanntschaft. Sie hatte eine Gruppe junger Leute bemerkt, die durch ihre Freundlichkeit und ihr ansprechendes Benehmen auffielen. Sie wirkten sehr ausgeglichen und entspannt. Und wie es der Zufall wollte, kam sie beim Abendessen im Hotelrestaurant mit ihnen ins Gespräch. Ihr »Leader« hieß José – ein sehr gesprächiger, sympathischer, junger, dunkelhäutiger Mann. Er gefiel ihr sehr gut. Nach wenigen Blickkontakten und freundlichem Lächeln lud er sie einfach ein, an ihrem Tisch Platz zu nehmen und mit ihnen zu speisen. Die jungen Leute hatten ausgesprochen

gute Laune, was sehr ansteckend war und sie haben viel miteinander gelacht. Sie interessierten sich sehr für Rita und stellten viele Fragen über ihren Aufenthalt in Brasilia. José erzählte ihr schließlich, dass seine Gruppe in Brasilia war, um dort die sozialen Hilfsprojekte einer großen Vereinigung in den Vorstädten zu besuchen und den hilfsbedürftigen und oft kriminellen Menschen neuen Mut zu geben. Sie alle, die hier beim Abendessen saßen, waren Mitglieder dieser sozial-religiösen Gruppe, die sich in erster Linie um sozial benachteiligte Menschen kümmerte.
Rita fand das sehr interessant, denn trotz ihres Kontaktes mit so viel Leid wirkten diese jungen Menschen sehr zufrieden. José erzählte davon, wie er diese Vereinigung kennengelernt und dass er in dieser Gruppe endlich den Sinn seines Lebens gefunden hatte. Rita war erstaunt darüber, denn über den Sinn des Lebens hatte sie einen jungen Menschen noch nie sprechen gehört. Auch bei ihren bisherigen Bekanntschaften war das eher kein Thema. Plötzlich sprach da ein junger Mann von Lebenserfüllung und Sinnhaftigkeit seiner geleisteten Hilfe.
Noch lange lag sie in dieser Nacht wach und dachte über José und seine Freunde nach. Am nächsten Tag folgte sie seiner Einladung, mit der Gruppe die aufgebauten Sozialeinrichtungen in den Vorstädten zu besuchen. Hier war die bittere Realität zu Hause: große Armut und Verzweiflung sowie – Hoffnung, die diese jungen Leute vermittelten. Nicht die architektonischen Meisterleistungen und Parkanlagen der Kernstadt waren wirklich sehenswert, nein, diese Gruppe von jungen Leuten, die bereit waren, zu helfen und sich unermüdlich für ein lebenswerteres Leben einsetzten, die war sehenswert. Rita war ergriffen von den Szenen, die sich hier abspielten.
José verbrachte die nächsten Tage viel Zeit mit ihr und brachte ihr die Vereinigung und deren Arbeitsweise und Ziele näher. Vom Gründer, den alle liebevoll »Pai« nannten – was Vater bedeutet – erzählte er ihr, er sei ein äußerst charismatischer, stiller Mann, der südlich von Sao Paulo

wohnte. Auch José und seine Freunde lebten mit ihm in einem riesigen Gebäude inmitten eines Parks. Lange schwärmte er ihr vor und verstand es, sie wirklich zu begeistern. Eine Woche lang durfte sie ihre Arbeitsweise beobachten; nur zu den internen Besprechungen und Sitzungen war sie nicht zugelassen. Aber das war für sie auch nicht weiter schlimm, ein wenig Freizeit wollte sie ja sowieso genießen. In der Zwischenzeit wurde José von Pai erlaubt, Rita in die Hauptniederlassung nach Sao Paulo einzuladen. In Anbetracht der verbleibenden zwei Monate ihres Auslands-Jahres, stimmte sie freudig zu. Außerdem stand Sao Paulo noch auf ihrer Liste. Von dort war nämlich ihre Rückreise nach Deutschland geplant. Im Bus der Gruppe war noch genügend Platz und so reiste sie in fünfzehn Stunden knapp neunhundert Kilometer quer durch Brasilien.
Oft las José im Bus Texte von Pai vor, die alle hoch zu motivieren schienen, dann sangen sie Lieder und spielten auf ihren Gitarren. Eine tolle Stimmung. So etwas hatte sie noch nie erlebt. Es war spannend und Rita freute sich, den Gründer kennenzulernen. Wer war das, der junge Menschen derart in seinen Bann ziehen konnte und die dadurch anscheinend den Sinn ihres Lebens gefunden hatten?
Als sie im Zentrum ankamen, war wie erst einmal völlig überwältigt. Die Schönheit dieser Anlage war unbeschreiblich. Der riesige Park war von kleinen Wegen durchzogen, schattige Plätze luden zum Verweilen ein, in der hauseigenen Gärtnerei wurde allerlei Gemüse gepflanzt und durch Windkraft sogar Strom erzeugt. Dieses Zentrum war sozusagen autark. Damit hatte sie nicht gerechnet. Da waren die Schwärmereien von José absolut untertrieben. Viele Menschen waren auf dem Gelände unterwegs und jeder hatte anscheinend etwas zu tun. Der Bus steuerte geradewegs zum Haupthaus des Zentrums. Es war riesig und sehr gepflegt. Hier lebte also der Gründer mit seiner Jüngerschar. So bezeichnete er nämlich die hier ansässigen Helfer. José führte sie in das Haupthaus.

Nach der Begrüßung durch einige Frauen zeigten sie ihr ein nettes kleines Zimmer, das sie für die nächste Zeit bewohnen durfte. Hier fand man keinen übertriebenen Luxus, alles war sehr schlicht, aber ordentlich und sauber. In diesem Teil des Zentrums wohnten ausschließlich Frauen. José und die anderen Männer wohnten in einem anderen Haus auf dem Gelände. Das fand sie zwar ein wenig seltsam, wollte sich aber den lokalen Gepflogenheiten anpassen, denn sie war hier Gast.

Eine ganze Woche verging, ehe Rita Pai zu Gesicht bekam. Er war zwar im Zentrum anwesend, ließ sich jedoch für gewöhnlich nicht blicken. Nur einzelne Personen erhielten sozusagen Audienz zum persönlichen Gespräch und wurden dann in die Niederlassungen gesandt – wie José und seine Gruppe.

Ein großes Abendessen aller Bewohner stand bevor. Der Speisesaal wurde den ganzen Tag vorbereitet und die Tische liebevoll eingedeckt. Jene, die an diesem Tag Küchendienst hatten, gaben sich besonders viel Mühe. Für alle Bewohner des Zentrums war das wöchentliche Abendessen mit Pai ein Festtag, denn sie verehrten ihn sehr. Rita wurde immer neugieriger. Alle sprachen mit so viel Respekt und Achtung von ihm. Mindestens 200 Personen, eine riesige Familie, waren anwesend, als Pai den Speisesaal betrat. Blitzschnell wurden alle still und folgten ihm mit ihren Blicken zu seinem Platz, dem Vorsitz. Erst als er seinen Platz eingenommen hatte, setzten sich auch die anderen – und Rita, am Ende der Tafel. Hier herrschte Ordnung, das wurde ihr recht schnell klar. Jeder hatte seine Aufgabe und seinen zugewiesenen Platz. Sie war sehr beeindruckt von seiner Erscheinung. Er wirkte bescheiden, zurückhaltend, anziehend und doch autoritär. Eine seltsame Kombination in ihren Augen. Auf jeden Fall eine nicht alltägliche Persönlichkeit. Er sprach nur wenig an diesem Abend, ließ aber oft seinen Blick über die Jüngerschar gleiten … und er entdeckte sogar Rita am Ende der Tafel. Über José ließ er ihr bestellen, dass er gerne mit ihr sprechen würde und gab

den gewünschten Termin bekannt. José war einer seiner engsten Mitarbeiter, der ihr die Außergewöhnlichkeit dieses Treffens immer wieder vor Augen führte, denn normalerweise hielt Pai Neuzugänge und Gäste auf Distanz.
Bereits am nächsten Tag durfte Rita in seine privaten Räume kommen. Auch hier war alles, entgegen ihren Erwartungen, sehr einfach gestaltet. José begleitete sie. Es schien, als ob sich Pai einfach nur ein Bild von ihr machen wollte. Er sprach sie jedoch gezielt auf ihre Sprachbegabung an, von der er zweifelsohne von José erfahren hatte. Mit wenigen Worten bat er sie um Hilfe für Übersetzungen seiner Texte in andere Sprachen – für die Zweigniederlassungen in den anderen Ländern. Rita fühlte sich geehrt und stimmte zu, zumal sie so einen Beitrag für Kost und Logis leisten konnte. »José zeigt dir die Verwaltung und unser Pressebüro«, sagte er noch, ehe er den Raum verließ.
Bereits am selben Tag hat Rita eine Aussendung von Pai an die Jüngerschar in den USA übersetzt. Jetzt wurde ihr erst klar, dass es solche hier gegründeten autarken Gruppen auch in anderen Ländern gab. Und alle wurden mit den meditativen Gedanken von Pai versorgt und sie fand Gefallen an den Texten. Auch José war bemüht, ihr die Lehrinhalte des Gründers näherzubringen. Einige Wochen vergingen und ihr gefiel das einfache Leben in dieser Gemeinschaft.

In der Zwischenzeit hatte sie den Auftrag eines Verlages für eine Übersetzung bekommen, den sie gleich angenommen hatte, denn sie wollte natürlich auch Geld verdienen. So verbrachte sie die Vormittage im Pressebüro mit Übersetzungsarbeiten für diese Gemeinschaft und an den Nachmittagen war sie auf ihrem Zimmer am Übersetzen für den Verlag. Es machte Spaß, denn die Auftragsarbeit des Verlages war ein Theaterstück, eine Komödie, die sie richtig amüsierte. An einem dieser Nachmittage klopfte es an ihrer Türe und eine Zimmernachbarin, Ana Luiza, kam sie besuchen. Sie war eine nette Frau mittleren Alters, die schon

über fünfzehn Jahre in diesem Zentrum lebte und arbeitete. Sie schien sehr interessiert an Ritas Übersetzungsarbeit und Rita erzählte ihr von dem Theaterstück und las einige Szenen daraus vor. Es war eine sehr nette Unterhaltung.
Zu ihrer Überraschung kam José am nächsten Tag zu ihr ins Pressebüro und überbrachte die Nachricht von Pai, dass er sie sehen wollte. Rita war fest davon überzeugt, dass sie Lob erhalten würde. Doch, es kam anders als gedacht.

Pai war anfänglich sehr nett zu ihr, bis er sie darauf aufmerksam machte, dass in diesem Zentrum ausschließlich von ihm geprüfte und für gut befundene Literatur gelesen werden durfte. Über jegliche anderweitige Aktivitäten, wie zum Beispiel das Übersetzen von Theaterstücken, musste um Erlaubnis gebeten werden. Sein Blick wurde dabei sehr eindringlich und seine Worte deutlich. Er duldete keine Ausnahmen.
»Ups? Was war das jetzt, bin ich im falschen Film, oder was?«, war ihr erster erschrockener Gedanke. Jetzt war auch der Grund des Besuches von Ana Luiza klar. Rita verabschiedete sich und ging traurig und wütend über diesen Verrat auf ihr Zimmer. Pai gab ihr einen Tag Bedenkzeit, um sich zu entscheiden.
José redete an diesem Abend auf Rita ein und beschwor das Glück, das sie erwarten würde, wenn sie sich ganz auf die Regeln der Gemeinschaft einließe und welch sinnvolle Arbeit sie durch das Übersetzen der Schriften leisten könnte. Erst jetzt brachte er auch seine Zuneigung zu ihr zum Ausdruck und schwärmte von einem gemeinsamen Leben mit ihr unter der Führung von Pai in einem seiner Zentren. Das war etwas viel für Rita.
Seit sie in diesem Zentrum war, hatte sie geschlafen wie ein Stein. Doch in jener Nacht konnte sie kaum ein Auge zutun. All die übersetzten Texte über Liebe, Hingabe, Zuversicht und Vertrauen kamen ihr plötzlich geheuchelt und falsch vor, denn diese Ausdrücke waren für sie immer mit Freiheit verbunden und doch verwehrte Pai seinen Leuten

diese wirkliche Freiheit. Auch das Liebesgeständnis von José machte die Sache nicht unbedingt einfacher, denn auch sie fühlte sich zu ihm hingezogen. Ein Hin und Her die ganze Nacht. Die Entscheidung fiel ihr wirklich nicht leicht, denn sie hatte insgeheim schon Perspektiven in dieser Lebensform gesehen.
Wo lag nun der richtige Weg? Mit dieser Frage schlief sie gegen Morgen doch noch ein. In ihrem letzten Gespräch mit Pai und José wollte sie ihnen erklären, dass ihr Beruf als Übersetzerin sehr wichtig für sie war und sie damit ihren Lebensunterhalt verdiente. Doch hier gab es keine Übereinstimmung. Entweder nach den Regeln der Gemeinschaft, oder, hart ausgedrückt, Rauswurf aus dem Zentrum!
Ohne die genaue Bedeutung dieses Traumes erfasst zu haben, hat sie dennoch die für sie richtige Entscheidung getroffen und das Zentrum verlassen. Sie hatte so etwas wie Heimweh gefühlt, das sie bis dahin nicht gekannt hatte. Im Gegenteil, ihr war das Fernweh sehr vertraut. Dieses Heimweh ließ sie die Zelte in Brasilien vorzeitig abbrechen und ihr Auslandsjahr nach elf Monaten mit reicher Erfahrung beenden.

»Ja, ich werde den Titel sofort ändern und den Traum ›Falsche Propheten‹ nennen, denn es waren ja viele Dörfer, die ich gesehen habe. Ich danke dir für diese Erklärung, sie ist ein wahrer Augenöffner. Du bist genial!«, sagte Rita überwältigt von der Bedeutung ihres Traumes. Trotz ihrer Bestürzung wollte Rita noch mehr über ihre Träume wissen, denn ihr wurde immer deutlicher bewusst, dass es sehr bedeutsame Zusammenhänge zwischen ihrem Leben und den Träumen gab. Endlich kam Licht ins Dunkel.
Auch Inos war von der Traumauslegung seines Großvaters begeistert. Vor allem auch darüber, dass er, ohne die näheren Umstände von Ritas damaliger Lebenssituation zu kennen, eine so tiefe Bedeutung erkennen konnte, die so weitreichend und aufschlussreich war. Er überraschte ihn

immer wieder aufs Neue, dieser alte und so weise Mann, der in jedem Traum seine spirituelle Bedeutung fand. Inos bemerkte Parallelen zu seiner eigenen Arbeitsweise bei der Auslegung von Träumen und war stolz, so einen Großvater zu haben.

Mit dem Ruf »Essen!« holte Inos' Mutter die Drei aus ihren Gedanken zurück und zum Mittagessen. Es roch schon die ganze Zeit über nach Gegrilltem und Rita knurrte bereits der Magen. Sie und Inos nahmen Pappous in ihre Mitte, stützten ihn ein wenig und spazierten durch den Garten zur Terrasse, wo bereits der Tisch gedeckt war. Es gab griechischen Bauernsalat mit frischem Feta von Patmos und anschließend gegrillte Meeresfrüchte-Spieße mit Gambas, Oktopus und Schwertfisch; dazu Tomatenreis, Gemüse aus dem Backrohr, eine delikate Sauce und selbst gebackenes Weißbrot. Kein Wunder, dass das Restaurant in Deutschland sehr gut besucht war. Ioannes und Maria waren hervorragende Köche.
Rita war ein wenig still geworden und beobachtete Pappous. Wie er sich verhielt und was er sagte. Er sprach nicht viel, aber was er sagte wirkte stets richtig. Ihn umgab eine Aura, der sie sich nicht entziehen konnte und wollte. Immer wieder musste Rita ihn ansehen. Alle Familienmitglieder schätzten ihn sehr, hielten sich gerne in seiner Nähe auf und kosteten den Frieden um ihn herum. Er nahm lediglich etwas Reis und Gemüse auf seinen Teller und aß sehr langsam. Rita hatte großen Respekt vor ihm. Inos hatte ihr wirklich nicht zu viel versprochen. Eigentlich sah er ja ganz normal aus, aber er hatte es im wahrsten Sinne des Wortes wirklich »in« sich.
»Ist es unverschämt, ihn um eine weitere Traumauslegung zu bitten?«, fragte sie Inos leise nach dem Essen.
»Ich frage ihn, kein Problem«, antwortete Inos. Doch Pappous pflegte nach dem Essen eine Mittagsruhe einzulegen. Und so ging er auch an diesem Sonntag in sein Häuschen, um ein wenig zu schlafen.

»Am späteren Nachmittag sollen wir wieder vorbeikommen«, informierte Inos Rita.
»Ja, das ist gut, da freue ich mich. Danke!«, erwiderte sie.
So machten sich die beiden nach dem Abwasch zu ihrem Strand auf und genossen die Zweisamkeit. Immer wieder bekundete Rita ihre Begeisterung und die besonderen Fähigkeiten »ihrer« Männer, bis sie schließlich selber durch das beruhigende Meeresrauschen einnickte.

13

Ohne Titel

Wie verabredet, fuhren Inos und Rita an diesem letzen Sonntag vor ihrer Heimreise am späteren Nachmittag erneut zu Pappous. Er saß wieder vor seinem Häuschen und erwartete die beiden.

»Na, alle ausgeschlafen? Wollen wir noch weitere Antworten suchen?«, empfing er sie und strahlte übers ganze Gesicht. Das nahm Rita die kleine Anspannung, die sie hatte und die beiden setzten sich wieder neben Pappous. Wie zuvor übersetzte Inos das Gespräch. Rita nahm ihr Traumbilderbuch zur Hand und blätterte es wieder durch, genau wie vorhin. »Hier ist ein ganz kurzer Traum, der nur ein Datum hat. Ich wusste nicht, wie ich ihn betiteln sollte, also habe ich es bleiben lassen.«, scherzte sie und las auch diesen Traum vor:

»Ich sehe das Schlafzimmer von Albert. Plötzlich kommen Frau Brichot und ihr Sohn in das Zimmer und ziehen hier ein, weil sie sich anscheinend hat scheiden lassen.

Ihr Sohn fängt an, eine Lüftung im Schlafzimmer zu installieren und verlegt Rohre, die genau über dem Bett die Luft ausblasen – heiße Luft. Ich bin sehr verwundert darüber, denn Albert unternimmt nichts gegen den unerwünschten Einzug der beiden. Er will lediglich, dass der Sohn die Lüftungsrohre so verlegt, dass die Zugluft nicht direkt über der Schlafstelle in den Raum fließt. Das tut er dann auch!

Kannst du auch hier einen Sinn finden?«, fragte Rita etwas skeptisch nach.

»Ja, auch hier gibt es etwas zu berichten«, gab Pappous lächelnd zur Antwort und begann wieder mit seiner angenehmen, ruhigen Art zu erzählen:
»Ich nehme an, dass es Albert und Frau Brichot wirklich gibt und du sie kennst. Du siehst also das Schlafzimmer von Albert. Das Schlafzimmer ist ein Ort des Rückzuges, der Erholung und der erlaubten Passivität. Es symbolisiert den inneren Raum von Alberts Seele. Normalerweise ist dies ein Ort zum Kräfte schöpfen. Doch in Alberts Fall passiert etwas ganz anderes.
Frau Brichot dringt in Alberts inneren Raum vor. Ihr Sohn ist Hinweis auf die besondere Stärke, mit der sie das bewerkstelligt. Dieses zwanghafte Eindringen in die Seele eines anderen Menschen geschieht dann, wenn der Eindringling von seinem eigenen höheren Bewusstsein abgetrennt ist. Dadurch fällt jeglicher Respekt vor dem Nächsten und die niederen Ziele und Antriebe können völlig zwanglos verfolgt und ausgelebt werden. Albert ist das gefundene Fressen für so jemanden, denn in seinem inneren Raum befindet sich reine Passivität. Die absolute Untätigkeit verhindert sogar, dass ihm sein Seelenraum zum Kraftort wird und er den Eindringling erkennt.
Die verlegten Rohre deuten darauf hin, dass der Eindringling viele Wege in Anspruch nimmt, um sein Ziel zu erreichen – nämlich sein Opfer mit heißer Luft zu füllen. Die heiße Luft ist im Fall von Albert die gedankliche Kraft von Frau Brichot. Sie kann Albert aufgrund seiner Untätigkeit und Schläfrigkeit nach ihrem Belieben manipulieren. Aber was macht Albert? Anstatt sie und ihre Brut aus seinem inneren Raum zu verbannen, sie hinauszuwerfen, lässt er sie gewähren und bittet ihren Sohn lediglich darum, die Rohre so zu verlegen, dass es ihn nicht direkt beim Schlafen anbläst. Er bestätigt mit dieser Bitte seine Passivität und gestattet die Befüllung seines inneren Raumes mit fremden

Einflüssen. Dem Eindringling ist es völlig egal, wo er seine Gedanken einflößt, Hauptsache es gelingt ihm.
Ich denke, dieser Traum sollte dir nicht nur die Situation von Albert vor Augen führen. Denn jeder Mensch trägt beide Komponenten in sich. Die Passivität Alberts und auch jene unerlaubte Auf- und Eindringlichkeit von Frau Brichot. Nicht umsonst wurde dir dieses Traumbild von deinem Engel vermittelt und auch uns, die wir es nun hier erfahren dürfen. Diese beiden Eigenschaften sind hier wunderschön ins Bild gebracht worden. Ich gratuliere dir.«

Rita schüttelte den Kopf. Sie konnte nicht fassen, was Pappous hier erzählte und sah Inos an. »Ich nehme ihn nach Deutschland ins Forschungszentrum mit«, scherzte Inos. »Diese Auslegung trifft absolut zu; es kann keine bessere Erklärung dafür geben. Ihr werdet es sehen, wenn ich euch erzähle, was damals geschehen ist«, sagte Rita und erzählte:

»Der Reiseveranstalter, für den ich während meines Auslandsjahres in einigen Städten als Reiseleiterin gearbeitet hatte, machte mir ein so gutes Arbeitsangebot, das ich nicht ausschlagen konnte und wollte. Er wollte mich unbedingt in der Zentrale in meiner Heimatstadt beschäftigen. Durch meine Sprachkenntnisse und mein Bemühen um Korrektheit war ich für den örtlichen Manager genau die richtige Kandidatin für die interne Kommunikationsschnittstelle dieses Konzerns.
Alle wichtigen und strategischen Entscheidungen des Konzerns wurden in dieser speziellen Abteilung auf die Schiene gebracht. Die Kollegen dieser Abteilung waren ausgesprochen höflich und zuvorkommend – ein tolles Betriebsklima. Auch mein Chef verstand es, seine Mitarbeiter zu motivieren und auch durch schwierige Situationen hindurch zu lotsen. Ich habe mich mit allen sehr gut verstanden und hatte Freude an der Arbeit. Selbst die lautstärksten Meinungsverschiedenheiten wurden letztlich sachgemäß erörtert und professionell behandelt. Diese Arbeitsweise

gefiel mir sehr gut; so hatte ich mir einen Büroalltag immer vorgestellt. Natürlich gab es auch Tage der Erschöpfung, aber im Großen und Ganzen passte die Arbeit perfekt zu mir.

Immer wieder bekam ich spezielle Aufgaben von meinem Chef, Albert. Heikle interne Übersetzungen wurden bald mein Spezialgebiet, denn Albert konnte sich hundertprozentig auf mich verlassen.

Im Laufe der Monate wurde es allerdings immer offensichtlicher, dass die Manager in den Führungspositionen hart um ihre Positionen kämpften, auch wenn das den Rauswurf eines Kollegen bedeutete. Das schien hier niemanden etwas auszumachen. In den großen Meetings befeuerten sie sich gegenseitig mit Vorwürfen und sprachen einander größtes Unvermögen zu. Manches Mal wurde ich sogar geholt, um derartige Diskussionen zu übersetzen, wenn Führungskräfte aus verschiedenen Sparten und Ländern anwesend waren. Das waren teilweise harte Bandagen. Nach solchen Sitzungen fühlte ich mich nie wohl und musste anschließend zu Hause immer erst ein heißes Bad nehmen.

Eine Dame fiel mir ganz besonders unangenehm auf, Frau Brichot, eine temperamentvolle Französin. Eine rasante Managerin im fortgeschrittenen Alter, die, so schien es, mit allen Wassern gewaschen war. Sie war von allen Managerkollegen gefürchtet, denn alle wussten von ihrem Ehrgeiz, einen Platz in der Konzernspitze zu erobern. Sie scheute nicht davor zurück, Intrigen zu schüren, um ihrem Ziel näher zu kommen und etwaige Hindernisse, einschließlich Kollegen, auszuschalten. Glücklicherweise hatte ich keinen direkten Kontakt mit ihr, aber Albert fiel leider ihren Machenschaften zum Opfer. Ganz geschickt wickelte sie ihn um den Finger, um ihn sich in einer strategischen Frage zum Verbündeten zu machen.

Nachdem Frau Brichot aber bemerkt hatte, dass sie mit ihrer Zielsetzung in einer sehr wichtigen geschäftlichen Angelegenheit völlig daneben lag und ihre Idee den Kon-

zern sehr viel Geld gekostet hatte, warf sie Albert gekonnt in einem Konzernmeeting, den Bossen zum Fraß vor, indem sie ihm die Verantwortung für diese Fehlentwicklung anlastete. Niemand bemerkte ihre Raffinesse oder wollte sie nicht bemerken. Die Konsequenzen waren erschütternd. Noch am selben Tag wurde er aufgefordert, sein Büro zu räumen und Frau Brichot wurde mit der interimistischen Leitung meiner Abteilung betraut. Ich habe lange mit Albert gesprochen, konnte ihm jedoch in seiner misslichen Lage nicht helfen. Ich konnte nur mein Entsetzen äußern. Aufgrund dieser Sache habe ich am nächsten Tag gekündigt und so meinen Frust über diese Situation zum Ausdruck gebracht. Ich habe sogar Frau Brichot ein paar Zeilen geschrieben und meinen Eindruck von ihr aufs Papier gebracht. Es war mir egal, ich hatte ja nichts zu verlieren. Mir taten nur die anderen leid, die weiterhin mit diesem Drachen zusammen arbeiten mussten.
Endlich konnte ich mich wieder meinem eigentlichen Berufsziel widmen – dem Übersetzen von Bücher in meinem Heimbüro. Dieser Ausflug in die Welt der Intrigen und falschen Spiele hat mir ein für allemal gereicht«, erzählte Rita. »Seht ihr den Zusammenhang? Das ist ja überwältigend«

»Du durftest hier Zuschauerin sein und musstest deine eigenen Lehren aus diesem brutalen Beispiel ziehen. Und du hast auf diese Ungerechtigkeit sehr aufrichtig reagiert, denn ohne zu zögern hast du am nächsten Tag gekündigt. Das war sehr mutig. Diese Geschichte kannte ich noch gar nicht«, stellte Inos fest.

»Nein, du weißt noch nicht alles von mir. Ich ja auch nicht von dir. Dazu kennen wir uns noch nicht lange genug.«, lächelte sie. »Aber das wird schon noch.« Und sie klopfte Inos leicht auf die Schulter. Da musste Rita plötzlich an ihre »Australien-Phobie« zurückdenken: »Jahrelang durfte niemand in meiner Gegenwart über Australien sprechen.

Das bedeutet ja im Umkehrschluss, wenn der Traum auch mich selbst betrifft, dass ich, wie Frau Brichot, meine Familie und Freunde in diesem Punkt völlig beherrscht habe. Ich habe ihnen meine heiße Luft eingeflößt, ob sie wollten oder nicht. Niemand war zu jener Zeit bereit, sich mit mir anzulegen. So stark und stur hatte ich meine Einstellung vertreten und alle mussten sich danach richten. Auch ich beeinflusse Menschen in meinem Umfeld, und das auch nicht immer zu deren Bestem – Auweia!«

»Willst du diesem Traum einen Titel geben?«, fragte Pappous. Rita schluckte erst einmal, bevor sie antworten konnte.
»Ja, das möchte ich, denn auch er hat einen passenden Namen verdient, obwohl ich gerade etwas geschlagen bin. Das nagt an meinem Selbstbild, weil mir sofort ein paar Situationen einfallen, in denen ich die Rolle von Frau Brichot eingenommen habe, und das gefällt mir nicht besonders gut«, sagte sie etwas bedrückt.
»Wie ich schon sagte. Wir alle haben beide Seiten in uns, Rita. Es kommt nur darauf an, wie wir mit ihnen umgehen und wie viel Raum wir ihnen in unserem Leben geben. Du bist deswegen kein schlechter Mensch, nur weil du auch mal Frau Brichot warst. Das waren wir alle schon, auch ich. Selbst meine Worte, die ich in diesem Augenblick an dich richte, beeinflussen dich. Ob sie nur heiße Luft für dich sind oder nicht, musst du wissen. Es kommt auf deine Entscheidung an. Dein Engel gibt uns auf wunderbare Weise Bescheid, darauf zu achten, was und in welcher Intensität wir in unseren Seelenräumen vorfinden«, tröstete sie Pappous. Rita dachte angestrengt über ihren Traum mit der Erklärung nach. Schließlich fiel ihr eine passende Überschrift ein.
»Ich nenne diesen Traum ›Fremde Einflussnahme‹ Ja, dieser Titel trifft den Inhalt ausgezeichnet«, bemerkte sie und schrieb die Überschrift in ihr Traumbilderbuch neben das Traumdatum.

»Ich denke, das reicht für heute, was meint ihr?«, fragte Pappous einfühlsam nach.
»Ja, lassen wir es gut sein, wir kommen ja wieder, dann beanspruchen wir dich wieder, wenn's recht ist«, bemerkte Inos. Auch für ihn waren diese Traumdeutungen ein richtiger Genuss. Jedes Mal lernte er dazu, wenn er Pappous auf diese Weise sprechen hörte.
»Ja, wir kommen wieder. Aber erst einmal muss ich über diese Träume nachdenken«, bemerkte Rita abschließend, bedankte sich herzlich bei Pappous und gab ihm einen Kuss aufs weiße Backengestrüpp.

Ein unvergesslicher Urlaub ging zu Ende. Rita und Inos putzten gemeinsam das Haus und machten es für die nächsten Monate wieder »dicht«. Lediglich seine Mutter bekam den Schlüssel, um ab und zu nach dem Rechten zu schauen und die Pflanzen zu gießen. Fast ein wenig wehmütig stand Rita ein letztes Mal vor der Abreise im Roofgarden und ließ ihren Blick über die kleine Bucht und das offene Meer schweifen. Sie konnte sich gar nicht satt sehen an dieser Schönheit und dem vom Meerwasser so hell reflektierten Sonnenlicht. Alles war wie aus dem Bilderbuch.
»Wir müssen los!«, schallte es aus dem Haus und die beiden machten sich auf den Weg zum Hafen. Inos' Eltern waren bereits zum Verabschieden da. Längst hatten sie Rita als ihre Tochter in die Familie aufgenommen. Ganz herzlich drückten sich alle fest, bevor die Fähre betreten wurde. Vom Oberdeck aus konnten sie noch winken, bis schließlich die Entfernung zu groß wurde und die Insel am Horizont verschwand. »Wir kommen bald wieder zurück«, versicherte Inos seiner Verlobten.

Auch der Empfang in Deutschland war dieses Mal ganz besonders. Durch die Nachricht über die Verlobung war das Wiedersehen mit Familie und den Freunden noch offener und warmherziger als sonst. Anscheinend fanden auch sie ihre Geschichte ganz toll.

13

Das verbindliche Ja

Jede Menge an Organisation lag nun vor ihnen, denn die Hochzeit sollte bereits im kommenden April stattfinden. Genau am ersten Jahrestag ihres Kennenlernens auf der Harbour Bridge – so war es angedacht. Emma war jedoch ein wenig skeptisch, denn Rita hatte sich ganz offensichtlich seit ihrer Australienreise sehr verändert. Die plötzliche Meinungsänderung einen festen Lebenspartner betreffend fand sie ein wenig seltsam, denn Rita hatte immer – solange Emma sie kannte – geschworen, nie zu heiraten. Bei einem gemeinsamen Abendessen erklärte Rita ihrer besten Freundin, was geschehen war. Obwohl auch sie selbst in so manchen ruhigen Minuten ihre Entscheidung anzweifelte, gab sie sich doch den letzten Ruck, denn eine ähnlich starke Verbindung zu einem Mann, mit solch intensiven Gefühlen, hatte sie noch nie erlebt.

»Das kann nichts anderes sein als die große Liebe«, beteuerte sie Emma gegenüber. »Und denke bloß an meinen Traum, den ich dreizehn Jahre lang geträumt habe. Das kann doch kein Zufall sein. Ich muss meiner Intuition folgen. Und die gibt mir grünes Licht für diese Verbindung mit Inos. Ich liebe ihn! Er berührt mich auf einer Ebene, von der ich bis jetzt nicht einmal wusste, dass sie in mir existiert. Er ist im wahrsten Sinne des Wortes mein Traum-Mann«

Letztlich entschuldigte sich Emma für ihr Verhalten, denn sie erkannte, dass Rita diese Entscheidung nicht leichtfertig getroffen hatte und gestand ihr, dass sie doch etwas neidisch sei und dies der Grund für ihre Skepsis wäre. Aber jetzt, nach diesem Treffen konnte sie sich endlich aufrichtig freuen. Auch das müssen Freundschaften aushalten. Rita fühlte sich allerdings darin bestätigt, dass sie ihre Träume all die Jahre für sich behalten hatte. Sie wollte nie etwas Besonderes sein, oder sich von ihren Freunden abheben. Und das wäre wahrscheinlich passiert, hätte sie mehr darüber gesprochen. Auch Inos' Entscheidung, sein Haus in Griechenland vor seinen Freunden geheim zu halten, war richtig gewesen. Wahrscheinlich wollte auch er neidische Reaktionen von vornherein ausschließen.

Die beiden beschlossen, die standesamtliche Hochzeit in Deutschland und die kirchliche Zeremonie in jener Klosterkirche auf Inos' kleiner griechischen Heimatinsel zu vollziehen. Lange wogen sie alle Argumente ab, wie das große Fest ausgerichtet und vor allem, wer eingeladen werden sollte. Alle möglichen Tipps zum Tagesablauf wurden eingeholt, im Internet gestöbert und schließlich die Mütter interviewt. Ihre tägliche Arbeit schien gänzlich in den Hintergrund zu rücken, denn auch die gemeinsame Wohnsituation musste neu geregelt werden. Beide besaßen ja noch ihre Stadtwohnungen. Das alles stellte eine sehr große Veränderung in ihrer beider Leben dar und die Zeit verging rasend schnell. Die nötigen Papiere mussten organisiert werden, um die gesetzliche Eheschließung Anfang April nicht zu gefährden.
Diesen Tag wollten sie im engsten Familienkreis verbringen, denn erst zur kirchlichen Trauung in Griechenland wurden die ausgewählten Gäste eingeladen. Und das benötigte natürlich eine längere Vorlaufzeit, weil die Flüge von allen gebucht werden mussten. Die Unterkünfte waren kein Problem, denn einige Verwandte von Inos besaßen auf Patmos kleine Pensionen, die bereits reserviert worden waren. Eine besondere Freude erfuhr Rita durch ihren Bruder Eric, der seit vielen Jahren in Amerika lebte und in Las Vegas, in einem exklusiven Hotel, ein Haubenkoch

war. Durch seine berufliche Situation hatte er zu wenig Zeit für eine Familie und so kam es, dass er Single geblieben war. Als er jedoch von den Hochzeitsplänen hörte, bot er sofort an, das Hochzeitsmenü in Griechenland für sie zu kreieren. Rita zögerte noch, dieses Angebot anzunehmen, weil sie Eric die Arbeit an ihrem Hochfest nicht zumuten wollte. Aber er ließ es sich nicht nehmen, seiner kleinen Schwester das Hochzeitsmenü zu zaubern.
»Wie früher, weißt du noch, als ich für euch alle gekocht habe, oder es zumindest versucht habe? Mittlerweile weiß ich, was ich in der Küche und am Herd tue und ich verspreche dir, mir danach Zeit zu nehmen und auf eurer Insel meinen diesjährigen Urlaub zu verbringen«, lachte er am Telefon. Das war ein Angebot! Denn Rita wollte nichts sehnlicher, als dass die ganze Familie einige Tage miteinander verbringen konnte. Sie hatten geplant, ihre Flitterwochen in ihrem Haus auf der kleinen Insel zu verbringen. Auch die anderen Gäste konnten bleiben, solange sie wollten. Patmos bot genügend Möglichkeiten, seinen Urlaubsinteressen nachzugehen. Rita war überzeugt davon, dass die Hochzeit an diesem Ort für alle Beteiligten unvergesslich werden würde.

Noch im Oktober begann sie nach dem passenden Brautkleid zu suchen und klapperte alle einschlägigen Modegeschäfte ab. Viele Kleider wurden anprobiert, aber eines war der absolute Favorit. Mit ihrer Mutter besuchte sie das besagte Geschäft, um deren Meinung einzuholen, denn hier brauchte sie den guten Rat einer erfahrenen Frau.
Rita überraschte ihre Mutter sehr, als sie aus der Umkleidekabine kam. Sie sah wunderschön aus und das Kleid passte wie angegossen. Es überzeugte durch schlichte Eleganz – genau wie Rita, seit sie Inos kennen gelernt hatte. Feinste Perlenstickerei zierte die Korsage des langen elfenbeinfarbenen Kleides. Selbst an den transparenten Wasserfallärmeln waren kleinste Perlen in der Stickerei sichtbar. Der fließende, weiche Stoff bis zum Boden umhüllte ihre zarte

Figur und ließ sie wie eine Märchenfee erscheinen. Evelyn war überwältigt und plötzlich kullerten Tränen. Dieser Moment berührte ihr Herz zutiefst – ganz anders, als bei der Hochzeit von Tom. Jetzt heiratete ihre süße kleine Prinzessin »Das ist es!«, mehr konnte sie nicht sagen.
Auch Rita war sich nach der Reaktion ihrer Mutter ganz sicher. Dieses Kleid musste es sein. Es war auch ganz klar, dass Inos begeistert sein würde, denn sie kannte seinen Geschmack und wollte an ihrem großen Festtag ihrem Bräutigam eine Freude machen. »Gekauft!«, meinte Rita keck zur Verkäuferin und strahlte sie an.

Rita zählte die Tage, bis es endlich so weit war. Jeder Tag, der vergangen war und sie diesem großen Ereignis näher brachte, wurde im Kalender mit dicker, roter Farbe ausgestrichen. Auch ihr Griechisch wurde immer besser, seit sie einen Kurs belegte. Zum Glück hatte sie von ihrer Sprachbegabung noch kein bisschen eingebüßt. Und Inos war von den Fortschritten seiner Braut oft überrascht. Schon bald konnten die beiden kleinere Unterhaltungen auf Griechisch führen. Das Wörterbuch lag stets auf ihrem Schreibtisch und wenn sie gerade dabei war, eine Auftragsarbeit zu übersetzen, blätterte sie häufig auch nach den griechischen Vokabeln und lernte sie so gleich mit.
Jetzt, im April, wurde die Aufregung wirklich groß. Der Tag der standesamtlichen Hochzeit war gekommen. Nun wurde es amtlich! Ihre Liebe sollte endlich auch rechtlich besiegelt und für die ganze Welt durch den Austausch der Eheringe sichtbar werden. Rita ging bereits früh morgens zum Friseur, um ihr langes, blond-gewelltes Haar stylen zu lassen und sie ließ sich dazu passend schminken. Natürlich war auch Inos beim Friseur, um seiner Braut zu gefallen. Beide hatten sich neu eingekleidet, um diesem Festtag eine besondere Note zu geben. Damit alles aufeinander abgestimmt werden konnte, waren sie gemeinsam einkaufen. Das dunkel-olivgrüne Etuikleid mit der cremefarbenen Jacke, der passenden Handtasche und den Schuhen unter-

strich ihren feinen Typ. Auch Inos trug einen dunkel-olivgrünen Anzug mit einem Hemd in Creme dazu. Sie wirkten sehr nobel, wenn man sie so miteinander sah.

Vor dem Standesamt sahen sich die beiden zum ersten Mal an diesem Tag – sie wollten einander eine Überraschung sein. Und es gelang ihnen auch. Inos war von seiner Braut hingerissen. Auch Rita genoss den Anblick ihres zukünftigen Mannes. Ganz verliebt schritten sie die Treppen hoch zum Standesamt; hinter ihnen Evelyn mit Richard, die Großeltern, Tom mit seiner Familie, Emma mit Günther und Ricardo mit Jolanda. Inos' Familie freute sich unterdessen in Griechenland auf die kirchliche Trauung in einer Woche.

Die kleine Hochzeitsgesellschaft nahm im wunderschön ausgestatteten Standesamt Platz und der Standesbeamte sprach sogleich die einleitenden Worte. Rita versuchte aufzupassen, was alles gesprochen wurde, aber sie konnte sich einfach nicht konzentrieren. Ganz gespannt wartete sie auf ihren »Einsatz«, um das »Ja« nicht zu verpassen. Inos erging es ähnlich. Zum Glück wurde die Zeremonie gefilmt, so konnten sie diese Momente zu einem späteren Zeitpunkt ganz entspannt ansehen und anhören. Aber sie machten alles richtig.

Nach einer knappen halben Stunde war alles vorbei. Rita und Inos sahen einander an, küssten und umarmten sich ganz fest. Inos flüsterte ihr »Ich liebe dich!« ins Ohr. Rita erwiderte diesen Satz, der die Herzen schmelzen ließ. Die beiden waren überglücklich, sich gefunden zu haben und nun Mann und Frau zu sein. Ihre Liebe zueinander erfasste die anwesenden Gäste. Alle spürten den Zauber ihrer tiefen Verbundenheit, freuten sich mit ihnen und gratulierten herzlich. Auch das anschließende Hochzeitsmahl zeichnete sich durch gute Laune und beste Feierstimmung aus. Alles war so, wie sie es sich vorgestellt hatten.

Bereits am nächsten Tag stand die Abreise nach Griechenland auf dem Programm. Inos und Rita wollten rechtzeitig

auf Patmos ankommen, um noch die übrig gebliebenen organisatorischen Feinheiten für die kirchliche Trauung zu erledigen. Im Gepäck das traumhafte Brautkleid, das Inos, ganz traditionell, noch nicht gesehen hatte. Nur er durfte seinen neuen, olivgrünen Anzug ein zweites Mal tragen. Wieder wurde alles sehr schön aufeinander abgestimmt.
Es war der erste Flug als Ehepaar und zur Feier des Tages köpften sie eine Flasche Sekt an Bord. Sehr beschwingt bestiegen sie abends die Fähre in Piräus, genossen noch die Hafenausfahrt des großen Schiffes und zogen sich bald in ihre Kabine zurück, um ein wenig Schlaf zu finden, denn die aufregenden Stunden zehrten doch an ihren Kräften. Jetzt kannte Rita den Reiseablauf bereits: Flug, Fähre und das bereit gestellte Auto am Hafen. Alles klappte wie am Schnürchen.
Gegen halb vier Uhr morgens kamen sie »zu Hause« an. Wie immer hatte Inos Mutter das kleine Haus für die Ankunft der frisch Vermählten vorbereitet, dieses Mal noch liebevoller als sonst. In jedem Raum wurden die beiden von einem wunderbaren Blumenstrauß begrüßt. Vier Wochen wollten sie auf der Insel, in ihrem romantischen Haus verbringen. Selbst das Frühstück am ersten Tag, der Ausblick von ihrer Terrasse auf das offene Meer, die ganze Umgebung, der Sonnenschein bei noch milden Temperaturen … alles wie immer – wunderschön!
Inos' Familie konnte es kaum erwarten, ihre ersten Glückwünsche auszusprechen und die beiden zu empfangen. Alle Verwandten wurden am Abend in das Haus seiner Eltern eingeladen, um den Film der standesamtlichen Hochzeit anzusehen. Und wie es Sitte war, wurde gegrillt, getrunken und getanzt, um das Brautpaar hochleben zu lassen. Mit so einer Überraschungsfeier hatte Rita nicht gerechnet. Aber sie wusste aus eigener Erfahrung, dass solche Spontanaktionen oft die Besten waren. An den nächsten Tagen nahm die Aufregung kein bisschen ab, denn jetzt trudelten langsam die ersten Hochzeitsgäste ein und bezogen ihre Quartiere. Auch Eric kam endlich an. Auf ihn hat Rita sich ganz

besonders gefreut, weil sie ihn über zwei Jahre nicht mehr gesehen hatte. Als er von der Fähre kam, stürmte sie auf ihn zu und umarmte ihn. »Mein Koch ist da!«, rief Rita aufgeregt. »Du musst inzwischen wirklich gut kochen, nachdem du einige Pfunde zugelegt hast!«, scherzte sie gleich mit ihm.
Zwei Tage vor der kirchlichen Trauung waren alle Gäste auf der Insel angekommen. Alle deutschen Verwandten und Freunde aus den verschiedensten Ländern der Erde. Evelyn und Tom freuten sich sehr, endlich Eric wiederzusehen. Auch ihr Treffen lag Jahre zurück. Viele der Gäste hatten große Strapazen auf sich genommen – vor allem die Australier, Brasilianer und Amerikaner! Alle waren der Einladung gefolgt. Über ihren Besuch freute sich das Brautpaar ganz besonders. Bens Cousins samt Familien, June mit ihren Eltern und Jim samt Anhang. Nur Little John konnte die Farm anscheinend nicht verlassen. Das fand Rita sehr schade, denn gerade er war ihr ein ganz besonderer Freund geworden. Die Gäste lernten einander in den Pensionen kennen und erkundeten die kleine Insel. Endlich alle an einem Ort. Alle Menschen, die den beiden viel bedeuten, waren auf ihrer Insel Patmos versammelt!

Der große Tag war gekommen: Die kirchliche Trauung in dem außergewöhnlichen Kloster. Inos musste die letzte Nacht vor der Hochzeit bei seinen Eltern schlafen, damit Rita in ihrem Haus in aller Ruhe als Braut zurecht gemacht werden konnte. Am Vormittag kam die Friseurin und steckte ihr Haar sehr kunstvoll hoch, schminkte sie und half ihr beim Ankleiden. Der bestellte Fotograf dokumentierte alles akribisch, bevor er zum Bräutigam fuhr. Alle Gäste trafen um halb eins am Kloster ein, auch Inos war bereits vor Ort, als Rita von Tom im Jeep vorgefahren wurde. Alle klatschten Beifall, als die Braut eintraf und waren von ihr begeistert. Inos stand sprachlos vor ihr, so hingerissen war er von ihrer Schönheit. So hatte er sie ja noch nie gesehen. Das waren unbeschreibliche Momente für die beiden.

Rita begrüßte alle Anwesenden und bedankte sich noch einmal für ihr Kommen. Pünktlich um ein Uhr zogen sie in die Klosterkirche ein. Viele der Gäste hatten noch nie Kontakt mit der Orthodoxen Kirche und deren religiöser Kunst. In ihren Gesichtern war Staunen abzulesen, als sie diese Kirche betraten. Die Ikonenfresken an den Wänden und in den großen Kuppeln zogen auch die Hochzeitsgesellschaft in ihren Bann. Rita und Inos ergaben sich völlig dem Gesang der Nonnen und ließen sich von ihm förmlich durch das Trauungsritual tragen.
Die wichtigsten Teile des Gottesdienstes wurden für alle übersetzt. An diesem Tag gelang es Rita schon ein wenig besser, sich zu konzentrieren und ihre Aufregung im Zaum zu halten. Aufmerksam verfolgte sie die Worte des Priesters, den sie mittlerweile recht gut verstehen konnte. Ein Jahr Inos und die Sprachkurse lagen schließlich hinter ihr. Seine Worte waren exzellent gewählt und für die beiden sehr bedeutsam. Das Eheversprechen, das Rita und Inos einander an diesem Tag spendeten, nahmen beide sehr ernst. Aus tiefsten Herzen versprachen sie sich Liebe und Treue. Evelyn war sehr gerührt und weinte; unweigerlich musste sie an Ben denken. Ihr war klar, dass der weiße Blumenschmuck ein Gruß an ihn war! Rita hatte bereits vor Monaten den Floristen vor Ort beauftragt, weiße Rosen, Lilien und Margariten im Übermaß zu besorgen, um die Kirche zu schmücken. Trotz aller Freude über ihre Hochzeit sehnte sie sich nach ihrem Vater. Sie hätte ihn so gerne dabei gehabt. Niemand konnte ihn ersetzen.

Richtig erleichtert strahlten Inos und Rita nach der Trauung um die Wette und fuhren gemeinsam zur nahegelegenen Taverne am Meer zum Feiern. Dort, wo anschließend das Fest stattfand, war alles in olivgrün und weiß geschmückt. Alle Stühle waren mit weißen Hussen überzogen und auch hier jede Menge weiße Blumen zu sehen. Ungefähr achtzig Gäste füllten die große Terrasse und freuten sich sichtlich über die feine Taverne. Erst jetzt, in

der Schlange zum Gratulieren, entdeckte Rita, völlig unerwartet, einen ganz besonderen Gast: Little John! Er war die große Überraschung von Jim und Alice. All die Tage zuvor hatten sie ihn vor Rita verstecken können. Im Anzug war er kaum wiederzuerkennen. Aber die Ausstrahlung seiner dunklen Augen war unverwechselbar.
In seiner bedachten Art stand er vor Rita und sah sie an. Die beiden unterhielten sich ohne Worte und Rita fing vor Freude an zu weinen. »Du ahnst nicht, welche Freude du mir machst. Danke, dass du meiner Einladung gefolgt bist. Du bist mir so wichtig. Danke«, stammelte sie und fiel ihm um den Hals.
Die schönsten Erinnerungen an Australien waren mit Little John verbunden. Abgesehen von der Harbour Bridge natürlich. »Auch du bist ein sehr wichtiger Mensch in meinem Leben geworden und ich danke dir, meine kleine Schülerin!«, so hatte er sie immer genannt. Schöner hätte das nicht einmal ein Vater sagen können.

Behutsam nahm er die Hände des Brautpaares in seine, umschloss sie und begann ein Lied in der Sprache der Anangus zu singen. Alle wurden augenblicklich still. Jeder spürte die Kraft, die dieser schmächtige Mann in sich trug und durch dieses Lied zum Ausdruck brachte. Ja, da war es wieder. Das vertraute Gefühl der Geborgenheit, wenn ihn Rita singen hörte – wie in Australien. Er brachte eine Saite in Ritas Seele zum Klingen, die das Verlangen nach mehr Verständnis und Wissen um den Sinn des Lebens erneut entfachte. Er hätte ewig weiter singen können, so genoss sie ihn und seinen Gesang. Es war zweifellos ein spezielles Lied, das sie hier hören durften.
Als er fertig war, fasste er in seine Sakkotasche und zog ein kleines Geschenk heraus. Immer noch waren alle Gäste ganz gebannt von ihm und bildeten mittlerweile einen großen Kreis um die Drei. Es war etwas Kleines, lediglich in ein weißes Tuch gewickelt. Mit großer Andacht überreichte er sein Geschenk Rita. Die Spannung stieg – Rita

hatte keine Ahnung, was das wohl sein könnte. Vorsichtig nahm sie es entgegen im Glauben, dass es etwas Zerbrechliches war und löste es aus dem Tuch. Sie traute ihren Augen nicht, als sie das einzigartige Geschenk von Little John in Händen hielt. Es war tatsächlich etwas Zerbrechliches, aber nicht im herkömmlichen Sinne. Es hatte einen überaus großen ideellen Wert für die beiden.
Er brachte den Ayers Rock zu ihr, den »Seelenberg« vom anderen Ende der Welt. Oder besser gesagt einen winzigen Teil davon – einen wunderschönen kleinen, roten Stein in der Form eines Fußabdruckes. Als er so vor ihnen lag und alle diese einzigartige Form bestaunten, sagte Little John zum Brautpaar: »Geht weiter euren guten Weg, den ihr auf eurer Songline begonnen habt!«, und schloss den kleinen Stein in Ritas Hände. Immer wenn Little John so sprach, wusste sie um die Vielschichtigkeit seiner Aussagen, ohne sie ganz durchdringen zu können. Das bewunderte sie an ihm. »Ich werde ihn mein ganzes Leben lang in Ehren halten und mit dir dadurch verbunden bleiben«, flüsterte Rita. Auch Inos spürte die Besonderheit dieses Mannes und seines Geschenkes. Rita hatte ihm oft von Little John erzählt und konnte nicht genug vom ihm schwärmen. Plötzlich begannen alle Anwesenden zu klatschen. Es war ein ganz besonderer Moment dieses Nachmittages.
Danach nahmen alle Gäste ihre Plätze an den Tischen ein. Eric präsentierte und erklärte die Speisen des Buffets. Aus allen Ländern der Anwesenden hatte er spezielle Gerichte gekocht. Er war voll in seinem Element und alle Angestellten der Taverne unter seiner Regie. Jeder konnte sich sozusagen durch das Land eines anderen Gastes essen. Eine tolle Idee. Auch das war eine Überraschung und das Hochzeitsgeschenk ihres Bruders. Rita und Inos hatten nämlich keine Ahnung, was Eric für sie vorbereitet hatte.

Die ganze Familie samt Freunden an einem Tisch. Genau das hatte sich Rita gewünscht – ein internationales Publikum zu ihrer Hochzeit. Und irgendwie konnten sich auch

alle miteinander unterhalten. Das war das Lustigste – mit Händen und Füßen verständigten sich die Gäste. Selbst Pappous versuchte es mit Little John. Die beiden waren ohne Zweifel die charismatischsten Männer auf dem Fest. Sie sprachen weniger durch Worte miteinander, als viel mehr durch ihre besondere Präsenz. So verschieden sie auch sein mochten zeichneten sie sich doch durch eine nicht zu beschreibende Einheit aus.
Ein Luftballonstart am späten Nachmittag wurde von ihren Freunden organisiert. Alle erhielten kleine Kärtchen auf denen die Glückwünsche notiert werden konnten, die dann an die langen Bänder der Luftballone gebunden wurden. Mit dem Countdown von Zehn bis Null, den alle gleichzeitig, jeder in seiner Muttersprache, laut hinausrief, flogen die bunten Ballone aufs offene Meer und alle schauten ihnen lange Zeit hinterher.
Am Abend, als die griechischen Gemeinschaftstänze zur Livemusik begannen, waren keine Worte mehr nötig. In großen Kreisen wurden die Schrittfolgen miteinander geübt und drauflos getanzt. Das war wirklich filmreif. Die deutschen »Stöcke« zwischen den hüftschwingenden Griechen. Selbst Little John übte sich in dieser Tanzform bis weit nach Mitternacht. Alle amüsierten sich prächtig. Rita tanzte mit allen anwesenden Männern und Inos mit allen Frauen. Die beiden waren hervorragende Gastgeber und verstanden es, die Gäste mit ihrer Freude zu beglücken. Mit einer letzten Runde Ouzo verabschiedete sich das frisch vermählte Ehepaar gegen drei Uhr morgens.
Ganz der deutschen Tradition entsprechend, trug Inos seine Rita über die Schwelle ihres Hauses. Sie fielen überglücklich, erschöpft und todmüde ins Bett. Dieser Tag hatte bei weitem all ihre Erwartungen übertroffen.

Die nächsten Tage waren zum Ausspannen vorgesehen. Inos und Rita genossen die Zweisamkeit im Haus, machten ausgedehnte Spaziergänge an den Stränden und tauschten immer wieder Erinnerungen vom Hochzeitstag aus. Jeder

hatte andere Beobachtungen gemacht.Evelyn, Richard und die Brüder waren vom kleinen Haus am Meer beeindruckt. Manche Abende verbrachte die Familie im Roofgarden und »quatschte« in gemütlicher Runde. Die anderen Gäste traf man noch in den verschiedensten Tavernen der Insel. Inos Brüder, Antonios und Michail, waren sehr engagiert. Sie organisierten Inselrundfahrten und erklärten auch ihren neuen Freunden die Sehenswürdigkeiten und Besonderheiten von Patmos.
Nach ungefähr einer Woche nahmen die großen Fähren die Gäste wieder mit nach Hause. Auch die Australier verabschiedeten sich und begaben sich auf die gebuchten Europarundreisen. Bens Cousins sollten zum Abschluss noch bei Evelyn in Deutschland vorbeikommen und einige Tage in ihrer Stadt verbringen. Sie flog gemeinsam mit Richard, Eric, Tom und seiner Familie nach Hause. Rita und Inos verabschiedeten alle persönlich am Hafen und bedankten sich nochmals ganz herzlich für die Besuche und Geschenke ihrer Hochzeitsgäste.

Erst als wirklich alle abgereist waren, begann für die beiden die Zeit der Entspannung. Nun war auch wieder genügend Zeit, um weitere Zukunftspläne zu schmieden. Vor allem die Wohnsituation betreffend. Oft besprachen sie ihre Vorstellungen, wie das neue Heim aussehen sollte und malten es sich in ihren Gedanken aus. Die beiden waren sich einig, ein eigenes Haus erwerben zu wollen. Zu diesem Zweck sollten die Stadtwohnungen verkauft werden. Rita hatte den Anfang gemacht und schon drei Wochen vor der Hochzeit ihre Wohnung verkaufen können. Sie hatte sich zwar mit der Wohnung immer sehr wohl gefühlt und eine schöne Zeit darin verbracht, aber im Hinblick auf das gemeinsame Vorhaben konnte sie sich leichten Herzens von ihr trennen. Denn ihre Wohnung war kleiner als die von Inos und die war für den Übergang, bis sie ein passendes Haus gefunden hätten, genau richtig. Das Mobiliar, das in Inos Wohnung keinen Platz hatte, brachte Rita vorübergehend bei Evelyn im Schuppen unter. So war die Zeit vor ihrer Hochzeit noch mit allerlei Organisation und zusätzlichem Stress verbunden gewesen.

Patmos war genau der richtige Platz, um sich auf die neue Lebenssituation noch besser einstellen zu können. Denn noch vor einem Jahr hatte Rita keinen Gedanken daran verschwendet zu heiraten, da kämpfte sie noch mit der Australienreise. Und jetzt war sogar ihre Wohnung verkauft. Das musste alles erst einmal verdaut werden. Aber sie war sehr glücklich.
Inos und seine Familie machten es Rita sehr leicht. Durch ihre herzliche Art wurde sie als Schwiegertochter, Schwiegerenkelin, Schwägerin, Cousine und Tante in die griechische Familie integriert. Alle freuten sich mit Inos, so eine liebevolle Frau gefunden zu haben und Rita kam ihnen immer wieder mit ihren sprachlichen Lernerfolgen entgegen. Sie verbrachten eine wunderbare, harmonische Zeit miteinander. Drei Wochen nach ihrer Traumhochzeit trat das junge Paar die Heimreise an, um in Deutschland weiter seine Ziele zu verfolgen.

Inos nutzte seine Kontakte um bekannt zu machen, dass seine Wohnung zum Verkauf stand und Rita unterstützte ihn durch professionelle Inserate im Internet. Schon bald fanden die ersten Interessenten Gefallen an der Wohnung. Inos war ein geschickter Verkäufer und konnte für seine einen ebenso beachtlichen Verkaufspreis erzielen, wie für Ritas Wohnung. Der Käufer von Inos Wohnung räumte ihnen genügend Zeit ein, ein Haus zu suchen, denn er wollte diese Wohnung unbedingt. Besser hätte es nicht laufen können. So konnten sie sich auf die Haussuche konzentrieren.

14

Reiselust

Das Haus, das Rita und Inos nun in Bayern bewohnten war bereits 150 Jahre alt und hätte so manche Geschichten aus früheren Zeiten und von dessen Bewohnern erzählen können. Ein glücklicher Zufall hatte es ihnen einige Monate nach ihrer Hochzeit in die Hände gespielt und so gestalteten sie es mit der Zeit ganz nach ihren Vorstellungen und Wünschen um. Die Sanierungsarbeiten erfolgten Schritt für Schritt und gut überlegt, denn die beiden legen großen Wert darauf, die urige Gemütlichkeit des alten Gemäuers zu erhalten.

Auch die knarrende Holztreppe durfte noch weiter ihren Dienst versehen, sowie der Holzkochherd in der Küche, der in früheren Zeiten die ganze Familie mit Wärme und gutem Essen versorgt hatte. Die alten, handgeschlagenen Holzbalken der Decken und das jahrzehntealte Baumaterial zwischen den Balken hatten die Eigenschaft, jeden Schritt im ersten Stock des Hauses nach unten zu übertragen. So wussten Rita und Inos immer, wo sich der andere gerade im Haus befand. Die tiefen Fensterbänke, die sich aus der dicken Außenmauer des Hauses ergaben, erlaubten es, viele Blumen und Pflanzen vor den Holzsprossenfenstern zu platzieren. Zwischen den Blumentöpfen konnte man das eine oder andere Mitbringsel aus den Urlaubsreisen finden, eine kleine, handgemalte Schale, buntes Glas, selbst gesammelte Muscheln, handgefertigte Spitzen, oder Millionen Jahre alte Steine. Einen Ehrenplatz bekam Little John's Hochzeitsgeschenk. Dieser kleine Stein vom Ayers

Rock befand sich im Wohnzimmer unter einer Minikäseglocke aus Glas, damit er nicht verstaubte. Außerdem symbolisierte diese Glashaube die Zerbrechlichkeit der menschlichen Seele, so wie Rita es von Little John gehört hatte. Dass die eine oder andere Steinplatte am Boden nicht ganz in der Waage war, störte die beiden nicht weiter. Wenn ein Möbelstück dadurch ein wenig wackelte, schafften sie einfach mit einem kleinen Holzkeil Abhilfe. Rita liebte es, mit Farben zu spielen und belebte so die Räume auf ganz eigene Weise, immer wieder auch zum Erstaunen ihrer Freunde. Stundenlang klebte sie Wände und Böden ab, um dann die gewünschten Farben und Muster aufzutragen; selbst vor frei gemalten Wand-Tattoos scheute sie nicht zurück.
Das Büro im Haus, in dem sie die Bücher übersetzte, wurde ganz besonders, international, eingerichtet. Auch Inos war es möglich, immer wieder zu Hause zu arbeiten, wenn er die neuesten Forschungsergebnisse studierte und seine Vortragsreisen organisieren musste. Immer schon hatte er Ritas Kreativität geschätzt und freute sich jedes Mal, wenn sie Klebeband, Pinsel und Co. aus dem Keller holte. Dort befand sich auch die neu eingebaute Sauna. Sie war gemeinsam mit dem Schwimmteich im Garten ein großer Wunsch von Inos. Auf diese Weise holt er sich ein Stück griechische Heimat nach Deutschland.

Das Haus lag am Rande eines kleinen Dorfes mit gerade 300 Einwohnern und doch nahe genug an der Großstadt, um voll am Puls der Zeit zu sein, ganz nach dem Motto: ländlich wohnen und stadtnah leben. Im Dorf kannte beinahe jeder jeden. Alle bemühten sich um eine gelingende Gemeinschaft. Fast alle Bewohner waren Mitglieder in den unterschiedlichsten Vereinen, um ihre Talente einbringen zu können. Auf diese Weise wurde altes Brauchtum wieder belebt, gepflegt und weiterentwickelt.
Die Umgebung war geprägt von sanften Hügeln voll saftigem Gras für das Vieh und kleineren Waldflächen. Der Wechsel der Jahreszeiten war für Rita jedes Mal ein neues

Erlebnis, verbunden mit einem unbeschreiblichen Staunen über die Gewalt der Natur. Oft war sie auf den Wanderwegen in ihrer voralpenländischen Heimat unterwegs, um das Geschehen hautnah mitzuerleben und sich von dem Wandel beeindrucken zu lassen. Sie legte sich dann einfach in eine Wiese mit hohem Gras, atmete den Duft der Wiesenblumen ein und ließ ihren Blick in den Himmel wandern, oder sie umarmte mitten im Wald eine alte Buche und bedankte sich bei ihr für ihr Dasein, dann setzte sie sich auf einen Jägerstand, verharrte in Stille und wartete gespannt, ob sich ein Reh blicken ließ. All die Farben, die das alljährliche Schauspiel im Frühjahr und im Herbst zu bieten hatten, wenn die ganze Schöpfung ihr Kleid änderte, versuchte sie, ganz bewusst wahrzunehmen.

»Wenn man mit dem Flugzeug darüber fliegt, dann schaut dieser Landstrich wie ein wunderschöner Fleckerlteppich aus«, pflegte Rita zu sagen. Sie wusste das aus eigener Erfahrung, denn sie hatte auch die Gelegenheit nicht ausgelassen, beim letzten Sommerfest mit dem Helikopter eine Runde über dem Dorf zu drehen, um sich ihr Haus mit dem Garten aus der Vogelperspektive anzusehen.
Als sie da oben war, klebte ihre Nase an der Fensterscheibe des Helikopters, weil sie gar nicht genug kriegen konnte von dem, was sie da alles sah. Sogar Inos konnte sie in der Menge neben dem eigens aufgestellten Bierzelt am Dorfplatz ausmachen, der ihr von unten begeistert zuwinkte. Rita war ja schon oft geflogen, aber das waren immer die großen Flugzeuge mit weit entfernten Reisezielen gewesen. Aber das eigene Fleckchen Erde, ihr Haus mit dem Garten, die neu gepflanzte Hecke, den Schwimmteich, das kleine Gemüsebeet, den frisch gemähten Rasen, den mit Granitsteinen verlegten Weg zur großen Buche mit dem Holzbänkchen … das alles ließ ihr Herz vor Freude höher schlagen.
Selbst das Wetter konnte an diesem Sonntag nicht besser sein. Sonnenschein und milde 22 Grad mit besten Sichtver-

hältnissen. Natürlich durfte der Fotoapparat nicht fehlen, denn die Luftaufnahme von ihrem Haus hatte gedanklich bereits einen festen Platz im Flur – vergrößert und eingerahmt. Vor lauter Begeisterung vergaß Rita fast das Fotografieren. Erst als der 15-minütige Rundflug zu Ende ging und der Pilot darauf hinwies, dass er bald wieder landen wollte, erschrak Rita, wischte die von ihrem Atem etwas beschlagene Fensterscheibe ab und los ging's mit den Fotos. Zum Glück flog der Helikopter beim Landeanflug noch einmal genau über ihr Haus und so gelang es, das perfekte Foto zu machen.
Dieses Bild hing nun, genau wie sie es sich vorgestellt hatte, im Flur. Jedes Mal, wenn sie daran vorbeiging, erinnert sie sich an die Aufregung im Helikopter, das etwas flaue Bauchgefühl, die immense Lautstärke des Motors, die langen Rotorblätter, den Gehörschutz und ihre Begeisterung, ähnlich wie damals in Australien, als sie mit Jim über die Farm geflogen war. Oft begann sogar noch ihr Herz höher zu schlagen, wenn sie vor diesem Bild stand und an die aufregende Zeit zurückdachte. Und schon oft packte sie tatsächlich wieder das Reisefieber – wie früher.

Sowohl Inos als auch Rita hatten viel erreicht. Sie gingen erfolgreich ihren Berufen nach und hatten ihr Haus umgebaut. Doch ein Jahr nach dem Umzug ins neue Heim wurde Rita vom Fernweh ergriffen. Wieder einmal zog es sie hinaus in die Welt. Aus für Inos völlig unverständlichen Gründen und zeitlich äußerst unpassend, packte Rita ihren Koffer und flog für zwei Wochen nach Rom. Inos wusste nicht, wie ihm geschah. Er war erst kurz verheiratet – mit der perfekten Frau, die er über alles liebte und sie buchte einfach einen Flug für eine Person, ohne ihn zu fragen, ob er nicht mitkommen wollte. Er fand fast keine Worte für dieses Verhalten seiner Frau.
Tagelang diskutierten und stritten sie über dieses unerklärliche Vorgehen, aber Rita konnte nicht anders. Sie zog es einfach weg. Immer wieder beteuerte sie ihre Liebe zu

Inos, und dass diese Reise nichts mit ihm persönlich zu tun hätte und erinnerte ihn daran, dass er ihre Selbstständigkeit und die vielen Reiseerlebnisse noch vor kurzem bewundert hatte. Ja diese schließlich sogar dazu geführt hatten, dass sie sich in Australien kennenlernen konnten. Aber nach Inos' Verständnis sollten diese Zeiten der Alleingänge mit der Hochzeit vorüber sein. Er rechnete fest damit, dass sie ihre Pläne gemeinsam schmiedeten und dazu zählte er selbstverständlich auch Urlaubsreisen. Es gelang ihm nicht, sie aufzuhalten.
Mit Widerwillen brachte er sie zum Flughafen und mit Widerwillen gab er ihr den Abschiedskuss. Er konnte sie nicht aufhalten und musste sie gehen lassen. Diese ersten zwei Wochen ihrer Trennung waren für Inos die Hölle. Er war wie vor den Kopf gestoßen. Er konnte noch so viel über Rita nachdenken, er verstand einfach nicht, wie man so zu seinem Partner sein konnte.
Jeden Tag meldete sich Rita per Telefon oder Mail und berichtete völlig unbedarft über Rom und alles, was sie an den einzelnen Tagen gesehen und erlebt hatte. Sie wollte von Inos, dass er sich mit ihr freute, aber das war ihm nicht so richtig möglich. Er wusste nicht mit dieser Situation umzugehen. Rita schien absolut glücklich zu sein und schwärmte ihm von dieser wundervollen Stadt vor. Für sie war es nicht nur Urlaub. Sie hatte ihre aktuelle Auftragsarbeit mitgenommen und arbeitete regelmäßig daran.
Ihr ging es lediglich um einen Ortswechsel – völlig unschuldig und ohne Hintergedanken, denn sie liebt Inos sehr, auch wenn er zu Hause mit fürchterlicher Eifersucht zu kämpfen hatte, die ihm regelrecht den Appetit raubte. Zu diesem Zeitpunkt wusste er noch nicht, dass das erst der Anfang von Ritas unkontrollierbarer Reiselust war.
Rita kam total relaxt nach Hause. Am Flughafen fiel sie Inos in die Arme und küsste ihn – voll der Wiedersehensfreude. Anfangs noch etwas zurückhaltend mit seiner Umarmung, gab er schließlich doch seinen Widerstand auf und drückte sie ganz fest an sich.

»Mach das nie wieder mit mir, das halte ich nicht aus!«, flüsterte er ihr ins Ohr.
»Du weißt, dass ich dich unendlich liebe und dich damit nicht verletzen wollte«, antwortete Rita mit Freudentränen in den Augen.
Es war ihr unvergleichlicher Charme gepaart mit Ehrlichkeit, der Inos die vergangenen zwei Wochen schließlich vergessen und Ruhe im Hause einkehren ließ.
Dennoch blieb dieses Thema sehr heikel und entwickelte sich mit der Zeit zum Dauerbrenner und Zankapfel. Hier trafen völlig unterschiedliche Ansichten aufeinander, die mit Argumenten nicht lösbar waren. Inos wünschte sich die klassische Beziehung: Eine Frau, mit der er eine Familie gründen kann und die sich ebenfalls eine Familie wünscht, für die sie sorgen möchte. Rita hingegen war immer noch ein Tausendsassa und eine Abenteurerin. Aber das wurde Inos erst jetzt richtig bewusst. Sie hatte nicht die Absicht – zumindest nicht erkennbar – ihre Lebensweise großartig zu ändern, denn immer noch wollte sie die Welt kennenlernen und erleben und trotzdem Inos lieben und mit ihm zusammen sein. Für sie waren das keine gegenseitigen Ausschlusskriterien. Sie konnte Inos nicht verstehen, zumal ihre Wünsche und Absichten ihrer Meinung nach völlig in Ordnung waren.

Einige Monate vergingen mit ganz normalem Alltagsgeschehen und das Spiel begann von vorne. Rita wurde sehr unruhig und gereizt. Viele Male stand sie am Wohnzimmerfenster und blickte sehnsuchtsvoll hinaus. Inos fiel dieses Verhalten natürlich auf. Er wollte in Ruhe mit ihr sprechen und diesem Phänomen auf den Grund gehen.
»Es ist wieder soweit«, sagte sie und sah ihm in die Augen. »Ich muss raus! Aber du weißt, dass nicht du Schuld daran trägst. Ich bin es. Das weiß ich. Aber ich kann gegen dieses starke Gefühl in mir nichts ausrichten. Im Gegenteil. Je mehr ich dagegen kämpfe, desto stärker wird es und desto unleidlicher und unzufriedener werde ich. Ich möchte dich

nicht verletzen. Ich weiß nicht, woher das kommt. Es tut mir leid. Versteh mich bitte irgendwie!«
Inos nahm sie in die Arme und sagte leise: »Ich bin da. Ich möchte dich unterstützen, so schwer es mir in dieser Situation auch fällt.«
»Die größte Hilfe wäre für mich, wenn du mich einfach wieder für zwei Wochen gehen lässt und ich weiß, dass du dabei deinen Frieden hast«, antwortete Rita.
Inos nahm einen tiefen Atemzug, der half ihm in diesem Augenblick, nicht überzureagieren und die Situation zum Entgleisen zu bringen.
»Wenn du willst, könnten wir es mit meinem nächsten Kongress in London verbinden. Wir nehmen gemeinsam einen Reißaus. Ich werde mir nach den Terminen Zeit für dich nehmen und wir werden uns London und die Umgebung ansehen. Ich hänge einfach ein paar Urlaubstage dran; mir täte es auch sehr gut. Was meinst du dazu?«, fragte Inos verständnisvoll.
»Ja, das könnten wir machen. So habe ich Zeit für mich alleine, während du bei deinen Kollegen bist und wir haben noch gemeinsame Zeit. Das hört sich gut an. Ich werde dieses Mal auch keine Arbeit mitnehmen«, antwortete Rita.
»Situation gerettet!«, dachte Inos erleichtert und freute sich über ihre Reaktion. Es war zugleich auch eine Bestätigung für ihn, dass nicht er selbst der Grund dafür war, dass Rita fort wollte.
Sie konnte die Abreise kaum erwarten. So freute sie sich darauf. Rita kannte London von früheren Reisen und war von dieser Stadt stets begeistert gewesen. Nur das Umland war neu für sie, aber das wollten die beiden gemeinsam erkunden. Das Wetter machte ihnen zwar einen Strich durch die Rechnung, trotzdem verbrachten sie wunderbare, harmonische Tage miteinander. Wie früher. Sie hatten Spaß, gingen fein essen und unternahmen lange Spaziergänge mit ausgedehnten Gesprächen. Genau so fühlte sich Inos wohl; das war die Rita, die er liebte.

So sehr sich Rita im Vorfeld auf diese Reise auch freute, genau so gerne kehrte sie nach Hause zurück. Und das war für Inos sehr wesentlich. Er wollte ein Heim schaffen, indem sie sich wirklich wohl fühlen konnten. Denn damit stieg auch seine Hoffnung, dass Ritas »Ausflüge« mit der Zeit ihren Reiz verlieren würden. Doch leider war dem nicht ganz so. Rita wurde nämlich nach nur vier Monaten zu Hause wieder sehr zappelig. Es folgten genau dieselben Diskussionen, die sie schon kannten. Missstimmung und Zankereien dominierten den Alltag. Für beide sehr anstrengende Zeiten, denn keiner konnte den anderen wirklich verstehen.

Inos erinnerte Rita mit Nachdruck an ihren Traum von Frau Brichot und verglich ihr Verhalten mit dieser Person, indem er ihr vorhielt, mit ihrer Sturheit lediglich »heiße Luft« zu verbreiten, die für Unruhe sorge. Rita war entsetzt darüber, dass Inos sie mit ihren eigenen Träumen unter Druck setzen wollte und fauchte ihn an:
»Du willst mir doch nur deine spießige Lebensweise aufzwingen, du bist wie die Brichot! Und außerdem hast du nicht das Recht dazu, meine Träume so zu verwenden. Es sind meine Träume!«
»Dann denke auch über sie nach und versuche wenigstens ihre Aussagen ansatzweise in deinem Leben umzusetzen!«, konterte Inos.
»Wenn das so ist, werde ich dir keinen einzigen Traum mehr vorlesen oder davon erzählen. Das finde ich nicht in Ordnung. Mit so intimen Informationen muss man sensibel umgehen! Du enttäuschst mich, merkst du das denn nicht? Du zerstörst damit mein Vertrauen zu dir!«, verteidigte sich Rita.
»Auch du hast mein Vertrauen zu dir bereits empfindlich gestört. Denke an deine Romreise. Dein Fernweh ist kein Spaß mehr für mich, das kannst du mir glauben!«, kam die prompte Antwort.

Das Hick-Hack ging noch geraume Zeit weiter bis sie erkannten, dass es zwecklos war. Sie mussten sich erst einmal Luft und Raum verschaffen, bis sie einander wieder begegnen konnten. Natürlich dachte Rita über die Aussage von Inos nach. Aber ihr Stolz verbot ihr, ihrem Mann gegenüber ein wenig Einsicht zu zeigen. Und so blieben die Fronten verhärtet, fast wie bei einem Stellungskrieg. Inos blieb nichts anderes übrig, als Rita wieder alleine auf Reisen gehen zu lassen. Er wusste, dass sie ausgeglichen und beruhigt nach Hause zurückkommen würde und erst danach konstruktive Gespräche möglich waren. So lenkte er ein und gab ihrem sehnlichen Wunsch nach.

Sie blieb auch dieses Mal in Europa und suchte Budapest als Reiseziel aus. Diese Stadt wollte sie mit dem Zug erreichen. Und um Inos nicht allzu sehr zu strapazieren buchte sie lediglich für eine Woche ein kleines Hotel in der Stadt. Das war sozusagen eine nette, versteckte Botschaft an Inos, dass ihr seine Meinung sehr wichtig war und sie sehr wohl einen Kompromiss eingehen kann. Ihr Entgegenkommen blieb nicht unbemerkt; Inos schwieg jedoch. Für Rita war es auch dieses Mal keine reine Urlaubswoche, das musste Inos wissen und sie packte auch ihren aktuellen Übersetzungsauftrag ein.
Wie bereits von Rom bekannt, mailte und telefonierte sie mit Inos jeden Tag und berichtete ihm voll Freude über die Sehenswürdigkeiten von Budapest. Sie genoss diese Tage sehr und Inos musste mit dieser Situation erneut zurechtkommen. Er wusste ja, dass sie nichts Böses im Schilde führte. Mit jedem Tag der Trennung wuchsen auf beiden Seiten Sehnsucht und Freude auf das Wiedersehen.
»Ein etwas seltsames Spiel«, dachte Inos immer wieder und fand trotz seiner guten Menschenkenntnis und seines psychologischen Wissens keine Erklärung.

Inos konnte nur staunen als Rita wieder zu Hause war. Sie war wie ausgewechselt. Wieder genau so, wie er sie kennen gelernt hatte. Temperamentvoll, lustig, ausgeglichen, charmant und gut gelaunt. Sie blieb ein Rätsel für ihn. Aber er liebte dieses Rätsel, obgleich mit Herzschmerzen und emotionalen Talfahrten verbunden. Ihm war klar, dass er Rita loslassen musste, denn nur auf diese Weise war ein glückliches Zusammenleben mit ihr möglich. Immer wieder versuchte er, ihre ausgeprägte Reiselust zu verstehen. Sie benötigte dieses Stück Freiheit anscheinend wie ihren Atem. Inos sprach mit niemandem über seine Sorge – nicht einmal mit Ricardo, der Psychologe in seinem Team war. Ricardo war sehr pragmatisch. Inos vermutete nämlich, dass er ihm kurz und bündig zu Konsequenzen raten würde. Konsequenzen, die Inos zu diesem Zeitpunkt nicht bereit gewesen wäre umzusetzen. Und das wollte er von vornherein vermeiden. Er wollte seiner Beziehung zu Rita Zeit gewähren und abwarten, wie sich die Dinge entwickeln würden.

15

Wegweisende Gespräche

Drei Jahre waren seit der Hochzeit vergangen und seit zwei Jahren kämpfte Inos mit Ritas »Reise-Biorhythmus«, denn es folgten noch weitere Kurzreisen. Inos wollte nach Patmos in sein Haus, um sich zu erholen. Er freute sich auf drei Wochen Sommerurlaub am Meer. So buchte er den Flug und trat die Reise an. Zwei Tage nach seiner Ankunft und viel Schlaf, besuchte er seine Eltern. Alle freuten sich, ihn zu sehen und begrüßten ihn herzlich. Pappous saß wie immer vor seinem Häuschen unter den Olivenbäumen und betete. Er hatte so was Beruhigendes an sich. Inos ging durch den Garten zu seinem Großvater. Pappous grüßte seinen Lieblingsenkel und bot ihm einen Platz an.

»Was ist los Inos, was betrübt dein Herz?«, fragte er.
Inos antwortete traurig: »Ich weiß nicht recht, mir geht es nicht wirklich gut. Ich bin müde und abgespannt, obwohl ich die letzten zwei Tage so viel geschlafen habe.«
»Es ist nicht dein Schlafmangel oder deine anstrengende Arbeit. Es ist Rita, nicht wahr?«, sagte Pappous.
»Ja, wahrscheinlich«, seufzte Inos. »Wahrscheinlich hat es mit ihr zu tun. Es läuft nicht so, wie wir uns das vorgestellt hatten. Ein ständiges Auf und Ab – ausgelöst durch ihre Reiselust. Immer wieder packt sie ihren Koffer und verreist alleine für einige Tage oder Wochen.«
»Übrigens, wo ist sie?«, fragte Pappous.

»Sie kommt morgen früh um drei Uhr mit der Fähre, denn sie ist seit einer Woche in St. Petersburg. Wieder so ein ›Ausflug‹ von ihr. Ich habe wirklich alles versucht, um diese Reisen zu minimieren. Es macht mir Sorgen, wenn sie alleine unterwegs ist. Aber das scheint sie nicht zu stören. Ich wollte sogar ein Büro in der Stadt anmieten, damit sie ihrem Beruf dort nachgehen könnte und so das Gefühl hätte, jeden Tag von zu Hause weg zu fahren und am Abend wieder heim zu kommen. Außerdem wären so ihre Freundinnen leichter erreichbar. Aber nein, das wollte sie auf keinen Fall. Ihr gefällt das Büro zu Hause. Sie will nicht in der Stadt arbeiten. Ehrlich gesagt, ich frage mich mittlerweile, ob ich bereit bin, die nächsten Jahrzehnte so weiter zu leben. Mit ihrem Reisezwang komme ich einfach nicht zurecht. Ich habe keine Ahnung wie das werden soll, wenn wir erst Kinder haben. Die Verbindung mit Rita wird mir mehr und mehr zur Lebenssorge. Habe ich etwa zu früh geheiratet? Insgeheim stelle ich unsere Ehe in Frage!«, antwortete Inos etwas verzweifelt.
Pappous wurde ganz still und ging in sich, bevor er sagte: »Du erinnerst mich an deine Großmutter, meine Athina.«
»Entschuldige bitte Pappous, bei allem Respekt, aber welcher erwachsene Mann möchte gerne mit seiner Großmutter verglichen werden?«, unterbrach Inos genervt.
»Lass es mich dir erklären«, antwortete Pappous und fuhr fort: »Wir alle tragen auch das Erbe unserer Ahnen in uns. Manches davon wird in unserem Leben sichtbar. Athina führte ein Leben des Wartens auf mich. Genauso wie du immer wieder auf deine Rita wartest. Ich war durch die Seefahrt so viel von Zuhause weg und es war nicht so einfach, wie ich jetzt darüber sprechen kann. Es gab oft Momente der Verzweiflung, Ungeduld oder von Eifersucht auf beiden Seiten, obwohl wir uns aufrichtig liebten.
Oh, wie mochte ich ihr Temperament, mit dem sie einen ganzen Raum füllen konnte und das mich in ihren Bann zog. Sie war eine außergewöhnliche Frau, die jedoch lernen musste, ihre Ungeduld zu zügeln. Und das war nicht leicht,

das kannst du mir glauben. Du kennst die Geschichte von meinem Traum, der deinem Vater das Leben gerettet hat. Durch ihn wurde ich zu dem Mönch auf unserer Insel geführt. Und der war auch unsere Rettung. Wir fassten schnell Vertrauen zu ihm, denn wir erkannten seine Gottverbundenheit und die damit verbundenen Heilkraft. Er hat uns in vielen Gesprächen angewiesen, wie wir unsere alltäglichen Problemchen und Schwierigkeiten bearbeiten und lösen konnten. Er war ein großartiger Gottes- und Menschenkenner. Diese Kombination kommt leider viel zu selten vor. Langsam und unserem Lerntempo entsprechend zeigte er uns einen guten Weg, wie wir mit unseren vorübergehenden Trennungen umgehen konnten.
Er empfahl uns zu beten und uns dreimal täglich im Gebet miteinander zu verbinden und den Partner zu segnen. Wir glaubten seinen Anleitungen und haben sie nach und nach umgesetzt. Die Wirkung war fantastisch. Wir haben sie beide gespürt. Unser Vertrauen zueinander wurde gestärkt und die Eifersucht schwand allmählich. Selbst Athinas Ungeduld verwandelte sich in Ruhe. Du hast sie wahrscheinlich als gütige Oma in Erinnerung, oder? Heute weiß ich, dass der Mönch durch sein Fürbittgebet einen guten Teil dazu beigetragen hat.
Das war auf jeden Fall eine Zeit, die unser Leben massiv verändert hat. Wir konnten die Früchte unseres Bemühens ernten, Gott in unserem Leben Fuß fassen zu lassen. Das Schönste daran war wohl, dass nicht nur unsere gegenseitige, menschliche Liebe, sondern auch die Liebe zu Gott wuchs und wir beide ernsthaft den Weg zur Liebesvereinigung mit ihm zu suchen begannen.
Du fragst dich jetzt sicher, ob so etwas alltagstauglich sein kann. Ja, das ist es. Es ist in keinster Weise im Alltag hinderlich. Im Gegenteil, dieser Weg lässt dich den Alltag intensiver, bunter, bewusster, offener und dankbarer erleben. Inos? … Deine Rita liebt dich über alles, und das weißt du auch.«

»Deshalb tut es ja auch so weh. Ihre Reisen sind reine Privatsache. Wenn es ihr Beruf erfordern würde, hätte ich wahrscheinlich nicht diese Probleme damit. Durch all die Sorgen in den letzten Jahren habe ich vergessen, regelmäßig zu beten und Gott um seine Hilfe zu bitten. So wie du es mir schon vor über dreißig Jahren hier unter den Olivenbäumen erklärt hast. Ich merke es auch in meinem Beruf. Mir fehlt oft die Kraft und Inspiration, Träume zu erforschen«, sagte Inos nachdenklich. »Ich habe so Vieles vergessen.«
Pappous sprach ganz ruhig mit geschlossenen Augen weiter: »Du hast dir in all den Jahren großes Wissen angeeignet und kannst es bestimmt gut einsetzen. Doch sollte es dir nicht zum Hindernis werden, Gott erleben und erfahren zu können. Eine wahre Begegnung mit dem Herrn und die daraus resultierende Kraftvermittlung wird deine Seele niemals vergessen. Jeder von uns muss seine eigene Entscheidung darüber treffen, wie er sein spirituelles Leben gestalten und seine Seele mit Nahrung versorgen möchte; jeder für sich alleine, unabhängig vom familiären Umfeld. Auch wenn Athina meinen Weg nicht geteilt hätte, was Gott sei Dank nicht der Fall war, hätte ich trotzdem meine Mitte gesucht bis ich sie gefunden hätte, weil ich von jeher die Anlage dazu in mir getragen habe.
Rita ist auf der Suche, lieber Inos, und hat noch nicht gefunden, was sie sucht. Sie hat eine Aufrichtigkeit in ihrem Herzen, die sie solange antreiben wird, bis sie fündig wird. Du bietest ihr familiäre Stabilität, die sie in ihrer bisherigen Biografie nicht ausreichend kennengelernt hat und daher kann sie mit diesem Geschenk noch nicht umgehen. Aber es geht nicht nur die familiäre Stabilität. Sie sucht nach viel, viel Tieferem. Nach etwas, das euch beiden noch verborgen ist. Sie sucht nach der Erfahrung Gottes, spiritueller Stabilität, dem Zentrum, ihrer Basis. Aber sei unbesorgt, Inos, ihr werdet finden.«
»So habe ich das noch nie gesehen. Wieso bist du dir da so sicher?«, fragte Inos interessiert nach.

»Weil ich es sehe!«
»Was heißt das: Weil ich es sehe. Wo willst du was sehen?«, fragte Inos wieder nach.
»Ich sehe es in euren Herzen«, antwortete Pappous aufrichtig mit Tränen in seinen leuchtenden Augen.

»Hast du etwa die Fähigkeit der ›Herzensschau‹ und der Hellsicht, die man manchen Heiligen nachsagt?«
»Nicht nach den Gaben sollten wir greifen, sondern dem Geber der Gaben entgegeneilen«, war die kurze Antwort von Pappous.
»Über die Herzensschau hätte ich gerne öfter mit dir gesprochen«, sagte Inos mit innerlich aufgewühlter Stimme.
»Es ist nicht wichtig, über solche Dinge zu sprechen. Das einzig Wichtige für mich ist, mich im Gebet mit Gott zu vereinen und in diesem Zustand zu verweilen. Alles, was in meiner Seele geschieht, alles, was ich sehen darf, sind Aufmerksamkeiten des Herrn. Nichts habe ich mir selbst zu verdanken, alles kommt von Ihm allein«, antwortete er.
»Jetzt verstehe ich auch deine treffenden Traumauslegungen von Rita, ohne viel von ihr gewusst zu haben. Du siehst viel mehr als ich jemals von ihr sehen konnte. Durch meine stille Verzweiflung und die Sorgen, die ich mir gemacht habe, bin ich richtiggehend blind geworden für meine und unsere Situation. Es ist tausendmal leichter, Klienten zu behandeln und zu analysieren, als das Eigene zu erkennen. Aber wie lange muss ich noch warten, bis das geschieht und wir Ruhe finden?«, wollte Inos schließlich wissen.
»Geduld, mein Kind, nicht so hastig! Du darfst dich in Geduld üben, wie deine Großmutter«, antwortete Pappous und lächelte ihn an. »Alles wird sich zum Guten wenden, du wirst sehen.«
Diese Worte waren wie Balsam auf Inos Seele. Sie spendeten so viel Trost und Zuversicht. Inos war zutiefst erleichtert und er wusste, dass sie wahr waren. Pappous hätte nie etwas gesagt, um ihn nur kurzfristig zu entlasten, zu

schmeicheln oder aufzubauen. In seinen Worten waren stets Klarheit und Ehrlichkeit.
»Nur schade, dass Rita das jetzt nicht hören konnte. Es hätte ihr bestimmt gefallen«, bemerkte Inos.
»Gute Gespräche, Inos, kann man nicht erzwingen. Sie sind ein Geschenk. Das heutige Gespräch war für dich bestimmt«, erwiderte Pappous.
»Ja, wahrscheinlich hast du recht. Ich danke dir aus tiefstem Herzen. Du hast mir damit unendlich geholfen«, bestätigte Inos seinen Großvater.
Er verabschiedete sich von Pappous, umarmte ihn und fuhr zurück zu seinem Haus am Meer.

Es war ein lauer Sommerabend und Inos verbrachte ihn mit etwas zu viel Rotwein am Roofgarden mit freiem Blick auf ein hell beleuchtetes Kreuzfahrtschiff, das vor der Insel ankerte. Seit Langem spürte er wieder einmal eine entspannende Ruhe in sich, die ihm Zufriedenheit verschaffte. Er dachte lange über das Gespräch mit Pappous nach und erinnerte sich an seine eigene Traumauslegung der Bilanz. Er selbst hatte Rita erklärt, dass das Hauptaugenmerk in unserer Zeit auf der Ausbildung der Verstandeskräfte liegt, es jedoch auch der zweiten Seite der Medaille bedarf, um ein Ganzes zu sein. Er selbst hatte sein »Herz« aus den Augen verloren. Anscheinend lag auch für ihn eine wichtige Botschaft in diesem Traum.
Mit jeder weiteren Stunde wuchs die Sehnsucht nach Rita. Bereits um zwei Uhr morgens fuhr er voller Vorfreude zum Hafen, um sie abzuholen. Es machte ihm nichts aus, am Hafen zu warten. Er spazierte umher und beobachtete die herbeikommenden Touristen, die mit der Fähre abreisen wollten. Dann war es endlich so weit. Die Fähre wurde durch den Lautsprecher am Steg angekündigt. Nach zwanzig Minuten war sie im Hafen angekommen und legte nach einem aufwändigen Rangiermanöver rückwärts an. Die hydraulischen Laderampen bewegten sich langsam nach unten, begleitet von einem lauten akustischen Signal. Als

das Schiff mit den Tauen fixiert war, durften die Passagiere endlich das Schiff verlassen.
Da war sie! Inos eilte seiner Rita entgegen und empfing sie mit einer innigen Umarmung und Küssen. Das war Rita nicht gewohnt. Denn jedes Mal, wenn sie von einer ihrer Kurzreisen zurückkam, war Inos eher zurückhaltend und noch ein wenig mürrisch, um ihr so zu zeigen, dass er mit ihrem Verhalten nicht einverstanden war.
»Endlich Urlaub, ich freue mich so, dass du da bist«, freute er sich.
Rita hatte Tränen in den Augen. So einen Empfang hatte sie schon lange nicht mehr erlebt. »Was ist mit dir los?«, wollte sie wissen. »Du bist heute so anders als sonst?«
»Alles in bester Ordnung. Ich freue mich einfach auf unseren Urlaub«, antwortete Inos, denn er sah seine Frau plötzlich mit ganz anderen Augen.

Rita fiel, erschöpft von der langen Anreise, in ihr Bett und schlief bis zum Mittag. Erst um zwölf Uhr nahm sie ihr Frühstück auf der Terrasse vor der Küche ein und erzählte Inos von St. Petersburg. Es war wichtig für sie gewesen, wieder einmal Russisch zu sprechen, um nicht »einzurosten«. Dann folgte ein erholsames Sonnenbad am Strand.
»Es tut so gut, wieder hier zu sein. Es ist wundervoll«, bedankte sie sich.

Am zweiten Tag nach ihrer Ankunft stand der Lebensmitteleinkauf im Hafenort auf dem Programm. Beide machten sich nach dem Baden zurecht und fuhren los. Doch während der Fahrt bat Rita Inos plötzlich, sie bei seinen Eltern aussteigen zu lassen, um »Guten Tag« zu sagen. Sie hatte schon ein schlechtes Gewissen, weil sie sich so lange nicht bei ihnen hatte blicken lassen. Inos kam diese Bitte in dem Moment etwas seltsam vor, denn sie hätte doch genauso nach dem Einkauf zu ihnen fahren können. Doch Rita bestand darauf und schickte Inos alleine zum Einkaufen. Er hielt den Wagen vor dem Haus. »Hol mich bitte einfach nachher ab, okay?«, sagte sie, stieg aus, schloss die Wagentüre und ging ins Haus ihrer Schwiegereltern. Das Haus war nie abgeschlossen, weil immer jemand daheim war.

»Kalimera, ist jemand zu Hause? Kalimera!«, rief sie. Doch niemand antwortete. Alles war ganz still. »Eigenartig«, dachte sie und ging auf die Terrasse. Ioannes und Maria waren nicht zu Hause. Nur Pappous saß wieder vor seinem Häuschen unter dem Olivenbaum mit seinem Komboskini in den Händen. Rita ging durch den Garten zu ihm.
»Du sitzt in die falsche Richtung – mit dem Rücken zur untergehenden Sonne«, sagte sie, lächelte ihn liebevoll an, umarmte ihn zur Begrüßung und küsste ihn auf die Wange.
»Blicke nach Osten«, war die Antwort und er sah ihr tief in die Augen. Diese drei Worte trafen Rita ins Herz!
»Was …« Sie brachte irgendwie kein weiteres Wort heraus. Ihr Blick fiel auf den Komboskini in seinen Händen.
»Was meinst du damit, Pappous?«
»Orientierung, ›Ostung‹, Christus in die Augen schauen …«
»Ja, das hätte ich auch liebend gerne gemacht, vor 2000 Jahren. Ich hätte viele Fragen gehabt …«
»Weil du in die falsche Richtung blickst. Blicke nach Osten und du findest Frieden, schaue Christus in die Augen und die unruhigen Fragen, die unruhige Suche findet ein Ende. Setz dich zu mir«, sagte Pappous.
Rita setzte sich ihm gegenüber. Ihr Blick fiel wieder auf die Wollschnur in seinen Händen. »Ich möchte dich nicht bei deinem Gebet stören«, sagte sie verständnisvoll.
»Du störst nicht. Ich habe dich erwartet«, antwortete er.
»Sag mal, hast du in all den Jahren, die du in diesem kleinen Häuschen wohnst, ganz ohne Fernsehen und Radio, und Tag für Tag unter dem Olivenbaum sitzt, nicht einmal daran gedacht, etwas von der wunderbaren Welt da draußen zu versäumen?«, wollte Rita wissen.
»Ich habe in meinem Leben viel gesehen, viele Menschen aus allen möglichen Ländern und Nationen während mei-

ner Seefahrt kennengelernt. Doch die schönsten Erlebnisse hatte ich genau an diesem Platz. Hier begegne ich Tag für Tag dem Herrn. Und er lässt mich so vieles sehen, erleben und erkennen. Ich habe nicht das Gefühl, etwas zu versäumen. Nichts könnte mich mehr erfüllen, als der tiefe Frieden, den ich durch das Gebet hier erfahre«, antwortete Pappous.

»Ich bewundere deine Ausdauer. Aber was ist das genau, was du siehst, erlebst und erkennst, wenn du betest? Ich kenne das nicht, obwohl ich mir schon viele Gedanken darüber gemacht habe; auch wegen meiner Träume und deren Bedeutungen«, fragte Rita.

»Durch das Gebet wächst meine Achtsamkeit und diese wiederum eröffnet mir den Blick auf meine innere Ebene. Auf diese Weise erkenne ich mich selbst, meine Vorzüge und Ungehobeltheiten und das Wesentlichste: mich selbst als ein Bild, eine Ikone der Ur-Ikone des Gott-Logos, Christus. Warst du schon in Delphi? Kennst du das Orakel von Delphi? ›Erkenne dich selbst‹, heißt es dort. Und sich selbst wirklich erkennen, bedeutet auch, Gott zu erkennen.«

»Aber wie betest du, dass du solche Erfahrungen machen kannst? Wie genau betest du?«, wollte Rita weiter in Erfahrung bringen.

»Ich sammle mich in meinem Herzen und richte meinen Geist auf Christus aus, der in meinem Herzen wohnt. Ihm bringe ich mich selbst und meine Liebe entgegen. Denn diese schließt die Tür auf. Christus fordert uns im Evangelium auf, in den Tempel des eigenen Herzens einzutreten. In meiner mittlerweile jahrzehntelangen Gebetserfahrung habe ich herausgefunden, dass es darauf ankommt, aufrichtig und ehrlichen Herzens zu beten. Und ich nicht vor dem, was ich in mir finde zurückschrecken darf, bevor ich mich als Abbild von Christus entdecke. Denn nicht alles, was ich gefunden habe und was mir gezeigt wurde, entsprach meinen Idealen und Vorstellungen von mir selbst. Die Ehrlichkeit und die Liebe ermöglichen es, eine innere

Verwandlung zu erleben – gut zu werden. Denn Gutes zieht Gutes an«, erklärte Pappous weiter.
»Angenommen ich möchte auch beten, womit fange ich dann an?« fragte Rita.
»Der Mönch, vom dem du bereits gehört hast, der deinem Schwiegervater das Leben gerettet hat, hat meine Athina und mich vor sehr langer Zeit angewiesen, das Jesus- oder Herzensgebet zu praktizieren. Es ist bloß ein kleiner Satz, aber dieser vermag, richtig angewendet, innere Wunder zu bewirken. Als Hilfsmittel zur Konzentration verwende ich den Komboskini. Mit jedem Gebetssatz, den ich spreche, wechsle ich zum nächsten Knoten. So gleitet er durch meine Finger.

Der Gebetssatz lautet: ›Herr Jesus Christus, Sohn Gottes, erbarme dich meiner‹.

Dieser Satz ist ganz biblisch und wurde von unseren frühen Kirchen- und Wüstenvätern vor weit über tausend Jahren in seiner unermesslichen Tragweite erkannt. Seit dieser frühchristlichen Zeit wird er ununterbrochen gebetet und entfaltet sich in den Seelen der Menschen. Er ist als Bitte an Christus zu verstehen, uns an seiner Liebe teilhaben zu lassen. Und wessen Liebe könnte größer sein, als die des Sohnes Gottes, der mit dem Vater und dem Heiligen Geist eins ist? Mir fällt keine ein«, sagte Pappous mit einer Selbstverständlichkeit, die Rita bewegte.
»Und das reicht aus? Ich sage einfach diesen einen Satz? Das klingt ja sehr einfach. Aber warum gibt es dann nicht mehr Menschen, die so gut wie du sind und wirklich in sich ruhen?«, bemerkte sie.
»Dieser Satz entfaltet sich erst durch stete Übung und Wiederholung. Und, nicht zu vergessen, durch die Aufrichtigkeit und Liebe, mit der er gesprochen wird. Er hat eine besondere Wirkung auf unsere viel zu bewegte Gedankenwelt.«
»Was heißt das?«, fragte Rita erneut.

»Vielleicht kann ich es dir mit einer kleinen Zeichnung erklären«, murmelte Pappous, nahm einen dünnen Ast vom Olivenbaum, der unter seinem Stuhl lag, begann auf dem sandigen Boden zu zeichnen und erklärte seine Skizze:

»Gott ist hier als das Licht aller Sonnen aufgezeichnet. Als immerwährendes, kosmisches Licht, das alles miteinander verbindet – um uns und in uns – überall. Das Gefäß in der Mitte symbolisiert eine Seele. Ich habe es deshalb gestrichelt, weil eine Seele in Wirklichkeit grenzenlos und in ihrer Tiefe nicht auszuloten ist, wie Gott selbst. Lediglich der Verstand möchte die Seele immer wieder begrenzen, weil er nicht anders kann. Eine Seele ist ein göttlicher Fingerabdruck und so mit ihm wesenhaft verbunden. So wie mein Fingerabdruck einzigartig und wesenhaft mit mir verbunden ist. Wir haben eine ganze Welt von Gedanken und Bildern in uns. Und in dieser Gedankenwelt gibt es Gedanken, die uns bewusst sind und solche, die wir nicht kennen, die uns aber trotzdem bewegen und wesentlich unser Schicksal beeinflussen. Dieses Gedanken- und Bildmaterial können die Engel als Grundlage benutzen, um uns in Gottes Auftrag eine Botschaft zukommen zu lassen. Die Bibel ist voll von solchen erleuchteten Träumen. Zum Beispiel hatte Josef, der Sohn Jakobs, die Fähigkeit, Träume auszu-

legen, beispielsweise die des Pharao. Aber Gott spricht durch die Träume auch zu uns – zu dir und mir. Und unsere Engel verursachen auch den Wunsch in uns, Antworten auf unsere Träume und unsere existentiellen Fragen zu finden.
Beispielhaft habe ich die Gedanken als Kreise eingezeichnet. Die unteren sind ausgemalt. Das sind jene, denen wir normalerweise ungeprüft folgen, egal wo sie uns hinführen. Sie besitzen eine große Macht, wirken zerstreuend und rauben uns oftmals wertvolle Energie.
Der nach oben gerichtete Pfeil stellt die Entscheidung dar, uns unserer Gedankenwelt bewusst anzunehmen, indem wir ihre dynamische und schnelle Bewegung durchschauen. Und genau da kommt nun das Jesus- oder Herzensgebet zum Tragen. Durch das bewusste und konzentrierte Aussprechen dieses kurzen Gebetes fangen wir sozusagen unsere Gedanken ein, umarmen, beruhigen und reduzieren sie alle auf diesen einen Satz. Es ist wie eine Bündelung unserer inneren Kräfte. Und so werden wir innerlich ruhig und unsere Gedanken auf Gott hin durchlässig. Dafür stehen die gestrichelten Kreise weiter oben.
Erst in dieser gedanklichen Ruhe sehen wir dann deutlich unsere innere Ebene, die Szenerie unseres Lebens, unsere unbewussten Gedankenströme, verborgene Wünsche und Sehnsüchte, die ich vorhin erwähnte. Eine Durchlichtung und Heilung der Seele beginnt. Durch diese Durchlichtung unserer Gedanken werden diese freundlicher – uns selbst, anderen und schließlich der ganzen Schöpfung gegenüber. Denn Gutes zieht Gutes an. Dadurch kommen wir immer mehr in die Lage, im gegenwärtigen Augenblick zu leben. Gottes Gegenwart kann nämlich nur im gegenwärtigen Augenblick erlebt werden.

Doch Gott ist kein Marktschreier. Er spricht im Schweigen zu uns, in der Stille unserer Herzen. Mit diesem Schweigen ist jedoch nicht bloß die Bewegungslosigkeit der Zunge gemeint. Hier geht es um das Schweigen der Gedanken

und dieses Gebet ist für mich der Weg zum Schweigen. Christus sehnt sich danach, zu unseren Herzen sprechen zu können und wir hören auf seine Stimme. Selbst das Jesusgebet verstummt, wenn Christus spricht. Sein Wort ist Nahrung. Sein für das menschliche Auge unsichtbare Licht, aus dem alles was ist, besteht, ist Nahrung.
Und genau darum habe ich mich bemüht, wenn ich Tag für Tag hier gesessen habe, Christus erwartet habe und er in mein Herz eingetreten ist. Anfänglich meinen wir, er kommt von außen zu uns. Doch das Gegenteil ist der Fall: Er ist immer in unseren Herzen gegenwärtig. Genau diese gefühlte Trennung können wir durch unsere Liebe und das Gebet überwinden. Und schließlich gelangen wir durch das Gebet zum immerwährenden Gewahrsein seiner Gegenwart in uns; einem in jeder Hinsicht lebensfördernden Zustand, der uns schließlich im besten Sinne über uns selbst hinauswachsen lässt.
Das ist alles, liebe Rita. Mehr kann ich dir dazu nicht sagen. Das ist alles, was ich weiß und erfahren durfte. Über sechzig Jahre Gebetserfahrung – in einer kleinen Skizze zusammengefasst!«

Rita war begeistert von dieser einfachen Erklärung. Obwohl sie natürlich auch sah, dass es nicht reichen würde, einfach ein Gebet aufzusagen um dann Wunder erwarten zu können. Es bedarf offensichtlich einer klaren Entscheidung, sowie Mühe und Ausdauer. Rita zeichnete die Skizze auf ein Blatt Papier, das sie in ihrer Handtasche fand und notierte die Erklärungen von Pappous sorgfältig.
»Ich weiß, ich bin neugierig. Aber darf ich dich noch etwas fragen?«
»Natürlich, darfst du«, antwortete Pappous.
»Wie hörst du die Stimme Gottes in dir?«
»Eine Stimme ohne Ton im Herzen.«

Rita blieb bei Pappous sitzen und dachte nach. Eine Stimme ohne Ton ist ein Paradoxon, ein Widerspruch in sich.

Aber sie schenkte Pappous Worten Glauben und genoss seine Gegenwart. Alles war so friedlich um ihn, schien so einfach, so klar. Sie war überzeugt, dass er diese Stimme ohne Ton in seinem Herzen hören konnte. Nach einer Weile musste sie allerdings noch eine Frage stellen, die sich ihr aufdrängte:
»Was ist mit Little John? Ich weiß nicht, ob er Christus kennt wie du? Und trotzdem nehme ich dieselbe Liebe und Kraft in euch wahr!«

»Little John war nicht nur für dich ein großes Geschenk, als er zu eurer Hochzeit kam«, erzählte Pappous. »Nein, auch für mich war es eine sehr schöne Begegnung. Wir konnten uns zwar sprachlich nicht verständigen, doch haben wir uns über unsere Blicke ausgetauscht. Wir haben ohne Worte miteinander gesprochen. Aus ihm floss reine Liebe, eine Liebe, wie nur Gott selbst sie schenken kann. Und wir wussten beide um unsere Gottverbundenheit. Es war die Bestätigung für mich, dass Christus die Seinen aus allen Sprachen, Nationen und Völkern zusammenruft. Von einem Ende der Welt zum anderen.
Weißt du, ich habe hier in Griechenland Christus kennen und lieben gelernt. Wir befinden uns hier auf biblischem Boden. Wie du gehört hast, lebte hier vor knapp zweitausend Jahren der heilige Apostel Johannes und hat auf unserer Insel die großartige Vision der Apokalypse geschaut. Deshalb wird Patmos auch das Jerusalem der Ägäis genannt. Unsere Kirchenväter sprechen davon, dass Christus, das Wort – wir Griechen sagen der Logos – seine Samen im ganzen Kosmos ausgestreut hat. Wenn nun eine Seele am anderen Ende der Welt diese Samen in sich aufnimmt, bewässert und wachsen lässt, dann trägt sie eben diese Liebe in sich. Genau das hat Little John gemacht.
Einzig und allein wird es die göttliche Liebe sein, die uns schließlich miteinander verbindet und an der wir einander erkennen. Denn Gott ist reine Liebe, Gott ist reines Licht. Nichts Trügerisches ist in Ihm. Er ist wesenhaft in jedem

Menschen gegenwärtig, auch wenn das viele nicht wissen. Am Abend unseres Lebens zählt unsere gelebte Liebe und nicht wie viel trockene Bekenntnisse wir hergesagt haben. Ich meine, wir Menschen können nicht beurteilen, wo und wie viele Samen der Göttliche Logos in seiner Weisheit ausgestreut hat; in welchen Formen und Ausdrucksweisen. Er überragt unser Denken unendlich. Und diese Tatsache ist für mich sehr beruhigend. Seine erlösende Liebe schließt niemanden aus, sondern alles ein. Alle sollen eins sein.«

»Ach, ich möchte das auch alles so erkennen wie du und vor allem meine Träume verstehen«, seufzte Rita. »Leider habe ich mein Traumbilderbuch zu Hause vergessen; das ärgert mich. Du hättest mir vielleicht wieder helfen können.«

»Geduld, mein Kind, nicht so hastig. Deine Zeit wird noch kommen. Weißt du, manchmal müssen wir unser Leben aus unserer Vergangenheit heraus betrachten und verstehen, damit wir uns neu ausrichten und dadurch die zukünftige Szenerie unseres Lebens positiv verändern können. Mit jedem gegenwärtigem Gedanken prägen wir selber unsere Zukunft. Ja, wir sind in diesem Sinne für uns selbst verantwortlich. Eine sehr große Aufgabe.
Der Zeitpunkt, an dem du deine vergangenen Träume verstehen wirst, wird kommen und dann wird es der richtige für dich sein. Dann wird dein Herz sehend. Vielleicht wird es dir eines Tages geschenkt, deine Träume unmittelbar zu verstehen. Vertraue deinem Engel, er macht alles richtig. Und in der Zwischenzeit notierst du deine Träume weiter. Du wirst sie noch benötigen«, beruhigte er sie und lächelte.

Bei dem Satz »Geduld, mein Kind, nicht so hastig« musste Rita innerlich lachen, denn seit sie ihn von Inos kennt, hat er sich zu Hause zum »Dauerläufer« der beiden entwickelt. Immer, wenn etwas nicht schnell genug gehen konnte, sagten sie sich diesen Satz gegenseitig amüsiert vor.

Rita und Pappous blieben noch unter dem Olivenbaum sitzen bis Inos vom Einkauf kam, um sie abzuholen. Der Einkauf hatte etwas länger gedauert, weil er im Café noch zwei Cappuccino getrunken hatte. Direkt am Strand von Skala. Auch er war verwundert, dass niemand zu Hause war und kam durch den Garten zum Häuschen.
Rita nahm ihn an der Hand und erzählte von dem schönen Gespräch mit Pappous. Sie holte drei Gläser und Wasser und bat Pappous seine Erklärungen zu wiederholen, damit Inos sie übersetzen konnte. Auf diese Weise vergewisserte sie sich, nichts falsch verstanden zu haben und Inos kam ebenfalls in den Genuss der Ausführungen. Das war auch der eigentliche Grund für ihre Bitte. Noch lange saßen die drei beisammen bis die Sonne am Horizont verschwand und der Mond aufstieg.
Erst spät kamen die Eltern von Inos nach Hause und Rita konnte sie endlich begrüßen. Inos' Eltern setzten sich zu ihnen und Pappous unter die Olivenbäume und sie erzählten noch ein wenig, was in letzter Zeit so geschehen war. Welche Übersetzungsarbeiten Rita erledigt hatte, wie es ihnen mit dem Haus in Bayern ginge und so weiter. Schließlich bedankten sich die beiden bei Pappous und verabschiedeten sich herzlich von ihm und den Eltern, denn der Roofgarden und ein Abendessen mit einer Flasche Wein warteten noch auf sie.

Die nächsten Wochen verliefen sehr gemütlich. Sie genossen die wunderbaren Sonnentage am Meer und Inos Hautfarbe wurde wieder schön dunkel. Oft wurde mit den Brüdern und deren Familien gegrillt und gemeinsame Zeit verbracht. Immer wieder dachten die beiden über Pappous, sein Leben und seine besonderen Fähigkeiten nach und sprachen über sie. Dieser alte Mann beschäftigte sie sehr.
Zu Beginn der dritten Urlaubswoche besuchten sie früh morgens ihre Hochzeitskirche im Nonnenkloster. Alles war ganz still; keine Touristen waren da. Sie suchten Sitzplätze und versuchten zu beten, so wie Pappous es ihnen erklärt

hatte. Zum ersten Mal ganz bewusst und gemeinsam. Theoretisch wussten sie ja, wie es geht.
Rita merkte jedoch sehr schnell, dass diese Art des Gebetes sehr schwierig war. Sie erforderte volle Konzentration und Aufmerksamkeit. Und wenn da nicht die vielen Gedanken gewesen wären, die plötzlich so laut wurden, wie: das Abendessen, die letzten Nachrichten im Fernsehen, Pappous, Inos Empfang im Hafen, das richtige Make-Up, die Familie in Bayern, der Schwimmteich, der letzte Streit mit Evelyn, die nächsten Übersetzungsaufträge und Verhandlungen, der bevorstehende Einkauf und Hausputz …
Sie bemerkte, dass sie entweder in ihrer Vergangenheit herumstöberte, oder ihren zukünftigen Wünschen und Sorgen nachging. Das waren jetzt wohl die Gedanken, diese ausgemalten Kreise von ihrer Skizze. Nur sehr langsam wurde sie ruhiger und konzentrierte sich auf die Gegenwart und auf den kurzen Gebetssatz. Doch der gegenwärtige Augenblick, der Moment, der Scheidepunkt von Vergangenheit und Zukunft war leer. Diese Leere verunsicherte sie. In diesem Moment konnte sie nämlich keine Position einnehmen. Da war nichts. Etwas irritiert begann sie wieder nachzudenken. Jetzt wurde ihr wirklich klar, wovon Pappous gesprochen hatte.
Inos ging es auch nicht besser, obwohl ihm die Vorgehensweise der Gedankenbeobachtung und -beruhigung nicht nur durch diese Gebetsform bekannt war, sondern auch aus der Psychologie. Er hatte auch schon Zeiten gehabt, wo er gebetet hatte – und es hatte ihm gut getan. Doch die letzten Jahre waren dermaßen stressig gewesen, dass er das Gebet irgendwie aus den Augen verloren hatte. Es brauchte eine Erneuerung.
Die beiden hatten nämlich bei einem gemütlichen Abendessen in einer Taverne beschlossen, konsequent täglich zu beten. Auch sie wollten sich dreimal täglich zu einer bestimmten Uhrzeit gegenseitig den Segen Gottes erbitten. Dieser Gedanke gefiel ihnen ganz besonders gut. Und der Segen hatte ja seine machtvolle und positive Wirkung bei

den Großeltern gezeigt. Im Laufe der letzten Urlaubstage hatte Inos eine Idee für zu Hause, die er Rita vorschlug:
»Ich weiß nicht, wie du dazu stehst, aber ich bin zu dem Schluss gekommen, dass es sinnvoll wäre, zu Hause einen kleinen Raum einzurichten, der ausschließlich dem Gebet gewidmet sein soll. Einen eigenen Raum für die Stille, die wir begonnen haben, zu suchen. Also ich für meinen Teil zumindest. Ein Raum, in den sich jeder zurückziehen kann, wann und wie lange er möchte. Klingt das komisch, oder ist das plausibel für dich?«, fragte er etwas zögerlich.
»Ja, die Idee ist nicht schlecht; die hätte sogar von mir sein können«, lächelte sie verschmitzt.
»Wir könnten das Zimmer unterm Dach nehmen. Das Gerümpel darin entsorgen wir, oder verstauen es woanders. Die Größe dürfte ausreichen. Er hat genügend Licht durch das Fenster in der Dachgaube. Du verlegst einen neuen Boden und ich male ihn aus. Da oben stört nichts, oder?«, antwortete Rita.
Inos war von Ritas Reaktion überrascht. Anscheinend hatte auch sie Gefallen am Gebet gefunden. So planten sie den Raum bereits auf Patmos, kauften zwei handgemalte Ikonen samt Ikonenampeln, Korkschwimmer mit Dochten und freuten sich auf die Umsetzung.
Vor der Abreise erzählten sie Pappous von ihrem Vorhaben, der hoch erfreut darüber war. Er zwinkerte Inos zu und lächelte. Beim Verabschieden sagte er noch leise zu ihm: »Alles wird gut, du wirst sehen.«
»Ich danke dir für alles. Du hast so geschickt und sachte in unser Leben eingegriffen«, antwortete Inos.
»Ich bin frisch gestärkt und guten Mutes.«
Und von Rita gab's ein Küsschen mit einer festen Umarmung.

Die Rückreise verlief ohne Schwierigkeiten und sie erreichten pünktlich den Heimatflughafen. Die letzten Wochen waren äußerst aufschlussreich und bewegend. All die Diskussionen und Konflikte des letzten Jahres waren wie weg-

geblasen. Inos hoffte auf eine nachhaltige Veränderung des gemeinsamen Zusammenlebens. Mit Elan setzten sie den kleinen Umbau unterm Dach um. Alles Überflüssige wurde zum Wertstoffhof gefahren und der Rest in den Keller gebracht, bis der Raum leer war. Inos maß die Bodenfläche aus und besorgte einen Korkboden, der etwas Wärme bot und Rita kaufte die passende Wandfarbe. Im Handumdrehen war der kleine Raum saniert. Eine Kommode, ein gemütlicher Lesesessel, ein Meditations-Sitzkissen und ein schöner Blumenstock rundeten bald das Gesamtbild des Raumes ab, dessen Zentrum die beiden Ikonen bildeten. Auch der Stein vom Ayers Rock wurde zum Bestandteil des Gebetsraumes und Inos geistliche Literatur fand ebenfalls ihren gebührenden Platz. Er war wirklich gelungen und lud zum Verweilen ein.
Nun galt es, ihr Vorhaben tatsächlich in ihren Alltag zu integrieren. Dreimal täglich zu einer bestimmten Uhrzeit dachten sie aneinander und sendeten sich gegenseitig Gottes Segen. Und zumindest einmal pro Tag sollte jeder etwas Zeit finden und den Gebetsraum aufsuchen, um sich im Herzensgebet zu üben. Die Gespräche mit Pappous motivierten sehr – auch er betete dreimal täglich intensiv für die beiden. Einige Monate zogen ins Land. Inos erwartete mit Spannung, ob Rita wieder vom Reisefieber befallen würde. Doch dieses Mal vergingen ganze fünf Monate, ehe Rita von ihrer früheren Unruhe erfasst wurde und sie Inos ihr Reiseziel mitteilte.

Alles verlief viel ruhiger als früher. Inos war es zwar nach wie vor nicht recht, dass Rita packte, doch er sah in der längeren »Daheimphase« durchaus Positives. Er erinnerte sich an sein Gespräch mit Pappous und dessen Rat, sich in Geduld zu üben. Jetzt bot das Leben die Gelegenheit dazu. Rita buchte bloß wieder für eine Woche, diesmal Hamburg, und nahm die aktuelle Auftragsarbeit mit. Die früher so erhitzten Gemüter waren anscheinend besänftigt. Beiden fiel ihr verändertes Verhalten auf. Beide führten es auf

ihr Bemühen zurück, aktiv an sich selbst zu arbeiten. Jeder für sich, ohne dem anderen ewig die gleichen Vorwürfe zu machen.
Die Zeit während Ritas tatsächlicher Abwesenheit war allerdings für Inos sehr schwierig. Immer wieder schlugen seine Emotionen hohe Wellen, die ihn gedanklich mitrissen und für Unruhe sorgten. Eifersucht und Kontrollverlust, Ungeduld und Ohnmacht seiner Frau gegenüber, das alles schwappte gelegentlich über, um im nächsten Moment wieder in der Versenkung zu verschwinden. Zweifel und Hoffnung kämpften in seinem Herzen um die Vorherrschaft. Diese Momente waren sehr herausfordernd für ihn. Und immer wieder begegnete er diesen Wellen mit Besuchen im Gebetsraum, wo er mit sich rang und Gott und seine Großmutter Athina aufrichtig um Hilfe bat. Er wollte sich diesen Gefühlslagen nicht mehr ungeprüft ausliefern. Inos dachte oft an seinen Großvater, der durch die Durchlichtung seiner Seele zu Gleichmut und Sanftmut gelangte, die ihresgleichen suchten.

Nach einer »langen« Woche kam Rita gut gelaunt und frisch beschwingt nach Hause. Sie freuten sich, einander wieder zu sehen und Rita erzählte von Hamburg und was sie erlebt hatte. Ihr war aufgefallen, dass sie erheblich mehr Ruhe suchte als sonst, wenn sie unterwegs war. Gelegentlich besuchte sie eine Kirche und setzte sich hinein, entzündete eine Kerze und betete. Das war ganz neu für sie, aber sie fühlte sich sichtlich wohl mit dieser Neuentdeckung.
Inos berichtete ihr offen und ehrlich von seinen »Leidensattacken« und wie er versucht hatte, mit ihnen umzugehen. Auf jeden Fall hatte sich in den letzten Monaten vieles verändert und sie nahmen sich fest vor, diesen Weg, den sie seit dem letzten Urlaub eingeschlagen hatten, aktiv weiter zu verfolgen und das Gebet in ihren Alltag zu integrieren.

16

Ein besonderer Abend

Schon den ganzen Tag, auch während ihrer Arbeit, fühlte Rita den intensiven Wunsch nach Ruhe in sich. Sie meinte damit aber nicht diese vermeintliche Ruhe, sich einfach hinzusetzen, eine Zeitschrift durchzublättern, fernzusehen oder Sport zu treiben. Nein, dieses Mal war das Verlangen in ihr ein größeres, das sie in dieser Intensität noch gar nicht kannte. Es war nicht das Anzeichen von Erschöpfung, oder dass sie von Gott und der Welt einfach nichts wissen wollte. Nein, in ihr stieg der ehrliche Wunsch nach tiefem Frieden und Versöhnung hoch. Bis jetzt war es Rita vorzüglich gelungen, diesem Wunsch und diesem Verlangen immer wieder durch Betriebsamkeit auszuweichen. Der tägliche Gang in den Gebetsraum und die Praxis des Jesusgebetes verlangten tatsächlich Überwindung und Disziplin. Im Nachhinein jedoch war sie immer zufrieden und froh über die kleinen Erfolge, die sie verzeichnen konnte.

Der heutige Abend sollte jedoch ganz anders werden als alle, die Rita bisher in ihrem Leben erlebt hatte. Etwas Besonderes lag in der Luft. Sie konnte es nur nicht beschreiben. Auf jeden Fall anders. Rätselhaft. Etwas Unsichtbares und doch Anwesendes nahm sie ganz deutlich wahr.

»Wir träumen so viel ohne die Bedeutung dessen, was wir da sehen, zu verstehen. Wir benutzen so viele Worte, ohne über sie nachzudenken.«

»Wie meinst Du das?«, fragte Rita, etwas irritiert.

Im Raum breitete sich eine ungewöhnliche Atmosphäre aus, die sich gut anfühlte; ruhig, andächtig, ja sogar etwas mystisch. Das gedämpfte, goldene Licht, das von den vielen Kerzchen in den Salzsteinen ausgestrahlt wurde, die nur mehr halb sichtbaren Bilder an den Wänden, ein großes Buddharelief aus dunklem Holz mit goldenen Intarsien von der letzten Asienreise, einige handgemalte Ikonen auf dickem, alten Holz, die von den schönen Zimmerpflanzen geworfenen Schatten, der feine Duft des Zedern-Räucherstäbchens, das Rita soeben angezündet hatte und das Knistern des Kaminfeuers, verwandelten heute Abend das Wohnzimmer in eine lebendige Landschaft. Ein Raum, in dem man zur Ruhe kommt, den Alltag vor der Türe lassen kann, sich ganz und gar fallen lässt, weil man sich geborgen und sicher fühlt. Rita nahm einige tiefe Atemzüge, kauerte sich in die Ecke der Wohnlandschaft unter die kuschelige Decke und erwartete gespannt, was nun auf sie zukommen sollte.

»Wie lange kennen wir uns schon Rita? Was wissen wir voneinander, abgesehen von den Gewohnheiten, unseren Lieblingsspeisen, Fernsehsendungen, Urlaubsreisen, Lebensplanung, Wünschen, Lieblingssängern, guten und schlechten Launen, wie das Haus gestaltet werden soll … Hast Du jemals darüber nachgedacht, wer wir wirklich sind, woher wir kommen und wohin wir gehen? Wie sich dein Leben auf deine Umgebung und auf mich auswirkt?«
»Ja, natürlich habe ich mir schon viele Gedanken darüber gemacht, das weißt du auch – die kommen und gehen. Die Antworten, wie Pappous und Little John sie haben, habe ich leider für mich noch nicht gefunden, obwohl ich mich um sie bemühe. Ich spüre zwar, dass die beiden die Wahrheit in sich tragen, aber ich möchte sie selbst erfahren, mir eine eigene Meinung bilden und nicht einfach anderen nachplappern. Also lebe ich mein Leben und versuche das Beste daraus zu machen, mal oben, mal unten, mal gut, mal schlecht gelaunt, mal gesammelt dann wieder zer-

streut, mal voller Vorwürfe mir selbst und anderen gegenüber, mal geliebt, mal gehasst, mal voll in meine Umgebung integriert, dann furchtbar einsam, verlassen und verzweifelt, mal sicher dann unsicher, mal voller Hoffnung, mal traurig. Ein guter Ausgleich all dieser Gefühlslagen ist mir jedoch noch nicht gelungen – eine ruhige Kontinuität. Aber ich trage seit geraumer Zeit all diese Stimmungen in unseren Gebetsraum und schenke sie Christus, damit er sich ihrer annimmt. Und ich denke, das macht er auch, wenn ich auf die letzten Monate zurückblicke, in denen ich hin und wieder echten Frieden in mir spüren konnte. Aber das kennst du ja alles. Ich denke, das ist ganz normal, menschlich und in Ordnung für uns, wenn wir so glücklich sind, uns diese Freiheit zugestehen und uns in Geduld üben.

Es ist noch kein Meister vom Himmel gefallen. Außerdem werden viele Bücher über diese Themen geschrieben. Über Selbsterfahrung, Lebensrezepte und diverse Therapieformen, um innerlich frei zu werden, ich habe mittlerweile selbst zwei übersetzt, die wirklich sehr interessant waren. Doch viele Autoren, Forscher und Institutionen beanspruchen das Erstrecht auf ihre Antworten und verteidigen ihre Positionen in teils unverständlichen wissenschaftlichen Publikationen und Diskussionsrunden im Fernsehen. Vielleicht irren sie sich alle. Vielleicht ist alles ganz einfach. Zumindest wenn ich im Vergleich dazu Pappous betrachte.

Jetzt bin ich auf jeden Fall zufrieden, hier gemütlich auf dem Sofa zu sitzen. Aber warum heute Abend so tiefschürfende Fragen an mich? Ich dachte eher an einen gemütlichen Ausklang des Tages bei einem Gläschen Wein.«, antwortete Rita.

»Weil ich dich liebe und ich mir von Herzen wünsche, dass unsere Beziehung nicht nur oberflächlich verläuft, sondern an Tiefe gewinnt.«

Diese Antwort ließ ihr Herz augenblicklich aufblühen. Es war, als ob plötzlich nur mehr das Zwiegespräch existierte und alles andere rings um an Bedeutung verlor – Ort und

Zeit begannen sich durch diesen Satz aufzulösen. Augenblicke voller Aufmerksamkeit und Konzentration folgten. Ritas Herz pochte vor Glück und einige Tränen liefen ihre Wangen hinunter.
»Nimm doch bitte dein Traumbilderbuch zur Hand!«
Rita ging sogleich zum Schrank im Wohnzimmer und holte es heraus. Schließlich sollte sie einfach im Buch blättern und einzelne Träume daraus vorlesen – ganz zufällig, wo gerade ihr Blick hängen bliebe. Diese Vorgehensweise kannte sie ja bereits. Sie schlug ihr Traumbilderbuch auf und begann darin zu blättern. Augenblicklich tauchte sie in ihre Traumwelt ein. Auf diese Weise hatte sie schon lange nicht mehr Rückschau gehalten. Und sie wurde fündig. Der folgende Traum zog ihre Aufmerksamkeit auf sich.

17

Die Gärtnerin

Ich gehe über eine wunderschöne blühende Blumenwiese. Alle Blumen strecken ihre Blüten der strahlenden Sonne entgegen und wollen bewundert werden. Eine schöner als die andere; in ganz vielen verschiedenen Farben leuchten sie um die Wette. Ganz kleine und ganz große, jede nach ihrer Fasson. Mir fällt eine Blume mit einer großen dunkelblauen Blüte besonders auf und ich gehe schnurstracks auf sie zu. Ich beuge mich zu ihr runter und pflücke sie, weil sie mir so gut gefällt und mich ihr Duft besonders anzieht. Ich pflücke sie also und siehe da, ich habe nicht nur die Blume in der Hand, auch die Wurzel hat sich aus dem Boden gelöst. Ich reiße die Wurzel ab, damit ich nur mehr die Blume in der Hand halte. Ich spaziere weiter über die Wiese und nach einiger Zeit sehe ich, dass die Blume verwelkt ist. Nachdem sie mir nun keinen Nutzen mehr bringt, werfe ich sie zu Boden und sehe mich nach einer anderen Blume um.

Es dauert nicht lange und ich sehe bereits eine andere, die einen kräftig gelben Blütenstand hat. Nichts wie hin. Auch diese Blume pflücke ich. Und schon wieder hat sich die Wurzel aus dem Erdreich gelöst. So trenne ich die Wurzel erneut vom Stängel ab und freue mich über die schöne, gelbe Blume, deren Duft mir auch wieder sehr zusagt. Nach einer Weile meines Weges sehe ich, dass auch diese Blume verwelkt ist. Da ich keine welke Blume halten will, werfe ich auch sie einfach zu Boden. Unbekümmert und erfreut über den schönen Tag gehe ich weiter und genieße diese Vielzahl von Blumen, die ja noch alle blühen. Wenig später sehe ich eine rot blühende Blu-

me vor mir auf dem Weg. Ich kann meinen Blick nicht von ihr lassen und kurzerhand wird auch diese gepflückt. Dieses Mal passe ich besser auf, damit ich sie nicht samt der Wurzel ausreiße. Aber es gelingt mir nicht – schon wieder ist die Wurzel mit dabei! Ich ärgere mich über mich selbst, weil es mir anscheinend nicht gelingt, einfach eine Blume zu pflücken, ohne sie aus dem Erdreich zu reißen. Der Ärger darüber ist jedoch schnell verflogen, denn die rote Blüte nimmt mich ganz in ihren Bann und die Freude überwiegt. Ich gehe mit meiner Blume in den Händen weiter und wieder dauert es nicht lange bis ich bemerke, dass auch diese Blume verwelkt ist. Das darf doch nicht wahr sein! Jetzt reicht es mir aber, denke ich voll Gram.

Ich setze meinen Spaziergang fort und sehe inmitten dieser wunderschönen Blumenwiese eine etwas ältere Dame auf einem Stuhl sitzen, die eine einzelne Blume bewacht. Um diese eine Blume herum ist die Erde sichtbar – kein Gräschen, kein Unkraut. Es wirkt äußerst gepflegt. Ich frage die ältere Dame, was sie hier machen würde und sie sagt mir: ›Ich bin die Gärtnerin dieser Blume und passe auf, damit niemand sie pflückt. Sie soll blühen, verblühen und in der nächsten Wachstumsperiode wieder blühen.‹

›Und solange willst du hier sitzen bleiben?‹, frage ich neugierig.

›Ja, solange bleibe ich hier!‹, war ihre Antwort.

Dann ist diese Blume wohl nichts für mich, wenn ich sie nicht pflücken darf.

Ich gehe weiter meines Weges, immer noch etwas verwundert über die Gärtnerin und bald bemerke ich auf der Wiese sogar ein kleines Bäumchen, das in voller Blüte steht. Da muss ich hin, das will ich genau anschauen. Das möchte ich pflücken und mitnehmen. Ich nehme den zarten Stamm in meine rechte Hand und schon halte ich das blühende Bäumchen in meiner Hand. Und wieder sehe ich am unteren Ende seine Wurzeln. Trotzdem freue ich mich riesig darüber und möchte es mit nach Hause nehmen. Ich gehe schnellen Schrittes über die Wiese mit meinem blühenden Bäumchen in der Hand, um es sicher zu mir nach Hause zu bringen, damit ich es dort einpflanzen kann. Aber schon nach kurzer Strecke verliert auch dieses Bäumchen all seine Blütenblätter und verwelkt. Ich ärgere mich noch viel mehr über mich selbst, weil es mir anscheinend nicht gelingt, eine blühende Blume pflücken, geschweige denn ein kleines Bäumchen umpflanzen zu können.«

Alle bisher von ihr vorgelesenen Träume hatten Rita immer ein Stückchen näher zu sich selbst geführt; sie ihre Verhaltensweisen und ihr bisheriges Leben besser verstehen lassen. So auch die Gärtnerin – aber das wusste sie noch nicht. Rita dachte zunächst daran, wie wundervoll dieser Traum doch war und freute sich selbst über die exakt beschriebenen Bilder. Hier vermutete sie nicht im Geringsten einen Zusammenhang mit ihrem Leben und schon gar nicht eine mögliche Belehrung. Sie wollte ihren Traumdeuter ein wenig auf die Probe stellen, ob ihm zu so einem einfachen Traum auch etwas einfallen würde. Er durchschaute natürlich Ritas kleine List über den anscheinend so harmlosen Traum und begann zu erzählen:

»Die ›Gärtnerin‹ war ein sehr guter Traum, um dir dein Singleleben vor Augen zu führen. Denke zurück an diese Sturm-und-Drang-Jahre! Du hattest dein Berufsziel erreicht und warst selbstständige Übersetzerin, deine Stadtwohnung war neu eingerichtet, du hattest einen sehr großen Freundes- und Bekanntenkreis, bereits viel von der Welt gesehen und eine uneingeschränkte Reiselust. Ja, du fühltest dich richtig unabhängig und dieses Gefühl mochtest du! Alles lief, wie es dir gefiel. Mit deinem weiblichen Charme und deiner oft ausgelassenen Heiterkeit hattest du auch nie große Probleme, Männer kennenzulernen. Einige von ihnen auch näher. Deine Beziehungen waren jedoch meist nicht von allzu langer Dauer. Du warst wahrlich kein Kind von Traurigkeit. Selbst Emma fühlte sich manches Mal veranlasst, dich etwas zu bremsen, aber das war dir völlig egal, wenn du in Fahrt gekommen warst und deinen

Angelhaken ausgeworfen hattest. Ihr hattet nicht nur ein Stammlokal, nein, es waren viele. Unzählige Nächte wurden in den Bars und Discotheken verbracht. Du wolltest einfach nichts versäumen und dein Leben genießen, so wie es sich anbot. Oft hast du die Männerwelt etwas abwertend beäugt und ihr wenig Ehrlichkeit, Gefühl und Kompetenz zugetraut, denn alle bis dahin erlebten Bekanntschaften und Beziehungen bestätigten deine Meinung, vor allem deine Erfahrung mit Igor.

Doch nun zu deinem Traum: Jede einzelne blühende Blume auf der Blumenwiese symbolisiert ein Menschenkind das bereit ist, sich in einer Partnerschaft zu verschenken. Sie leuchten um die Wette, wie du siehst. Im Gegensatz zu den Blumen befinden sich viele Menschen insgeheim in Konkurrenz zueinander und möchten schöner, besser und größer als andere sein – jeder nach seiner Möglichkeit. Und zu diesem Zweck versprühen sie Düfte der Betörung und Verführung, um Aufmerksamkeit auf sich zu ziehen. Und das gelingt natürlich auch. Du bemerkst in deinem Traum einige dieser Blumen, deren Duft dich besonders anzieht und pflückst diese. Das Pflücken bedeutet in deinem Fall das Zueigenmachen eines Partners, indem du seine Wurzel sogar aus dem nahrhaften Boden löst und somit seiner Seele der Nahrung beraubst. Solche Partnerschaften sind keine Bereicherung, denn sie gründen auf purem Egoismus und Selbstzweck.

Du gingst ein Stück deines Lebensweges mit einigen ›gepflückten‹ Partnern, doch alle verwelkten in deiner Hand. Das deutet auf deine damalige Unreife und Unfähigkeit hin, selbst Bereicherung und Stütze für einen deiner Weggefährten zu werden. Denn das Nehmen und Verbrauchen und deine Erwartungen standen im Vordergrund. Du hast dich ihrer bedient. Und wenn du bemerkt hast, dass eine dieser Blumen in deiner Hand verwelkt war, hast du sie einfach weggeworfen und bist auf die nächste blühende Blume, die dir gefiel, zugesteuert. Jeder neue Partner war ein neuer Kick und eine kurze neue Freude. Dieses Spiel

wiederholte sich einige Male in deinem Leben. Partner waren, wie die Blumen in deinem Traum, austauschbar. Und obwohl du dich nach wahrer Liebe gesehnt hast, wurde sie dir, aufgrund deines Verhaltens, verwehrt.
Aber du hast eine Beobachtung gemacht, die dich zum Nachdenken angeregt hat. Nämlich die Gärtnerin. Sie ist Symbol für die Engel jener Menschen, die sich in Zurückhaltung üben und sich nicht aus niederen Beweggründen pflücken, beziehungsweise benützen lassen. Der Engel so einer Seele lehrt sie liebende Hingabe, Mitgefühl, Geduld und Achtsamkeit. Es sind unter anderem auch Menschen, die die große Liebe erwarten – nicht nur im partnerschaftlichen Sinn, sondern auch im göttlichen Sinn. Es sind Menschen, die sich bewusst für ein spirituelles Leben entscheiden und das Zusammenwirken von Gott, Seele und Mensch zutiefst erkannt haben. Jene, die mit dem nahrhaften Boden, Gott, in Verbindung bleiben, um immer wieder zur Blüte zu gelangen.
Dass es auf der ganzen weiten Blumenwiese nur eine Gärtnerin gab, ist der Hinweis darauf, dass es auch unter den Menschenkindern im Verhältnis nur sehr wenige gibt, die sich ihrer Gärtnerin, ihres Engels, bewusst sind und ihre Lebensweise danach ausrichten. Auch du hast in deinem Leben so einen Menschen kennengelernt. Es war Raphael. Ein sehr sensibler, junger Mann, der dir sehr gut gefallen hat. Doch er ist nicht auf dich eingegangen, denn seine Zielsetzung im Leben war eine ganz andere. Du konntest ihn damals nicht erobern. Ihr ward nicht kompatibel. Eure Lebens- und Sichtweisen waren zu unterschiedlich. Auf dem Platz, an dem er sich befand, sahst du kein Unkraut. Das bedeutet, dass er bemüht war, in Reinheit zu leben. Mit dieser Reinheit ist das absichtslose Handeln gemeint, ohne Eigennutz und aus göttlicher Liebe. Sozusagen das Gegenteil zu Pais Lebensprogramm.
Aus gekränktem Stolz, ihn nicht bekommen zu haben, hast du dich auf einen weiteren Partner gestürzt, der hier als kleines Bäumchen in deinem Traum auftaucht. Du wolltest

noch mehr erleben und suchtest nach Raphael erneut Bestätigung. Dieses Bäumchen war niemand anderer als Mateo, mit dem du viele aufregende Stunden erlebt hast, dem es möglich war, dir materiell viel zu bieten. Doch abermals machte es deine eigene Einstellung vom Nehmen und Verbrauchen unmöglich, eine wirkliche Beziehung zu führen.«

Eine geschlagene Viertelstunde verharrte Rita so auf der Couch, drückte das Traumbilderbuch gegen ihre Brust und überdachte diese Deutung. Schockiert über sich selbst, jedoch äußerst kritikfähig, gestand sie:
»Ich war grausam. Was habe ich da bloß gemacht? Die armen Kerle, die ich letztlich benutzt habe, ohne es wirklich zu wollen. Ich war ja völlig durchgeknallt. Ich habe auf eine Art und Weise Liebe und Geborgenheit gesucht, wie ich sie ganz sicher nicht finden konnte. Meine Definition von Liebe war völlig oberflächlicher Natur. Eigentlich suchte ich damals bloß Bestätigung dafür, wie gut ich doch war. Ich kam mir immer unwiderstehlich vor und fühlte mich siegessicher bei meinen Eroberungszügen. Ich kann mich auch nur an Raphael erinnern, bei dem ich nicht landen konnte. Alle anderen Auserkorenen hatten mir leichtes Spiel gemacht. Ich muss zugeben, dass du mit der Deutung dieses Traumes richtig liegst. Es tut schon weh, wenn ich jetzt im Nachhinein meine Dummheit sehe.«
»Aber warte, ich habe doch im Traum mit der Gärtnerin gesprochen. Das bedeutet, ich habe mit dem Engel von Raphael gesprochen, oder? Und dieser Engel hat sogar auf meine Frage geantwortet«, ergänzte Rita. »Ja, ich habe mit einem Engel gesprochen. Das ist ja genial … Ich habe mit einem Engel gesprochen!«, wiederholte sie lachend, um dieser Erkenntnis Nachdruck zu verleihen und plötzlich schlug ihre etwas bedrückte Stimmung wieder in helle Begeisterung um.
Sie hatte noch nicht genug. Dieser Abend bot sich regelrecht an, ihren seelischen Wissensdurst zu stillen. Rita fühlte sich wie ein ausgetrockneter Schwamm, der endlich die

ersehnte Flüssigkeit aufsaugen durfte. Es war genau der richtige Zeitpunkt für weitere Aufklärung. Beflügelt blätterte sie in ihrem Traumbilderbuch weiter. Eine Seite um die andere.

»So viele Träume und jeder hat seine Bedeutung!«, dachte Rita noch, ehe sie einen fand, der ihre Aufmerksamkeit auf sich zog.

»Hier habe ich einen Traum, den ich zusätzlich als Albtraum bezeichnete, weil er ausgesprochen brutal war. Seine Bilder waren so schrecklich, dass ich sogar jetzt noch Gänsehaut bekomme, wenn ich mich daran erinnere. Aber ich will ihn dir erzählen«, sagte sie und begann abermals zu lesen:

18

Das Schwert (Albtraum)

Ich bin in einem Kriegslazarett. Es herrschen tumultartige Zustände. Kriegsverletzte stapeln sich auf dem Boden und den Krankenbetten. Überall fließt Blut; man kann kaum einen Schritt gehen, ohne in eine Blutlache zu treten. Das Geschrei der Verletzten vor Schmerzen ist kaum auszuhalten. Immer kommen neue Verletzte hinzu, Männer und Frauen, obwohl schon kein Platz mehr vorhanden ist. Am liebsten würde ich hinausrennen, aber es geht nicht. Ich bin angehalten, mir diese Situation genau anzusehen.

Also gehe ich langsam durch die Gänge des Lazarettes. Ich möchte allen helfen, doch meine Möglichkeiten lassen es nicht zu. Viel zu wenig Ärzte sind da, die all diese Wunden versorgen könnten. Und auch Pflegepersonal sehe ich keines. Wenn einmal eine Schwester vorbeihuscht und ich sie um Hilfe für einen am Boden liegenden Schwerverletzten bitte, bekomme ich nur die Antwort, dass sie gerade keine Zeit habe, weil ein anderer auf sie wartet. Die Verletzungen, die ich sehe, sind herzzerreißend. Manchen fehlen Gliedmaßen, andere haben schwerste Kopfverletzungen, wieder andere krümmen sich vor Schmerzen in den Eingeweiden, haben Schussverletzungen. Ich gehe weiter durch dieses endlos erscheinende Lazarett.

Am Ende des Ganges sehe ich plötzlich einen Soldaten. Er trägt noch seine Rüstung – eine alte Ritterrüstung. Aber ihm fehlt auch der rechte Fuß. Er kniet vor einem großen Stein; es sieht aus, als ob er mit gesenktem Haupt beten würde. Nach kurzer Zeit greift er nach seinem Schwert, zieht es aus der Scheide, hält es mit beiden Händen hoch und legt es *ganz andächtig und langsam auf den Stein vor sich nieder. Es ist ein großes Schwert. Sichtlich erleichtert dreht er seinen Kopf in meine Richtung, sieht mich an und nickt mir wohlwollend und lächelnd zu. Ich lächle zurück. Die Geste der Schwert-Niederlegung ist äußerst beeindruckend.*

Was fällt dir zu diesem Traum ein?«, wollte Rita wissen.
»Ich sehe, dass dich dieser Traum sehr beschäftigt, weil du solche Kriegsverletzungen lediglich aus Fernseh- und Kinofilmen, Dokumentationen und den Nachrichten aus fernen Ländern kennst. Noch nie hattest du tatsächlichen Kontakt mit Kriegsverletzten; dazu bist du zu jung und lebst in einem friedlichen Land. Doch dieser Traum zeigt dir einerseits körperliche Verletzungen, die aus kriegerischen Auseinandersetzungen resultieren, andererseits weist er, wie du bereits ahnst, auf eine tiefere Ebene hin.
Dein Traum will dir helfen, dich etwas intensiver mit der Gedankenwelt auseinanderzusetzen, denn körperliche Kriegsverletzungen sind die Frucht von gedanklichen Verirrungen, welche die Verantwortlichen solcher Geschehnisse verursachen. Ein tatsächlicher Krieg ist wohl die offensichtlichste Darstellung dieser mörderischen und tödlichen Gedankenkräfte eines Menschen. Du weißt bereits, worauf ich hinaus möchte. Ich sage dir damit, dass jede Handlung, ob positiv oder zerstörerisch, ihre Ursache in den Gedanken hat.
Du selbst bist einem Konglomerat von tausenden Gedanken, die täglich auf dich einwirken und die du selbst erzeugst, ausgesetzt. Einigen von ihnen verleihst du bewusst Nachdruck durch weiteres Denken, durch Worte und Taten und verstärkst sie dadurch. Gepaart mit Emotionen können Gedankenformationen zum größten Segen werden, aber auch zum größten Fluch, wenn, wie in deinem Traum, daraus tatsächliche Kriege entstehen. Krieg definiere ich im Zusammenhang mit deinem Traum daher so: er ist eine gedankliche Strebekraft, die zu tatsächlichen Verlusten führt. All die Kriegsverletzten, die du in deinem Traum ge-

sehen hast, haben Blut verloren. Das Blut ist der Lebenssaft eines Menschen und durch den Lebenssaft drückt sich das Leben aus. Jeder, der derartig durch Kriege verletzt wurde, verliert Blut – das heißt, er büßt von seinem wertvollen Lebenssaft ein und wird dadurch geschwächt. Diese Schwäche drückt sich in deinem Traum dadurch aus, dass die Verletzten gestapelt am Boden und in den Krankenbetten liegen und nach Hilfe rufen, denn der Verlust des Lebenssaftes verursacht letztlich Unbeweglichkeit und das Verharren im verletzten Zustand bis hin zum Tod.

Du bemerkst, dass zu wenig Ärzte und Pflegepersonal da sind, um die Verletzten zu versorgen. Und du hast recht mit dieser Beobachtung. Wer kann der Arzt oder die Schwester in diesem Falle sein? Wer ist in der Lage, verlorene Lebenskraft zurück zu geben? Wer kann die Wunden von schwerwiegenden Verletzungen heilen? Hierzu ist die Heilung und Genesung der Gedanken erforderlich, um jeglichen weiteren Blutverlust zu stoppen. Durch den bewussten Anschluss an die göttliche Gedankenwelt, die bar jeglichen Krieges ist, können diese Kriegsverletzungen geheilt werden.

Eine komprimierte Darstellung der Unsinnigkeit kriegerischer Auseinandersetzungen zeigt dir noch einmal der Soldat in der Ritterrüstung. Er kniet mit gesenktem Haupt und betet. Das bedeutet, er hebt sein Denken in die göttliche Gedankenwelt durch den bewussten Akt des Betens. Seine Rüstung deutet auf den Schutz hin, der durch das Gebet und die Hingabe an die göttliche Gesetzmäßigkeit erwirkt wird. Sein Schwert allerdings symbolisiert hier die geballte negative Gedankenkraft, die all diese gesehenen Verletzungen verursachen kann. Es ist das Schwert der Zerstörung und des Leidens. Dadurch, dass er es selbst eingesetzt hat, fehlt ihm der rechte Fuß. Das heißt nichts anderes, als dass er damit seinen rechten Weg verlassen und sein rechtes Fortbewegungsmittel verloren hat. Denn jeder auch noch so geringe gedankliche Hieb einem anderen Menschen gegenüber wirkt letztlich auf den Schwertträger und Verursacher zurück. Der Soldat hat gut daran getan, sein Schwert niederzulegen, um dadurch endlich die Kette vom Verletzen und Verletztwerden zu durchtrennen. Er nickte dir wohlwollend und lächelnd zu, was hier durchaus als Einladung zu verstehen ist, dass auch du dein Schwert niederlegst. Du ahnst, worauf ich hinaus möchte. Dieser Traum wurde dir nicht umsonst gezeigt.

Es war eine sehr angespannte Zeit in deinem Leben. Wieder einmal musstest du deinem inneren Drang nach Reisen folgen. Und wieder einmal musstest du dich alleine auf den Weg machen. Du wolltest immer noch eine Rest-Freiheit zurückbehalten und hast den Bogen beinahe überspannt, denn dein beabsichtigter Alleingang nach St. Petersburg war bereits der dritte im vergangenen Jahr. Nicht nur daheim gab es lange und schwere Diskussionen darüber, die schwerste Auseinandersetzung hattest du mit deiner Mutter, Evelyn. Als sie von deinem neuerlichen Reisplan erfuhr, hat sie dich eines Nachmittags besucht. Zunächst schien alles ganz normal und in Ordnung zu sein, doch plötzlich wendete sich das Blatt und ein bitterböser Streit begann.

Deine Mutter nahm deine wiederholte Reiseabsicht zum Anlass, um dir das Aus deiner Ehe zu prophezeien. Es waren harte und überaus verletzende Worte, die da geschrien wurden. Denn durch die vorangegangenen Auseinandersetzungen hier zu Hause hattest du tatsächlich Angst um deine Ehe. Doch das Reisen gehörte einfach zu dir. Niemand konnte es dir nehmen.

Schließlich hast du dein Schwert gezogen und hast deiner Mutter an den Kopf geworfen, was dich über all die Jahre gequält hatte und du niemals auszusprechen gewagt hattest, nämlich, dass sie die Schuld an der Trennung von deinem Vater und die Verantwortung an seinem Tod in Australien trug. Denn hätte sie sich nicht von ihm getrennt, wäre er wahrscheinlich nicht in diesem Flugzeug gesessen. Was für Worte. Was für ein Vorwurf. Was für ein Schuldspruch. Was für ein Schwertstoß mitten in das Herz deiner

Mutter! Sofort nachdem du diese Worte ausgesprochen hattest, hast du vor Entsetzen über dich selbst die Hände vor den Mund gehalten und bitter zu weinen begonnen. Dir wurde unverzüglich klar, was du zu Evelyn gesagt und ihr damit angetan hattest. Aber es war draußen. Alles in der Welt hättest du gegeben, um diese Minuten des Streites rückgängig machen zu können. Doch es war zu spät. Kein Wort der Entschuldigung hätte diesen Schwertstoß aufwiegen können. Selbst die starke Mutterliebe war in diesen Minuten nicht dazu fähig!
Evelyn hat tränenüberströmt dein Haus verlassen, ohne jegliches weitere Wort. Sie stand regelrecht unter Schock. Du bist hierher in das Wohnzimmer gegangen, hast dich auf die Couch fallen lassen und dir die Seele aus dem Leib geweint. So lange, bis du vor Erschöpfung eingeschlafen bist. Dein Traum, ›Das Schwert‹, war dir in dieser Nacht ein wertvoller Hinweis, wie durch die Gedankenkräfte, den unteren Bewusstseinsbereich und folglich durch Worte schwere Verletzungen verursacht werden können. Durch die bewusste Schwertniederlegung und den Anschluss an die göttliche Gedankenwelt können solche Situationen vermieden werden.«

Diese Deutung des Traumes brachte Rita wieder zum Weinen, denn sie spürte den Schmerz in ihrem Herzen, den sie ihrer Mutter und dadurch auch sich selbst zugefügt hatte erneut, als ob der Streit soeben stattgefunden hätte. Alles war so gegenwärtig. Der schockierte Blick von Evelyn, das Verstummen, das Verlassenwerden. Denn so sehr sie sich auch bemühte das Verhältnis zu ihrer Mutter wieder zu glätten, blieb doch ein gewisser Abstand zwischen ihnen bestehen, der nicht überbrückbar zu sein schien.
Einerseits tat all das Gehörte unheimlich weh, doch Rita erkannte immer mehr, dass ihr Leben trotz aller Widrigkeiten wohl einem höheren Zwecke dienen musste. Aber welchem? Diese Frage loderte in ihrem Herzen. Bedächtig schlug sie den bislang letzten Traum in ihrem Traumbil-

derbuch auf, den sie vor einer Woche aufgeschrieben hatte und sagte: »Darf ich noch diesen letzten Traum vorlesen, denn er bedeutet mir sehr viel!«
»Natürlich, lies ihn vor. Ich freue mich, ihn zu hören!«

19

Der Liebesbrief

Ich sitze an einem kleinen, runden Kaffeehaustisch auf einer sehr hoch gelegenen Bergterrasse. Ich bin ganz alleine hier – keine weiteren Gäste sind zu sehen. Den Abschluss dieser Terrasse bildet eine kleine Steinmauer, die etwa hüfthoch ist, damit der Ausblick gewährleistet bleibt. Hinter dieser Mauer geht es steil abwärts. Ich stehe auf und gehe bis zur Mauer, um die Aussicht zu genießen. Sie ist überwältigend. Vor mir liegt eine Landschaft mit allem, was man sich an Schönem nur vorstellen kann: Berge und Täler von Flüssen und Seen, wie Adern durchzogen, Wälder und Wiesen in voller Blüte, Wüsten, Tiere in allen Größen und Farben. Mir fällt auf, dass ich alles, auch in der größten Entfernung gestochen scharf sehen kann. Jedes Insekt, jeden Windhauch, der die Blätter und Bäume sanft bewegt, selbst die Fische in den Gewässern.

Auf einem Berghang in der Ferne wird mein Blick auf eine Bärin gezogen. Sie ist bemüht, ihre Höhle zu bauen, damit sie in den anscheinend bevorstehenden Wintermonaten geschützt ist und ihre Jungen in Ruhe zur Welt bringen kann. Über dieser gigantischen Landschaft zieht in den Höhen ein Adler seine Kreise und beobachtet alles unter ihm. Ein schönes Tier, mit enormer Spannweite. Ich kann keinen Flügelschlag ausmachen, er lässt sich ausschließlich von der Thermik immer weiter nach oben tragen – der Sonne entgegen.

Ich setze mich wieder an den Tisch und finde darauf einen Briefumschlag im A5-Format. Natürlich muss ich ihn öffnen, denn es ist offensichtlich, dass er an mich gerichtet ist. Da, wo

normalerweise die Adresse des Empfängers zu finden ist, steht lediglich ›Für Rita‹. Also öffne ich den Umschlag. Zum Vorschein kommt ein wunderschönes Billett in weißem, dickem Glanzpapier. Auf der Vorderseite steht in goldenen Lettern in uralter Schrift wieder ›Für Rita‹. Ich schlage das Billett auf – es sieht aus wie eine Einladung – und sehe auf der rechten Innenseite einen Satz. Dieser ist wieder in der uralten Schrift mit goldenen Lettern geschrieben. Ich tue mir sehr schwer diese zu entziffern, aber letztlich gelingt es. Er lautet: ›Ich liebe Dich‹ und ist gezeichnet mit ›Dein Photinos‹.
Ich freue mich riesig über diesen Liebesbrief und drücke ihn fest an meine Brust. Gibt es eine schönere Aufmerksamkeit? Denke ich noch im Traum und werde mit dieser Freude in mir wach!«

Die Deutung dieses Traumens sollte maßgeblich für den Verlauf des restlichen Abends werden und sie hörte aufmerksam zu:

»Dieser Traum ist wahrlich wunderschön, denn er spiegelt die ganze Liebe wieder, von der du umgeben bist. Dass du dich auf einer Bergterrasse befindest deutet darauf hin, dass du eine erhöhte Position eingenommen hast; eine erhöhte Sichtweise, die dir einen Überblick verschaffen kann. Einen Überblick über dein Leben, deine Eigenschaften, deine Einstellungen. Die Landschaft, die du so exakt und scharf siehst, ist nichts anderes, als eine Darstellung deiner eigenen Seelenlandschaft. Mit all den schönen Dingen darin. Die Gewässer, die wie Adern deine Landschaft durchziehen, zeigen dir das verborgen wirkende lebendige Wort Gottes, durch das du lebst.
Dein Augenmerk fällt auf eine Bärin in der Ferne, die ihre Höhle vorbereitet, um ihre Jungen zu gebären. Sie ist ein Beispiel dafür, wie sich Gedanken in dir verhalten können. Wenn dich also ein Gedanke erfasst und in dein Bewusstsein gelangt, hast du zwei Möglichkeiten. Entweder du identifizierst dich mit ihm und gehst mit ihm fort, sodass er

zur Manifestation wird, oder du negierst ihn und weist ihn zurück. Im Falle der Bärin wird dir gezeigt, was mit einem negierten Gedanken passiert. Er zieht sich zurück in seine Höhle, verborgen vor deinem geistigen Auge, um einige Zeit später verstärkt durch seine Jungen wieder zu erscheinen und dadurch noch mächtiger aufzutreten, bis du ihn bewusst wahrnimmst und nach seinen Vorgaben handelst. Dieses Spiel geschieht sowohl im positiven, als auch im negativen Sinne.
Doch die dritte Möglichkeit, deine erhöhte Sichtweise, dein Positionswechsel, bewirkt nun, dass du das Abtauchen und erneute Erscheinen deiner Gedanken als Beobachter erkennen kannst und damit wirst du selbst zum Spieler und verlässt die Rolle des Spielballs, der du normalerweise bist. Ein Spielball deiner eigenen Gedanken und Emotionen. Erst von der erhöhten Position aus wird dir diese Handlungsweise möglich. Eine bewusste Entscheidung, welchen Gedanken du in deinem Leben folgen willst, die schließlich durch Handlungen manifestiert werden.
Der Adler, der ohne einen Flügelschlag am Himmel kreist, zieht ebenfalls deine Aufmerksamkeit auf sich. Er ist bekannt für seine ausgezeichnete Sehkraft, was bedeutet, dass er im Flug alles unter sich liegende genau beobachten kann. Genau wie du in deiner erhöhten Position auf dem Berg. Zudem besitzt er jedoch noch volle Bewegungsfreiheit und lässt sich von der Thermik der Sonne entgegen tragen. Die Thermik, die ihm seinen Flug ermöglicht, ist in deinem Traum die Auftriebskraft deiner Seele, die dem Licht Gottes entgegen eilt. Und deine Auftriebskräfte werden durch das Gebet entfacht und gestärkt.
Ich weiß, du denkst, du kannst nicht richtig beten, weil du oft sehr abgelenkt bist und dich dadurch schwer konzentrieren kannst. Und weil manches Mal deine tiefe Skepsis die Oberhand gewinnt, ob es Gott tatsächlich gut mit dir meinen kann. In Anbetracht des schmerzlichen Verlustes deines geliebten Vaters. Die Gedanken kommen und gehen und doch möchtest du so gerne beten wie Pappous es ver-

mag. Das Gebet ist im Grunde genommen nichts anderes als ein Gespräch zwischen zwei Teilnehmern. Es bedeutet Kommunikation und diese besteht aus zwei Komponenten: Nämlich dem Sprechen und dem Zuhören. Wobei letzteres sehr viel schwieriger zu praktizieren ist als das Mitteilen. Denn das Hören setzt eigenes Schweigen voraus und die Konzentration darauf, was das Gegenüber zu sagen hat. Aber das weißt du ja. Beten ist somit konstruktiver Austausch. Es bedeutet, eine lebendige Beziehung zweier Liebender: Gott und dem Menschen.

Das Gebet, musst du wissen, hat viele Facetten. Natürlich gibt es viele vorformulierte Gebete, die durch Betrachtung ihre Wirkung in der Menschenseele entfalten. Es gibt aber auch noch eine andere Art von Gebet. Und das ist jene, die dir am heutigen Abend zueigen ist. Nämlich, deine innerste Bereitschaft zu hören und Veränderung zu erlauben. Und in dieser Seelenverfassung – deiner erhöhten Position – empfängst du die schönste Botschaft, die es möglich ist zu erhalten. Nämlich die Zusage der unendlichen Liebe Gottes durch den Liebesbrief.«

28

Die Überraschung

Rita war von den Erklärungen und Auslegungen ihrer Träume äußerst beeindruckt. Alles Gehörte konnte sie für ihr Leben als wahr erkennen. Es waren Momente starker Emotionen. Alle schienen gleichzeitig vorhanden zu sein: Trauer, Verzweiflung, Zweifel, Hass, Wut, Zorn, Frust, Verwirrung, Lust, Freude, Spannung, Hinwendung, Zuneigung, Ausgeglichenheit, Gelassenheit – und unendliche Liebe. Sie plagte nur mehr die Antwort auf eine besondere Frage. Sie nahm all ihren Mut zusammen und fragte:
»Wer bist du, dass du derartige Einsichten in mein Leben hast und selbst meine Träume auf diese Weise erklären kannst?« Ritas Herz pochte vor Spannung auf die Antwort.

»Mir gefällt deine ›heilige‹ Neugierde. Du fragst dich insgeheim schon die ganze Zeit, ob ich so etwas wie ein Engel bin.
Und ja, ich bin einer von ihnen – ein Bote Gottes! Ich bin Photinos, der Lichte. Ich bin der Lichtträger in dir. Dein wahres Selbst, der verborgene Mensch des Herzens in dir. Jener Teil, der befähigt ist, das göttliche Licht zu empfangen, das heißt jener Teil, der die Anlage zur Gotteserkenntnis als Geburtsrecht in sich trägt.
Mittlerweile gibt es eine Vielzahl von Namen für uns – je nach Religion und Kultur. Der Name Engel für uns Geistwesen ist dir bekannt aus den alten heiligen Schriften und Erzählungen. Aber ebenso kannst du uns hinter den Begrif-

fen: Seraphim, Cherubim, Throne, Himmlische Mächte und Gewalten, Schutzengel, der innere Mensch, das geistige Feuer, Nous, Devas, die Buddhi, der Atman, Antriebskräfte, das höhere Selbst, das höhere Bewusstsein, die innere Führung, der siebte Sinn, die Inspiration … finden.

Die Zeit ist reif, künstlich verursachte und herbeigeführte Trennungen zu überwinden.
Die Liebe Gottes, die in uns allen und allem, selbst in der totgeglaubten Materie, wirkt, ermöglicht diese Überwindung der Trennung und Vereinzelung. Denn Vereinzelung geschieht dann, wenn der Kontakt der Erdenpersönlichkeit zur unsterblichen Seele verebbt; wenn die Sensibilität für das göttliche Leben in ihr erlischt. Unsere Aufgabe ist es, unseren Erdenpersönlichkeiten einen Weg in die Vereinigung mit der Quelle allen Lebens, dem einen Licht, mit Gott Selbst, zu weisen.
›Auf dass alle eins seien‹, eins mit Gott, eins in sich selbst und eins untereinander. Dies ist die ›heilige monas‹, die heilige Einheit. Diese Einheit ist eine Gabe des Himmlischen Vaters. Der Mensch, der diese Einheit erfahren hat, ist ein wahrer ›monachos‹, ein Mönch im wahrsten Sinne des Wortes, ein Mensch, der mit allem eins ist. So wie Pappous und Little John von allem getrennt sind, um mit allem eins zu sein.
Erinnere dich an den Liebesbrief, wie du ihn genannt hast. Die Schrift, die du kaum entziffern konntest, sie ist ein Hinweis auf mein Alter. Denn ich bin ein ›Ab origine‹, ein Ur-Einwohner der geistigen Welt. Im Ursprung durch den liebenden Willen Gottes geschaffen und in ihm ewig seiend, eins mit ihm. Der Liebesbrief war meine besondere Offenbarung an dich. Denn ich habe dir meinen Ewigkeitsnamen bekanntgegeben. Das, was ich bin – der Lichtträger Gottes – in dir. Vom Schöpfer habe ich den Auftrag erhalten, dich als Erdenpersönlichkeit in Evelyns Mutterschoß durch meine Kraftvermittlung zu bilden, dich am Leben zu erhalten, zu nähren und wenn die Zeit gereift ist, zu er-

leuchten. Du bist die irdisch-greifbare Manifestation eines Geistwesens. Ich habe viele Äonen durchlebt, schaue immerwährend das Antlitz des Himmlischen Vaters, diene ihm, erfülle meine Aufgaben in liebender Hingabe, voll Dankbarkeit und Ehrerbietung im Wissen um seine unendliche Weisheit. Doch nun bist Du meine spezielle Aufgabe. Ich werde dir helfen, deinen Geist zu entgrenzen und zu stählen, deine Unterscheidungsfähigkeit zu schulen und deine Auftriebskräfte zu aktivieren, damit du dich einst in das unaussprechliche Licht Gottes ergießen kannst und er in dich.
Wir alle – und das ist eine unüberschaubare Menge von noetischen Wesen mit unterschiedlichsten Fähigkeiten und Aufträgen – sind angehalten, unsere Erdenpersönlichkeiten empor zu heben, sie zu belehren, zu erleuchten und sie bei Zeiten zu mahnen.
Alle auf dieser Erde lebenden Menschen werden von uns durch ihre persönlichen Lebensumstände geschult und durch die ›Himmlische Bildersprache‹, die ihr Träume nennt, belehrt. Dies ist eine von unzähligen Möglichkeiten, wie wir ganz sanft auf uns aufmerksam machen können und liebevoll in das Leben unserer Erdenpersönlichkeiten eingreifen.
Für die Traumbotschaften verwenden wir stets Bilder, die in euren ›Archiven‹, den Erinnerungsspeichern, vorhanden sind, die zum Nachdenken anregen und Interpretationsspielräume eröffnen. Nichts, aber auch gar nichts in deinem Leben geschah oder geschieht ohne Grund. Seit dem Zeitpunkt deiner Zeugung bereite ich dich auf diesen heutigen Abend vor. Viele meiner vermittelten Traumbilder ließen dich unbewusst Entscheidungen in deinem Leben treffen, die dir zum Besseren gereichten.

Dein Mann, der ebenfalls Photinos heißt, hat einen ausgeprägten Spürsinn in seiner Forschungsarbeit entwickelt und erkannt, dass Träume belehrende und spirituelle Aspekte in sich bergen. Und das ist gut so. Seine Aufgabe ist es, vielen Menschen einen neuen, anderen Zugang zu dieser Thematik zu verschaffen und dadurch weitere Erkenntnisse über unsere Anwesenheit zu eröffnen. Es freut mich sehr, dass seine Eltern, inspiriert durch ihre Engel, diesen Namen für ihn gewählt haben, denn auch er hat den Auftrag, immer mehr zum Lichtträger zu werden.

Und du, du bist mein Kind des Lichtes, meine Perle!

Deine Brüder haben einst den Namen für dich ausgesucht. Ich habe sie inspiriert, diesen Namen zu wählen, denn er ist Ausdruck meiner Liebe zu dir. Reduziert euch in eurer gegenseitigen Betrachtung nicht auf gemeinsame Interessen oder Mängel, die ihr je am anderen bemerkt. Lernt euch in größeren Kontexten zu sehen und als das was ihr seid – nämlich unsere Schüler; keiner mehr oder weniger als der andere. Dadurch wird die Vertiefung eurer Liebe möglich, die ihr, du und Inos, euch wünscht.
Nicht das Finden eines Lebenspartners ist maßgeblich und entscheidend für dein wahres Glück. Kein Mensch auf Erden kann eines Anderen Erfüllung sein; das würde jeden von euch maßlos überfordern. Das weißt du. Das kannst weder du für Inos sein, noch umgekehrt, obwohl ihr euch wahrhaftig und aufrichtig liebt. Denn hier spielt auch die Vergänglichkeit des Erdenleibes eine erhebliche Rolle.
Du warst immer auf der Suche nach Liebe und Freiheit und hast diese nach deiner Definition dieser Begriffe auch gelebt, obwohl du dadurch oft Schwierigkeiten heraufbeschworen hast. Doch was bedeutet Freiheit? Wirklich frei zu sein? Frei wovon? Frei von wem? Aus unserer Sicht bedeutet Freiheit, bar jeglicher Anhänglichkeit und Täuschung zu sein, bar jedweder Projektion, losgelöst von Erwartungen und fesselnden Sinneseindrücken, jedoch wissend um unseren Ursprung. Diese Freiheit ermöglicht uns eine Sicht der Dinge, wie sie wirklich sind.
Diese Freiheit lässt uns erkennen, wer wir sind und wer Gott ist. Erinnere dich an den Vergnügungspark, wie du

umhergejagt wurdest, um ja nicht zur Ruhe kommen zu können, um ja nicht den Weg zurück finden zu können. Der Weg zurück, den du antreten kannst, solange du hier auf Erden lebst, ist jener, dein wahres Selbst, das göttliche Licht in dir zu finden und zu lieben. Durch unsere Vereinigung wird dir die Sicht auf die Dinge wie sie wirklich sind eröffnet – und du wirst staunen.
Das ist unsere Definition von Freiheit. Erst durch diese Freiheit sind wir in der Lage zu lieben, wie Gott uns liebt, nämlich ohne Bedingungen und Forderungen. Erst diese Liebe wird eure Beziehung vertiefen und – ja, ihr werdet in dieser Liebe frei sein.

Ich will mich dir nicht aufdrängen. Denn ich bin an deinen freien Willen gebunden. Schließt du mich als Teil von dir aus, werde ich dich deinen eigenen Entscheidungen in Liebe und Freiheit übergeben und nur mehr als leises Gewissen zu dir sprechen. Willst du mich allerdings in dein Leben integrieren, werde ich dich in hohe Höhen führen und dich große Zusammenhänge schauen lassen. Und noch viel mehr: Nämlich eine stetig wachsende Beziehung zur Quelle allen Lebens erwirken. Alles ist möglich. Du darfst entscheiden.
Willst du meiner Einladung folgen und diesen Lebensweg bewusst weiter beschreiten, wirst du einer besonderen Herausforderung begegnen. Nämlich deine Motivationen für deine Handlungen bewusst und aufrichtig zu überprüfen. Durch die stetige Übung der Achtsamkeit in der Stille deines Herzens, der Beobachtung deiner inneren Vorgänge, wirst du befähigt, den wiederkehrenden Kreislauf deiner dir Leiden verschaffenden Lebensumstände zu beenden.
Die Stille deines Herzens bedeutet für uns die Bewegungen deines Geistes, deiner Gedanken so zu beruhigen, dass du fähig wirst, die wortlose Liebe Gottes, seinen Geist, in dich einströmen zu lassen. In dieser wortlosen Liebe ist alles Wissen und alle Weisheit verborgen die du benötigst, um wahres Glück zu erfahren. Und dieses Glück ist von

Bestand, denn es ist unabhängig von äußeren Umständen. Dies bedeutet allerdings konsequentes Training, es bedeutet Gebet. Und, mit Verlaub, ich werde dir auch weiterhin dabei helfen.
Werde ein Türhüter deines Herzens und wähle mit Bedacht, welchen Strebekräften, Bildern und Gedankenformationen du Einlass gewährst. Denn hier auf dem Erdenrund gibt es durchaus auch andere Interessenten an dir, die Verwirrung stiften, Verzweiflung säen und Verderbnis bezwecken. Sie schmiegen sich an deine im Laufe der Jahre entwickelten egozentrischen Eigenschaften, die dir selbst und anderen Leiden schaffen und lassen durch ihre Trugbilder all deine Worte und Handlungen stets rechtens erscheinen. Unabhängig davon, ob du dadurch dich selbst oder andere Menschen verletzt.
Erinnere dich an die goldenen Lettern des Liebesbriefes. Sie weisen auf Heilung hin, denn Gold ist die Farbe der Liebe Gottes und deiner Heilung. Die Wunden, die du in deinem Leben erfahren hast werden durch meine vermittelnde, bedingungslose Liebe der Heilung zugeführt. Vertraue mir und fürchte dich nicht!«

Absolute Stille – Ritas Gedanken-Karussell stand erstmals in ihrem Leben tatsächlich still. Der Ort dieser unbeschreiblichen Stille, an dem sie sich in diesen Momenten befand, liegt jenseits von Denken und Sprechen.

21

Das Licht aus dem wir sind

Schließe deine Augen und atme ganz ruhig und tief in deinen Körper hinein und ganz sanft wieder aus«, sagte Photinos leise mit seiner sehr angenehmen ruhigen, tiefen Stimme.

»Es gibt kein Gestern. Es gibt kein Morgen. Es gibt nur diesen Augenblick – jetzt. Atme ein, atme aus, ein, aus, ein, aus – Ganz ruhig und sanft.
Beschreibe alles, was du nun siehst, fühlst, tust und erlebst!«

Rita folgte augenblicklich den Worten ihres Engels und erzählte, was vorging:

»Ich atme ein – tief in meinen Körper hinein, ich atme aus. Ein, aus, ein, aus, ein, aus …
Ruhe breitet sich in mir aus, eine Ruhe, die ich bis jetzt noch nicht kannte, sehr schön, angenehm und irgendwie weit. Ich sehe einen großen Raum, in dem ich mich jetzt befinde – seine Wände sind hell und der Boden ist aus altem Holz.
Ich sehe ganz feine Wellen und Linien, teilweise wie dünne Nebelschwaden, die in langsamen Bewegungen durch den ganzen Raum ziehen. Es sieht wundervoll aus – eine Komposition aus verschiedenen Farben und winzigen leuchtenden Pünktchen.

Ich atme ganz ruhig und strecke meine Arme aus, um den ganzen Raum zu fühlen. Ich habe das Gefühl, als würden die Wellen verschiedene Botschaften transportieren, einzelne Wörter, größere zusammenhängende Sätze; manche Wellen scheinen sich zu größeren ›Wolken‹ zusammenzuschließen, die komplexere Inhalte bergen.
Ich sehe einen solchen feinen Faden, fast durchsichtig, auf mich zukommen. Vor mir befindet sich eine Vielzahl von aufblitzenden Pünktchen, die ich nun einatme. Ich fühle diese Pünktchen in mich hineinströmen und wie sie meinen Körper füllen.
Kann es sein, dass ich gerade Ruhe einatme? Denn es breitet sich eine ganz besondere Ruhe in mir aus. Ich atme noch tiefer ein, denn ich möchte diese Ruhe noch intensiver erfahren. Es ist, als ob diese feine Welle alle Zellen meines Körpers umströmt, sogar durchströmt; mich zur Gänze erfasst.
Ist es möglich, dass ich den Inhalt, ja, die Bedeutung, den tieferen Sinn des Wortes Ruhe jetzt gerade erfahre und er sich in meinem Körper manifestiert?«

»Ja, so ist es. Das geschieht in diesem Moment«, antwortete Photinos leise.

»Das ist ja wunderschön. Ich möchte noch mehr Wortinhalte einatmen! Darf ich mir ein Wort aussuchen?«, fragte Rita.

»Ja, es steht dir alles zur Verfügung, was du in diesem Augenblick ersehnst«, antwortete Photinos.

»Ich wünsche mir Frieden! In diesem Moment sehe ich in Wellenform eine Vielzahl von leuchtenden Pünktchen auf mich zukommen. Ich atme wieder langsam ein. Ich habe das Gefühl, dass alle meine Muskelverspannungen gelöst scheinen, völlig frei und durchlässig. Die feine Welle mit dem Wortinhalt Frieden fließt ganz sanft durch meinen ge-

samten Körper. Ich kann sogar meine Zellen sehen, die diese Welle willkommen heißen, als ob sie schon sehnsüchtig auf sie gewartet haben. Ich atme tiefer ein, am liebsten würde ich nur mehr einatmen und nicht mehr aus, damit ich nichts von dem, was ich erhalte abgeben muss. Aber mit jedem neuen Atemzug werden die Wortinhalte Ruhe und Frieden in meinem Körper präsenter, als ob die Inhalte die Struktur meiner körpereigenen Zellen verändert. Mein Körper fühlt sich schwerelos an. Der Raum ist unaussprechlich angenehm. Ich fühle Wärme durch meinen Körper fließen.
Ich möchte gerne Versöhnung einatmen. Darf ich das?«, fragte Rita erneut.

»Ja, du darfst es. Lass dich auf den Wortinhalt Versöhnung ein und erzähle mir, was geschieht!«

»Ich atme ein. Jetzt sehe ich eine große Welle bestehend aus Milliarden von leuchtenden Pünktchen auf mich zukommen! Es sieht so aus, als ob dieser Wortinhalt sehr viel in sich birgt. Ich habe großen Respekt vor dieser Welle, fast ein wenig Angst. Aber sie kommt so sanft und rücksichtsvoll auf mich zu, als ob sie mir durch ihre Bewegung sagen möchte: ›Fürchte dich nicht!‹ Ich will vertrauen und den Wortinhalt Versöhnung ebenfalls erfahren und spüren. Ich sehe die Welle ganz deutlich vor mir; sie leuchtet ausgesprochen hell und ich beginne sie sehr sachte mit einem ersten kleinen Atemzug einzuatmen.

Oh, was geschieht jetzt? Mir wird plötzlich ganz übel und ich bekomme direkt Bauchkrämpfe, fast wie Geburtswehen; was ist denn das? Es fühlt sich schlecht und schwer an; alles beginnt in mir zu rumoren und zieht sich zusammen. Meine Körperzellen sind ganz aufgeregt und bewegen sich in alle Richtungen rasant hin und her, als wollten sie dem Wortinhalt Versöhnung ausweichen und nicht in sich aufnehmen. Ich kann kaum noch stehen; ich muss mich auf

den Boden setzen, so schlimm wird dieses Gefühl in mir. Irgendetwas sucht den Weg nach draußen und will mich verlassen; ich beginne stark zu würgen.
Nach einigen Anläufen flutscht eine Welle aus mir heraus, die aus dunklen Pünktchen besteht, die schwerer scheinen als die hellen und sinkt zu Boden. Ich erkenne den Wortinhalt, nein, es ist so etwas wie ein geheimer Leitsatz, der anscheinend in mir präsent ist und mein Leben insgeheim bestimmt hat, den ich bis jetzt nicht bewusst wahrgenommen hatte. Er lautet: ›Ich werde verlassen!‹
Du meine Güte, woher kommt denn dieser Satz? Er schmerzt fürchterlich!

Viele Tränen verlassen meine Seele. Dieses dunkle Häufchen Elend liegt nun vor mir auf dem Boden. Aber siehe da – es löst sich plötzlich auf. Es ist nicht mehr zu sehen. Um mich zu vergewissern, fasse ich mit meinen Händen auf den Boden; aber tatsächlich, da ist nichts mehr. Und genau so schnell, wie dieses Unwohlsein gekommen ist, so schnell erhole ich mich wieder! Anscheinend musste hier Platz für etwas Neues geschaffen werden!

Neue Kraft strömt ein und ich besinne mich auf den ruhigen Atem; atme trotz dieser Aufregung jetzt wieder ganz gelassen und tief ein. Ich darf die Welle der Versöhnung noch weiter in mich aufnehmen und versuche, ganz unvoreingenommen zu bleiben. Ich vertraue. Jetzt nehme ich ganz deutlich die Präsenz einer Person in meinem Raum wahr. Sie steht hinter mir und ich drehe mich voll Neugierde zu ihr um. Es ist mein geliebter Vater! Er sieht genau so aus wie früher; ein kräftiger, stattlicher Mann steht vor mir. Unsere Blicke begegnen sich und bleiben aneinander haften; wie Magnete, die sich gegenseitig anziehen.
Mein Vater! Ich falle ihm um den Hals und wir drücken uns ganz fest aneinander. Bäche von Tränen schießen meine Wangen hinunter. ›Es tut so weh. Meine Liebe zu dir tut so weh. Ich vermisse dich so sehr. Es tut mir unendlich leid,

dass ich dich in meinem Leben nicht besser kennengelernt habe. Ich habe es mir all die Jahre so sehr gewünscht, die versäumte Zeit nachzuholen. Keine Worte können meine Gefühle ausdrücken.‹

Ich spüre dieses riesige Defizit und beginne erst nach und nach zu realisieren, dass mein Vater hier anwesend ist und ich mit ihm jetzt verlorene Zeit verbringen darf. Ich will diesen Moment genießen und ganz in mich aufnehmen. ›Ich liebe dich aus tiefsten Herzen!‹

Lange Zeit stehen wir in meinem hellen Raum auf dem Holzboden und liegen uns in den Armen, ohne auch nur ein weiteres Wort zu wechseln. Wunderschöne, farbige Bänder verbinden uns miteinander – sie reichen von Herz zu Herz und leuchten in allen Farben. Es scheint, als würden wir über diese farbigen Bänder wortlos kommunizieren, uns in aller Tiefe begegnen. Eine leere Schale wird endlich gefüllt!

Nach dem ersten Enthusiasmus über unser Wiedersehen entdecke ich eine Verbindung zwischen uns, die uns beiden Schmerzen verursacht! Ich sehe hinunter zu diesem bestimmten Band und lasse meinen Blick entlang bis zu meinem Vaters Herzen gleiten. Da tut sich eine große offene Wunde auf. ›Die Wunde meines Vaters!‹ Ich erkenne mit einem Blick das gesamte Ausmaß unserer Verbindung:

Mein Vater verlässt seine geliebte Familie immer noch – auch in diesem Augenblick. Sein Beruf, mit dem er nichts weiter wünscht, als seine Familie zu ernähren und zu versorgen, wird zum Stolperstein in seinem Leben und er verliert, was er am meisten liebt – seine Familie! Er empfindet tiefe Scham darüber, gescheitert zu sein. Das ist auch der Grund dafür, dass wir uns aus den Augen verloren haben. Sein Schmerz ist gegenwärtig, immer noch. Nicht vergangen. Mit diesem Schmerz in seinem Herzen schied er aus dem Leben. Das bedeutet, dass seine Seelenverfassung zum Zeitpunkt seines Todes immer noch wirkt. Und zwar in ihm selbst und in unseren Beziehungen zueinander. Jetzt verstehe ich die Erklärung von Little John, als er mir den Zusammenhang vom Ungeborenen, Lebenden und Vergangenem klarmachen wollte. Alles ist zu jeder Zeit gegenwärtig – ein Ganzes. Und wir leben in diesen Verbindungen und Abhängigkeiten.

Mir fällt es wie Schuppen von den Augen. Plötzlich erkenne ich den Kontext zwischen meinem Vater und mir ganz deutlich, die Auswirkung dieser Verbindung auf mein eigenes Leben. Ich lebe mein Leben in der Wunde meines Vaters – aus Liebe zu ihm. Ich wiederhole auf meine ganz eigene Weise diesen Teilbereich aus seinem Leben, damit endlich diese, seine Wunde sichtbar wird und Heilung findet. Er benötigt Versöhnung mit sich selbst, damit wir alle frei werden können.
Mein häufiges Verlieren von früheren Partnern, meine ›unsichtbare Schranke‹, meine Kontrollsucht in Partnerschaften und der Drang zu reisen, der nichts anderes zum Ausdruck brachte, als die Suche nach meinem Vater; ich suchte ihn in meinem Leben – in seiner Wunde. Das sind die Auswirkungen in meinem Leben, das von nichts anderem als von Verlustangst bestimmt war. Das bedeutet ja, dass das, was ich am meisten befürchte, letztlich sogar eintreten kann, weil ich unbewusst selbst solche Situationen in meinem Leben herbeiführe.
In meiner Ehe sehe ich jetzt meine Angst ganz deutlich, meinen geliebten Inos eines Tages ebenfalls zu verlieren. Dadurch halte ich mich an ihm fest, um ihn im nächsten Augenblick durch meine Reisen wieder zu verlassen. Damit setze ich ihn einem Wechselbad der Gefühle aus. Das ist ja auf Dauer nicht auszuhalten! Was mache ich da bloß? ›Verzeih mir Inos, ich bitte dich.‹
Wenn ich meinen Reisedrang befriedige, folge ich im Grunde genommen meinem Vater quer über den Globus, um ihm nah zu sein und seine Wunde aus Liebe zu ihm heilen zu helfen. Aber aus dieser Handlung entsteht keine Heilung. Im Gegenteil, ich würde dadurch dasselbe Schick-

sal wie meine Eltern erleiden, obwohl ich nie so werden wollte wie sie. Völlig blind tapse ich durch mein Leben, im Glauben selbstbewusst zu entscheiden und frei zu sein. Meine vermeintliche Freiheit ist nichts anderes als verängstigtes Handeln; in völliger Abhängigkeit aufgrund der unreifen Liebesverbindung zu meinem Vater. Aber echte Liebe ist doch der Inbegriff von Freiheit, oder? Ich bin so weit, dass ich die feste Umarmung von meinem Vater lösen kann und trete einen Schritt zurück, um mir noch weitere Klarheit zu verschaffen. Dieser Schritt tut unserem liebenden Verhältnis keinen Abbruch. Im Gegenteil, es fühlt sich gut an; erleichtert und gelöster. Jetzt finde ich auch die passenden Worte für meinen geliebten Vater:

›Lieber Papa, ich liebe dich mit aller Liebe, die ich aufzubringen imstande bin. Ich weiß, dass du auch so fühlst wie ich. Ich danke dir für mein Leben; ich danke dir für die vielen Opfer, die du für mich und unsere Familie gebracht hast; all die Entbehrungen, über die du nie ein Wort verloren hast. Danke, dass ich durch dich diese wunderbare Welt kennen lernen darf. Danke für die Situation, in der wir uns jetzt gerade befinden, denn ohne dich wäre das nicht möglich gewesen. Ohne dich wäre ich nicht an diesen Punkt meines Lebens gelangt. Ohne dich besäße ich nicht das tiefe Verlangen nach Versöhnung. Ich danke dir unendlich dafür, dass du mein Vater bist. Du bist nicht verschwunden, nur weil du für mich nicht mehr sichtbar bist.
Jetzt weiß ich, dass du in jener Welt, in der du dich nun befindest, zu gegebener Zeit Heilung von deinem Schmerz erfahren wirst. Es ist eine Welt, die mir noch verborgen ist; die ich noch nicht sehen kann und doch existiert sie. Es ist eine Welt weiterer Lernschritte und tiefer Erfahrungen für uns. Du hast lediglich eine andere Daseinsform angenommen und diese Gewissheit erfüllt mich mit großer Freude. Ich liebe dich! Im Vertrauen auf die Welle der Versöhnung, die uns beide umgibt und durch uns hindurchströmt, entlasse ich dich in deinen eigenen weiteren Weg in der jensei-

tigen Welt, denn nur durch diesen liebevollen Akt unserer ›Trennung‹ werden wir fähig werden, die wahre Liebe, die uneingeschränkte Freiheit birgt, zu erfahren. Ich bitte dich darum, uns diese Freiheit zu ermöglichen. Bist auch du bereit für diesen Schritt?‹

Da ist es – das befreiende ›Ja‹ meines Vaters.

Ganze Felsbrocken fallen von uns beiden zu Boden und lösen sich augenblicklich auf, so als wären sie nie vorhanden gewesen. Tiefe Seufzer begleiten diesen Moment. Das Band, das unsere Wunde miteinander verbindet, scheint brüchig zu werden, sinkt langsam zu Boden und löst sich ebenfalls auf. Wir atmen beide von der Welle der Versöhnung weiter tief ein. Etwas Besonderes bemerke ich allerdings. Einige der blitzenden Pünktchen bewirken in uns nicht nur Versöhnung mit unseren Schicksalen, sondern auch Heilung, als wäre Heilung ein Aspekt der Versöhnungswelle, oder umgekehrt? Die Auswirkungen sind auf jeden Fall enorm.
Wir genießen einander und diesen Augenblick der gegenseitigen Entlassung unaussprechlich. Wir sind von unbeschreiblicher Liebe umgeben, die alles trägt. Nun weiß ich, dass ich nicht mehr alleine reisen muss. Nicht unter diesen Umständen, nicht, um meinen Vater zu finden. Endlich verlässt mich dieser Zwang. Das tut gut.

Jetzt nehme ich noch eine Person wahr. Ist das denn die Möglichkeit? Es ist Mama – meine Mama! Ich wende mich ihr zu und stehe ihr nun genau gegenüber. Auch unsere Blicke treffen einander und es beginnt ein ähnlicher Austausch wie mit meinem Papa. Zunächst ohne Worte; allein unser Blickkontakt reicht aus, um uns zu verständigen. Wir umarmen uns ganz fest. Während der Umarmung nehme ich auch hier unsere Liebesbindung von Herz zu Herz wahr. Bänder in vielen bunten, hellen Farben zeigen sich uns. Es sieht wunderschön aus. Aber auch hier taucht

plötzlich ein Band auf, das auf eine Wunde hindeutet. Was hat das zu bedeuten? Ganz aufmerksam lasse ich meinen Blick dem Band entlang meiner Mutter entgegen gleiten und ja, jetzt sehe ich auch unsere schmerzliche Verbindung ganz deutlich vor mir. Es ist anders als bei Papa – ganz anders.
Mir wird unser Verhältnis zueinander klar. Sie ist wie ein Spiegel, in den ich sehe, den auch meine Mama benutzt, wenn sie mich sieht. Auch sie leidet offensichtlich an einer Wunde, die nie geheilt wurde. Du meine Güte! Es ist einerseits ihre Fähigkeit zur Hingabe an die Familie, die ihr andererseits einen großen Verlust brachte – nämlich den ihres geliebten Mannes. Auch sie hat all ihre Kraft dafür eingesetzt, ein gutes Familienleben aufrecht zu erhalten und dennoch ist ihre Beziehung zu Papa gescheitert. Und genau das verbindet sie nun miteinander. Hingabe bedeutet für sie gleichzeitig Verlust.
Jetzt sehe ich auch mein Verhalten ganz deutlich vor mir. Aus Liebe zu meiner Mutter habe ich einen Teil ihres Schmerzes in mein Leben übernommen. Meine ›unsichtbare Schranke‹ wird wieder sichtbar. Sie ist nichts anderes als die Wirkung des Satzes: Hingabe bedeutet Verlust! Früher hat sich die Auswirkung in meinen wechselnden Partnerschaften gezeigt, heute ist es jene Restfreiheit, die ich mir in meiner Beziehung zu Inos zurückbehalten habe. Aus diesem Grund weigerte ich mich bis jetzt, meinen Beruf für eine eigene Familie aufzugeben. Ich wollte nie so enden wie meine Mama, die für uns ihren Beruf aufgab und letztlich auch noch Papa verloren hatte. Darum bestehe ich so darauf, meinen Beruf auszuüben. Wie für meine Mama bedeutet insgeheim auch für mich Hingabe Verlust. Ich sah immer nur ein Entweder-oder, nie jedoch ein Sowohl-als-auch. Das ist ja alles völlig verkehrt herum.

Oh mein Gott! Wie verstrickt unsere Verhältnisse doch sind. Mein ganzes Leben – ferngesteuert.

Ich will auch mit Mama sprechen und ihr mitteilen, was mir auf dem Herzen liegt:

›Liebe Mama! Du bist eine wundervolle Frau, die ihre ganze Liebe an ihre Familie verschenkt. Stets hast du deine eigenen Bedürfnisse hintangestellt, um uns so vieles in unseren Leben zu ermöglichen. Ich sehe es nun ganz deutlich vor mir; ich sehe dich vor mir. Ich danke dir für deine Liebe. Ich danke dir für deine durchwachten Nächte an meinem Bett. Ich danke dir für deine Fürsorge. Ich danke dir für all die Unterstützung, die du mir hast zukommen lassen. Ich danke dir für deine starke Mutterliebe. Ich liebe dich!
Ich will dich um Verzeihung bitten für unseren bitterbösen Streit. Ich habe dich mit meinen Vorwürfen so verletzt. Es tut mir unendlich leid, was ich dir an den Kopf geworfen habe; ich hatte Unrecht. Ich habe nie verstanden, was dich bewegt. Entschuldige, bitte!
Im Vertrauen auf die Welle der Versöhnung, die uns beide umgibt und durch uns hindurch strömt, entlasse ich dich auf deinen eigenen Weg, denn nur durch diesen liebevollen Akt unserer ›Trennung‹ werden wir fähig werden, die wahre Liebe, die uneingeschränkte Freiheit birgt, zu erfahren. Ich bitte dich darum, uns diese Freiheit zu ermöglichen. Bist auch du bereit für diesen Schritt, mich zu entlassen?‹

Da ist es wieder – das befreiende ›Ja‹ meiner Mutter.

Jetzt fühle ich wieder eine riesige Erleichterung. Ich wusste nicht, wie schwer es sein kann, eigene und fremde Lasten zu tragen. Diese Versöhnung war längst überfällig. Es ist eine Versöhnung die kaum zu beschreiben ist, sie reicht so tief in unsere Herzen, in unsere Beziehungen. Sie ist wundervoll! Ich fühle mich wundervoll.

Auch Eric und Tom, meine Brüder, sehe ich etwas abseits, jedoch mit den Rücken zu unseren Eltern stehen. Anschei-

nend betrübt die beiden etwas, als würden sie sich schämen. Papa bittet sie zu sich und empfängt beide mit einer liebenden Umarmung, die ihnen die Gewissheit vermittelt, dass alles in Ordnung ist. Sie sind sichtlich erleichtert darüber und können Papas Umarmung schließlich erwidern. Ihr Gesichtsausdruck ändert sich mit einem Mal, sie sind richtig glücklich. Jetzt kann ich ihre Verletzungen erkennen, die sie in den Jugendjahren davongetragen haben.
Eric macht sich große Vorwürfe, für die Trennung unserer Eltern verantwortlich zu sein. Um seine gedachte Schuld abzutragen, hat er als Jugendlicher begonnen, für uns zu kochen. Das war also der Beweggrund dafür! Er wollte die Rolle des Ernährers übernehmen, nachdem unser Vater weggefallen war. Mit jenen Mitteln, die ihm damals zur Verfügung standen. Auch sein Engel hat das Beste aus dieser Situation gemacht und daraus einen Beruf geformt, dem Eric nun voller Eifer nachkommt.
Tom hat in aller Stille die familiären Vorkommnisse durch seine Berufsausbildung zum Psychologen mit der Spezialisierung auf Kindheitstraumata auf seine Art und Weise beleuchtet. Doch auch er benötigt noch Heilung von der unbewussten Selbstbeschuldigung, für die Trennung unserer Eltern verantwortlich zu sein. Denn die Analyse der Familie alleine reicht hier nicht aus. Es bedarf einer größeren Kraft, der göttlichen Liebe, diese Wunden zu heilen.

Ich beginne zu weinen, denn ich begreife, welch ein Geschenk ich hier und heute empfange.

Unsere gegenseitige Zuneigung, unser Familienband und das gegenseitige Zugeständnis, uns in unsere jeweilige Freiheit zu entlassen, liegen vor mir. Mir fällt das altgriechische Wort ›Aletheia‹ ein; im Sinne von Wahrheit und Unverborgenheit. Denn das ist meine familiäre Wirklichkeit.
Die Wirklichkeit hinter unseren Fassaden, Schönredereien und Selbsttäuschungen, die ohne Zweifel das Potenzial haben, zu unserem Habitus zu werden und uns weit von

unserer Tatsächlichkeit entfernen. Durch die Verkürzung auf mich selbst habe ich mir den Blick auf meine eigene Wirklichkeit verstellt – alles wirkt plötzlich so einfach und klar. Die Zusammenhänge so offensichtlich! Ich bin so unendlich dankbar und überglücklich.

Doch halt! Es steht noch etwas aus … Plötzlich halte ich ein großes Schwert in meinen Händen. Den antiken Griff in meiner linken, die Spitze in meiner rechten Hand. Es ist das Schwert aus meinem Traum. Ich weiß nun, was zu tun ist.
Wie der Soldat knie ich – knie vor meiner Familie nieder, zeige ihnen mein Schwert mit ausgestreckten Armen und bitte sie alle um Verzeihung für meine jahrzehntelangen geheimen Vorwürfe, die Trennung und den Tod unseres Vaters betreffend. All diese Jahre habe ich unbewusst innerlichen Groll gegen sie gehegt. Erst jetzt finde ich Worte der Verzeihung aus tiefstem Herzen:

›Ich will nun dieses Schwert, das meine negativen Gedanken symbolisiert, hier vor Euch niederlegen. All meine geheimen Schuldzuweisungen und Vorwürfe euch gegenüber seien durch diesen Akt meiner Liebe zu euch getilgt. Ich liebe euch alle, meine Familie und erbitte eure Verzeihung!‹

Alle lächeln mir zu, Eric kommt zu mir, nimmt meine rechte Hand in seine und hilft mir, aufzustehen. Wir fünf bilden einen Kreis und umarmen einander, alle weinen. Es sind Tränen der Heilung, die hier fließen. Wir alle haben es bitter nötig, Heilung von diesen unsichtbaren Wunden und Versöhnung mit unseren Schicksalen zu erfahren. Ich schließe meine Augen, um diesen Augenblick mit meiner Familie zu genießen. Plötzlich sehe ich meinen ›Ersten Traum‹ wieder deutlich vor mir. Genau wie früher:

»Ich befinde mich in einer schönen Landschaft bei sonnigem, warmen Wetter, alles um mich herum wirkt ruhig und fried-

lich und ich wandere auf einem schmalen Weg so dahin. Dieser Weg ist so ähnlich wie ein etwas ausgetretener Wanderweg mit leicht schotterigem Untergrund. Sehr angenehm zu fühlen unter meinen Füßen. Mein Blick schweift über die ganze Umgebung mit Wiesen, Blumen und Insekten.
Plötzlich tut sich vor mir ein riesiges schwarzes Loch auf, ein Abgrund dessen Tiefe nicht zu erkennen ist. Leider kann ich nicht stehen bleiben und setze den nächsten Schritt. Ich falle hinein … schreie um Hilfe, aber keiner hört mich. Ich falle immer tiefer und weiter in dieses Nichts hinein … Es ist dunkel, kühl und riecht erdig, ich habe furchtbare Angst vor dem Aufprall, denn ich befinde mich im freien Fall.
Unten lande ich, anders als erwartet, absolut sanft, wie auf Watte und finde mich in einer völlig anderen Umgebung wieder. Ich liege auf dem Rücken auf einem sandigen Boden und es ist außerordentlich heiß. Ich sehe kaum Vegetation, zumindest keine, die ich kenne – viel dürres Zeug. Als ich mich aufrichte, erkenne ich vor mir einen großen, beeindruckenden, roten Berg.
Ich stehe auf, gehe weiter auf dem Sandboden und habe das Gefühl, dass ich sehr weit auf diesem Sandboden gehe, bis ich zu einem großen Gewässer komme und eine Brücke sehe.
Ich bleibe vor dieser Brücke stehen und nehme in der Mitte dieser Brücke eine Gestalt wahr – kann aber nur Umrisse erkennen. Ich beschließe, über diese Brücke zu gehen und als ich der Gestalt näher komme, sehe ich, dass sie einen Schlüssel in ihrer rechten Hand hält. Ich bin nun schon ganz nah bei ihr und strenge mich an, um zu erkennen wer oder was diese Gestalt ist, aber sie bleibt unscharf und schemenhaft. Ich strecke meine Hand nach ihr aus, weil ich neugierig bin und sie berühren möchte. Ich sehe meine ausgestreckte Hand und als ich die Gestalt fast anfassen kann, ist plötzlich der Traum zu Ende.«

Jetzt begreife ich allerdings seine wahre, tiefere Bedeutung für mich. Er spiegelt meinen Lebensweg, meine innere Szenerie wider. Die schöne Landschaft, in der ich wandere,

symbolisiert meine Kindheitsjahre, die anfänglich sehr schön waren. Der schotterige Boden deutet auf die Schwierigkeiten im familiären Verbund hin, diese und jene Zankereien, aber vor allem auf die für mich so schmerzliche Trennung und den Verlust von unserem Vater.
Das riesige, furchterregende, dunkle Loch, in das ich fiel, stellt den Tod meines geliebten Vaters dar. Die ganze Sinnlosigkeit, meine tiefe Trauer, all die unbeantworteten Fragen des Warums, mein Hadern mit Gott und meiner Familie – alles wird mir durch dieses Loch, in das ich gefallen bin, gezeigt. Doch jetzt verstehe ich, dass ich nie tiefer fallen konnte als in die liebenden Hände Gottes, die ich als Watte erfahre. Ich wurde immer von ihm getragen, habe es allerdings nie gemerkt oder für möglich gehalten.
Die Umgebung, in der ich mich damals wieder fand war tatsächlich eine andere als vorher, denn der Tod meines Vaters hatte meine gesamte Lebenslandschaft geändert. Ich landete in der Wüste, der Trostlosigkeit meines Lebens. Und meine ganze damalige Lebenseinstellung war der sandige Boden auf dem ich weiterging, ohne richtigen Halt zu haben. Mein Lebensweg und mein innerster Wunsch nach Antworten führte mich glücklicherweise zum Ayers Rock, wo mir durch die Belehrungen von Little John zum ersten Mal richtig bewusst wurde, dass ich ein sehr zerbrechliches Seelchen besitze. Natürlich kannte ich diesen australischen Berg noch vom Schulunterricht, als wir die Geografie und das Klima Australiens lernten. Doch meine ungeheure Verdrängung schlug mich all diese Jahre mit einer derartigen Blindheit, dass ich ihn nicht erkennen konnte. Aber wie Pappous schon gesagt hatte, der Zeitpunkt des Erkennens wird der richtige sein.
Schließlich bin ich zur Brücke gelangt, die das Symbol zur Überwindung eines Hindernisses darstellt. Nämlich, die Seiten wechseln zu können. Und genau auf der Mitte dieser Brücke hast du, mein geliebter Photinos, mein Engel, mich erwartet mit dem Schlüssel in der Hand, der das Zeichen für meine persönliche ›metanoia‹ – meinen Sinnes-

wandel – ist. Und dieser Sinneswandel erfolgte durch das lebendige Wort Gottes, dem Fluss unter der Brücke. Ich konnte dich zum damaligen Zeitpunkt einfach nicht erkennen, darum bliebst du stets schemenhaft für mich.

›Aber jetzt erkenne ich dich! Dein Licht in mir! Und ich will meinen Weg über die Brücke mit dir gehen auf die andere Seite, die andere Sichtweise.‹

Alle meine Engelträume, aber im Besonderen dieser Traum, sind wirklich unaussprechliche Geschenke und ich werde mich fortan bemühen, ihre Botschaft im Lichte der göttlichen Liebe zu verstehen.

Einige Zeit vergeht, ehe ich so etwas wie einen Windhauch über meinen Rücken fließen spüre. Ich drehe mich langsam um und bemerke eine große zweiflügelige Türe aus uraltem, dunklen Holz mit noch älteren Beschlägen. Inos und Pappous sind da! Jeder von ihnen auf einer Seite der Türe, die sie einen Spalt geöffnet halten. Wie immer packt mich meine Neugierde und ich möchte gerne sehen, was sich hinter dieser Türe verbirgt. Meine Familie bestärkt mich darin, nachzusehen, bleibt aber stehen. Und ich gehe ganz langsam auf diese Türe zu. Meine Spannung steigt, denn ich weiß, dass dahinter etwas Großes sein muss.
Ich drehe mich noch einmal um, um meine Familie zu sehen, doch Papa, Mama, Eric und Tom sind nicht mehr da, und das ist auch gut so, denn die nächsten Schritte muss ich alleine tun. Ich fasse nach der Türe und ziehe sie ganz langsam weiter auf, Zentimeter um Zentimeter. Inos und Pappous stehen mir zur Seite. Erst als ich beide Flügel ganz geöffnet habe, offenbart sich mir die gesamte Fülle.
Ein gigantischer Lichtstrahl fällt herein. Ein Licht, das nur sehr schwer zu beschreiben ist. Es ist kein sinnlich wahrnehmbares Licht. Einerseits ist es so gleißend, dass man erblinden könnte, wenn man direkt hineinsieht, andererseits wirkt es so sanft, vorsichtig und zurückhaltend. All

die feinen Fäden, die Wellen und größeren Wolken aus Milliarden leuchtenden Pünktchen von vorhin haben ihren Ursprung in dieser einzigartigen Lichtquelle. Es ist fantastisch!
Ich stehe mitten in diesem Lichtstrahl. Völlig durchstrahlt und umgeben von Liebe, Güte und Sanftmut. Es birgt alles Sein in sich – die Ganzheit. Ein Gefühl von Angekommensein, von echter Heimat erfahre ich tief in mir. Es tut mir so gut. Ich bade förmlich in diesem unendlich erscheinenden, goldenen Licht. Es ist wirklich eine Nahrungsquelle, an der ich mich laben kann.
Langsam drehe ich mich um und blicke in den Raum hinein, in dem ich stehe. Aber es ist kein Raum mehr da! Keine Begrenzung zu sehen. Alles ist reines Licht. Selbst ich werfe in diesem Lichtstrahl keinen Schatten, was ja völlig unlogisch ist. Aber es ist tatsächlich so. Ich werfe keinen Schatten! Dieses Licht durchströmt meinen gesamten Körper derartig, dass es fast so scheint, als wäre ich selbst aus diesem Licht und das deshalb kein Schatten zu sehen ist. Kann denn das sein? Kann es sein, dass ich tatsächlich selbst aus diesem Licht bin? Sozusagen ein lichter Gedanke Gottes, des Schöpfers allen Seins? Erkenne ich etwa hier das Licht des Herrn, Christus, der eins mit dem Himmlischen Vater ist?
Meinen Ursprung?
Bedingungslose Liebe?
Vollkommenheit?
Tief versenkt im mich selbst und hoch konzentriert warte ich sehnsüchtig auf eine Antwort. Eine Stimme wie tosende Wasserfälle spricht zu mir:

›Ja, so ist es! Ich bin, der ich bin. Der ewig Seiende. Komm, ich bin da, fürchte dich nicht! Komm und sieh! Ich bin in dir. Du bist aus mir.‹

Ich beginne erneut zu weinen, denn diese Worte fahren mir durch Mark und Bein. Alles ist durch dieses Licht mit-

einander verbunden, weil alles diesem Licht entstammt. Diese liebende Zuwendung ist wohl das größte Geschenk, das ein Mensch empfangen kann. Ich fühle mich absolut sicher, geborgen und getragen. So, als wäre ich das einzige Kind des Himmlischen Vaters, das seine volle Aufmerksamkeit besitzt. Noch nie in meinem Leben durfte ich so ein Gefühl erfahren. Es stellt wahrlich alle bisherigen mehr oder weniger erkämpften oder empfangenen Freuden in den Schatten. Ich fühle mich schwerelos. Getragen von der Thermik, den Auftriebskräften meiner Seele, fliege ich der Lichtquelle, dem Licht Gottes entgegen.
Ich fliege … das ist der Flug des Adlers. Wir drei – Jesus, du, Photinos und ich – wir sind eins.«

Nach einer langen Zeit des Verharrens in dieser einzigartigen Stille und des Staunens, öffnete Rita ihre Augen und fand sich in ihrem Wohnzimmer auf der Couch, eingewickelt in ihre Kuscheldecke, wieder. Ihr Traumbilderbuch lag immer noch aufgeschlagen vor ihr, mit dem letzten ihrer Träume, dem Liebesbrief. Das Zedernholz-Räucherstäbchen war schon lange abgebrannt und dessen feiner Duft in alle Räume des Hauses vorgedrungen. Für das, was sie soeben erlebte, fand sie kaum Worte. Denn jede Beschreibung hätte dieses Geschehen eingegrenzt und beschnitten. Etwas zögerlich und vorsichtig fühlte sie erneut in ihr Herz hinein, um Photinos eine letzte Frage zu stellen:

»Wann und wo kann ich wieder mit dir sprechen? Denn ich möchte mich weiterhin durch deine und die Augen Gottes betrachten lernen, damit ich mich selber besser verstehen und kennen lernen kann.«

Photinos ließ sie nicht lange warten und antwortete mit seiner majestätisch-souveränen, erhabenen und sanften Stimme, die sie nun ganz deutlich in ihrem Herzen vernahm:

»Liebe Rita, ich bin immer in dir präsent. Zu jeder Tages- und Nachtzeit kannst du mich in der Stille deines Herzens aufsuchen und mit mir sprechen. Natürlich kannst du auch weitere Träume von mir erbitten, die ich dir erklären werde, damit du an Weisheit gewinnst. Heute hat dein Herz deinem Verstand die Stirn geboten. Eine große Seelenbewegung wurde dadurch möglich. Die Augen deines Herzens wurden geöffnet, um dich selbst und Gott zu erfahren. Du hast deinen zu eng gewordenen Kokon verlassen und einen Vorgeschmack dessen erhalten, was Metamorphosis, Transformation oder Verwandlung bedeutet.
Ich danke dir. Vor dir liegt eine Zeit tiefen Friedens und heilender, innerer Ruhe. Genieße das Licht Gottes in dir und bewahre es sorgfältig!«

Nichts in Ritas Leben konnte diesem soeben erlebten Geschehen das Wasser reichen, keine noch so große Freude, kein Glücksgefühl. Denn wenn sich Gott selbst durch seinen Engel offenbart, ist das wohl das Größte, was ein Mensch erleben kann. Sie erinnerte sich daran, dass Photinos viele Namen und Begriffe erwähnt hatte, hinter denen er und seine »Artgenossen« zu finden waren. Er hatte von den alten heiligen Schriften gesprochen, in denen sie als Engel bezeichnet werden. Rita wusste, dass im Gebetsraum die Bibel war. Bis jetzt hatte sie nicht den rechten Zugang zu dem am weitesten verbreiteten Buch dieser Welt gefunden. Aber jetzt ergriff sie ihr Wissensdurst.
Hastig schlug sie die Decke zurück, eilte in den Gebetsraum und suchte ihre Bibel. Und tatsächlich, da war sie, im letzten Eck im neu aufgebauten Regal, hatte sie geduldig auf diesen Augenblick gewartet. Rita zog sie heraus und ging wieder ins Wohnzimmer zurück. Voller Spannung, respektvoll und vorsichtig begann sie, in dieser Bibelausgabe mit sehr feinem Papier, zu blättern. Für sie waren es seit ihrer Schulzeit nur alte Geschichten, die nichts mit ihr persönlich zu tun hatten.

Tatsächlich aber fand sie Stellen, an denen ihr Blick ganz automatisch haften blieb und sie begann zu lesen. Es war, als würde heute Gott selbst durch dieses Buch mit ihr sprechen, es war lebendig! Nicht nur übersetzte, tote Worte, keine alten Geschichten. Diese Absätze setzten ihren süßen Geschmack frei und Rita durfte ihn verkosten. Sie fühlte sie förmlich. Nicht mehr sie las in ihrer Bibel, sondern die Bibel las in ihrer Seele. Dadurch betrat Rita erstmals durch ein Buch die Landschaft ihrer eigenen Heilsgeschichte.

»Nein, ich bin nicht verrückt! Das alles ist tatsächlich passiert, das alles habe ich tatsächlich gehört, das alles habe ich tatsächlich gesehen. Ich denke, ich habe die Brücke mit Photinos, meinem Engel, überquert. So ist es vielleicht einst auch Pappous ergangen und Little John ebenfalls – auf seine Weise. Ich bin nicht die Erste und werde nicht die Letzte sein, der so etwas widerfahren ist«, musste sie sich selber immer wieder beruhigen.
Die ganze Nacht verbrachte sie mit ihrer neuen Entdeckung, dem lebendigen Wort Gottes und wusste, dass in ihr ein Neubeginn stattgefunden hat. Zwischendurch dachte sie oft an ihren lieben Mann Inos, schmunzelte über die Namensgleichheit mit ihrem Engel und wie sie ihm wohl dieses Erlebnis des heutigen Abends schildern und erklären könnte, wenn er in zwei Tagen von seinem Kongress nach Hause kommen sollte. Denn er musste der Erste sein, dem sie die Traumauslegungen, ihre Freude, die Erkenntnisse und die Heilung ihrer Seelenwunde mitteilen wollte. Erst gegen fünf Uhr morgens fielen ihr schließlich die Augen zu und sie schlief den besten Schlaf ihres Lebens.

Sie war sitzend eingeschlafen, doch liegend wachte sie vier Stunden später wieder auf. Rita fühlte sich frisch und erholt. Ihr Blick wanderte durch das Wohnzimmer und sie entdeckte die Bibel am Boden liegend mit einigen zerknitterten Seiten. »Tut mir leid, dass du auf den Boden gefallen bist«, sagte sie leise vor sich hin, richtete sich auf und nahm

die Bibel in ihre Hände, strich die Seiten aus und legte sie voller Dankbarkeit beiseite. Wie ferngesteuert ging sie in Inos Büro. Vielleicht wollte sie ihm auf diese Weise irgendwie näher sein.
Dort lag ein Buch auf dem Schreibtisch. »Mein lieber Inos und seine alten Bücher«, dachte sie liebevoll. »Er ist doch sonst so bibliophil und lässt die Bücher nicht so herumliegen. Normalerweise schiebt er sie nach dem Gebrauch immer in das Bücherregal zurück – Typisch Inos«, murmelte sie. Er hatte es nämlich mit braunem Packpapier eingebunden und eine kleine laminierte Ikone darauf geklebt. Es heißt »Licht von Licht«. Rita schlug die 27. Hymne auf, denn dort befand sich das Lesezeichen:

»Wieder leuchtet mir das Licht.
Wieder schau ich klar das Licht.
Wieder schließt es mir den Himmel auf und die Nacht verscheucht es mir.
Wieder schaue ich das Licht allein …
Hier bin ich gänzlich nun in Wahrheit ich, wo nur noch Licht um mich, ja, nur noch Licht.«

Sie begann vor Rührung zu weinen. Tränen liefen über ihre Wangen und ihrem Herzen entstiegen die Gebetsworte: »Dir danke ich, o Gott, dass du mir entgegengekommen bist und die Türe meines Herzens geöffnet hast. Nun kann auch ich dir entgegen gehen.
Ich bin fasziniert von den Zusammenhängen in meinem Leben, den Namensbedeutungen und meinen Engelträumen. Das schlafende Samenkorn ist erwacht und kann nun zu wachsen beginnen. Ich freue mich auf meine nächsten Schritte mit dir. Ja, du bist wirklich das Licht, aus dem wir sind …«

22

Das Erbe

Während des Frühstücks dachte Rita darüber nach, wie sie dieses Erlebnis Inos schildern könnte. Sie konnte nicht noch zwei Tage warten, bis er endlich vom Kongress nach Hause kommen sollte. Weder telefonieren oder skypen noch mailen waren die richtigen Mittel, eine solche Erfahrung mitzuteilen.

Kurzerhand buchte sie einen Flug nach Berlin, wo der Kongress stattfand. Bereits drei Stunden nach dem Frühstück saß sie im Flugzeug und kam am Nachmittag im Hotel an, in dem Inos sein Zimmer hatte. Sie wartete in der Hotel-Lounge auf ihn, bis er endlich kam. Dann stürmte sie ihm entgegen und fiel ihm um den Hals. Inos war völlig perplex von dieser Überraschung. Er konnte es kaum glauben, Rita zu sehen. So etwas hatte sie noch nie gemacht. Normalerweise suchte sie das Weite, wenn Inos für einige Tage auf Kongressen war. Zum ersten Mal war sie zu Hause geblieben, was ihn sehr gefreut hatte. Nach der ersten Wiedersehensfreude checkte Rita in Inos Zimmer ein und sie gingen Hand in Hand hoch. Nach der Dusche orderten sie das Abendessen aufs Zimmer, um ungestört miteinander reden zu können. Denn Rita hatte bereits Andeutungen gemacht, was sie erlebt hatte und Inos wusste um die Brisanz dieses Ereignisses. Sonst wäre sie ihm niemals nachgeflogen. Stundenlang erzählte sie und rang um die richtigen Wörter, um ihm alles wahrheitsgetreu darlegen zu können.

Alles, was ihr Inos und Pappous erzählt hatten, hatte sich vergangene Nacht bewahrheitet. Inos wurde von den Emotionen seiner Frau mitgerissen und auch er vergoss einige Tränen über dieses große Geschenk Gottes. Rita hatte dieses besondere Strahlen in ihren Augen, wie er es auch von Pappous kannte. Beide waren zutiefst erfüllt von Freude und dem spürbaren Segen.

»Wir müssen es unbedingt Pappous erzählen!«, sagte Inos. »Aber am Telefon funktioniert das nicht. Wir fliegen! Während ich morgen Vormittag die Abschlussveranstaltung habe, kümmerst du dich um die Flüge und wenn es möglich ist, starten wir gleich von hier, okay? Ich gebe meinen Kollegen Bescheid, dass ich erst in einer Woche wieder ins Zentrum komme. Das müsste klappen. Ich kann ja auf Patmos arbeiten und meinen Bericht schreiben.«

Jetzt war Rita überrascht, denn mit dieser Spontanität hatte sie nicht gerechnet. Aber sie freute sich riesig auf Pappous, wenn sie ihm das alles erzählen konnte.
Tatsächlich war es Rita am nächsten Tag gelungen, eine Maschine nach Athen zu buchen und auch die Fähre erwischten sie ganz knapp vor dem Ablegen. Es war ein sehr stressiger Tag, der erst auf der Fähre mit einem erholsamen Abendessen endete. Wie üblich wurde es drei Uhr morgens, bis das Schiff Patmos erreichte. Nachdem niemand wusste, dass sie kommen, stand auch kein Auto am Parkplatz. So nahmen sie für das kurze Stück ein Taxi. Den Hausschlüssel hatte Inos sowieso immer an seinem Schlüsselbund dabei. Es war ungewöhnlich kühl für diese Jahreszeit und nur wenige Touristen waren auf der Insel. Der Wind fegte über Patmos, suchte seinen Weg in jede Ritze und sorgte für einen ordentlichen Seegang. Ihr Haus war vorigen Herbst winterfest gemacht worden und alle Fenster von außen mit einem Holzschutz versehen.
Nach einem kurzen Kontrollgang durchs Haus setzte Inos die Stromheizung in Gang, um ein wenig Gemütlichkeit

einziehen zu lassen. Die beiden kuschelten sich im Bett zusammen und schliefen gegen vier Uhr ein. Bereits wenige Stunden später wachte Rita auf und weckte Inos:
»Los aufwachen, wir müssen zu Pappous! Der wird Augen machen!« Sie konnte es kaum erwarten, ihm zu begegnen. Sie war auf seine Reaktion gespannt. Nachdem für ein Frühstück nichts im Haus war, fuhren sie zeitig los, denn frühstücken konnten sie auch bei Inos' Eltern.
Um neun Uhr waren sie da und gingen ins Haus. Inos' Eltern waren natürlich überrascht, als sie die beiden sahen. Sie begrüßten sie herzlich und freuten sich über ihr Kommen. Sie wussten, dass etwas passiert sein musste und fragten nach. Rita erzählte ihnen kurz, was sie erlebt hatte. Ihre Schwiegereltern waren erstaunt, was sie da hörten, aber einiges war ihnen von Pappous vertraut.
»Geht zu ihm, er wird sich darüber freuen!«, sagte Ioannes, Ritas Schwiegervater. »Ich wundere mich schon, er ist heute spät dran. Sonst kommt er immer um halb neun Uhr zum Frühstück rüber. Seht mal nach, was los ist«, fuhr er fort.
Inos und Rita gingen durch den Garten zum kleinen Häuschen und klopften an die Türe. Doch nichts rührte sich. Alles war still. Pappous hatte gute Ohren und es war nicht möglich, dass er das Klopfen von Inos nicht gehört hatte. So öffnete Inos leise die Türe und sie traten ein. »Pappous? Bist du da? Kalimera. Wir kommen dich besuchen!«, sagte er in den Raum hinein. Aber es blieb still – ganz still. Eine Stille, die Rita seit vorvorletzter Nacht vertraut war. Sie spürte diese mystische Dichte im Raum. Es war genauso, als Photinos, ihr Engel, zu ihr gekommen war. Sie nahm Inos Hand, hielt sie ganz fest und begann zu weinen.

»Was ist los?«, fragte er. »Warum weinst du?«
Rita antwortete ganz leise: »Er ist nicht mehr da, wie wir ihn vorzufinden wünschten. Ich spüre seine Seele. Ich spüre sie ganz deutlich. Sie hat den Erdenleib verlassen. Wir kommen zu spät.«

Inos eilte um die Ecke hinter den Raumteiler, zur Schlafstätte von Pappous.
Er sah seinen geliebten Großvater auf seinem Bett liegend. Mit seinem schwarzen Sonntagsanzug gekleidet. Es sah tatsächlich so aus, als würde er schlafen. Doch er atmete nicht mehr. Seine Hände lagen gefaltet auf seinem Bauch. Sein letzter Blick hatte wohl den beiden Ikonen im Herrgottswinkel gegolten, die durch den milden Kerzenschein der Ikonenampeln beleuchtet wurden. Er sah völlig entspannt und friedlich aus und selbst jetzt strahlte sein Antlitz wie früher. Inos drehte sich zu Rita um, die mittlerweile auch am Bett stand, umarmte sie und begann bitterlich zu weinen. »Du hast Recht, er ist heimgegangen. Wir sind zu spät.« Sie hielten sich fest umarmt und stützen sich so in ihrer tiefen Trauer.
Nach einiger Zeit sagte Rita zu Inos: »Bleibe du bei ihm, ich hole deine Eltern.« Und sie ging weinend durch den Garten zurück ins Haus. Sie teilte ihren Schwiegereltern mit, was passiert war und alle eilten zu Pappous.

Die Trauer um ihn war unermesslich. Er war nicht nur Vater, Großvater und Urgroßvater, sondern auch ein Gottes- und Menschenkenner, ein wahrer Seelenfreund, den alle geliebt und geschätzt hatten. Jeder fühlte sich von ihm unterstützt und angenommen. Oft hat seine Weisheit familiäre Konflikte gelöst und zur Versöhnung beigetragen. Er ist heimgegangen, wie er gelebt hatte, bescheiden und zurückgezogen; erfüllt von der Liebe zu Christus. Lange Zeit saßen die vier am Bett von Pappous, weinten, beteten und schwiegen gemeinsam.
Er wusste anscheinend, dass seine Zeit gekommen war, denn er hatte im Haus dafür alles vorbereitet. Alles war sauber und geordnet und er hatte seinen besten Anzug angezogen. Niemand hatte auch nur das Geringste davon geahnt, denn er war weder krank noch schwach gewesen. Alles war in letzter Zeit seinen gewohnten Gang gegangen. Aber er war auch immer ein Geheimnisträger gewesen.

Als Inos und Rita zurück ins Haus der Eltern gehen wollten, um Antonios und Michail Bescheid zu geben, sah Inos auf dem kleinen Tisch von Pappous zwei verschlossene Briefumschläge. Einer war an seine Eltern adressiert und auf dem anderen stand »Für Photinos und Rita«.
Inos nahm das Kuvert andächtig in seine Hände, drehte es herum und öffnete es schließlich. Zum Vorschein kam jener Komboskini, den Pappous einst von dem heiligen Mönch geschenkt bekommen hatte und den er selbst all die Jahrzehnte für sein Gebet benutzte. Auf einem kleinen Zettel stand nur der eine Satz:

»Nun seid ihr an der Reihe.«

Inos und Rita wussten, welch großartiges Geschenk das war, denn diese Gebetsschnur war Pappous stets heilig gewesen und er hatte sie immer bei sich getragen. Zweifellos wusste er um das Bemühen der beiden, ihr Leben auf Christus hin auszurichten und hat ihnen damit ein letztes Mal sein Wohlwollen geschenkt. Im zweiten Brief an Inos Eltern standen seine letzten Wüsche für die Beerdigung, die er sich lediglich im engsten Familienkreise erbat und sein Segen für die ganze Familie.
Für jeden einzelnen fand er passende Worte, die alle tief berührten. Diese Tage auf Patmos waren für Inos und Rita voller Trauer und Erinnerungen an ihren geliebten Pappous. Bei seiner Beerdigung erzählten die Verwandten mit Hochachtung und voller Respekt von ihm. Alle waren sich einig, es hier mit einem verborgenen Heiligen zu tun gehabt zu haben.

Rita wusste, dass sie ihm ihr Engelerlebnis auch jetzt noch erzählen konnte, nach dem sie an jenem Abend auch mit ihrem Vater gesprochen hatte. Sie wusste, dass Pappous ihre Geschichte hörte und sich darüber freute, als sie sie ihm und Inos in seinem Häuschen unter den Olivenbäumen weinend erzählte. Die beiden verbrachten einige

Stunden vor ihrer Abreise an diesem gesegneten Ort und saßen am kleinen Tisch, denn das ganze Haus war immer noch von einer unbeschreiblichen Strahlung erfüllt.

Inos und Rita reichten sich die Hände, sahen sich an, lächelten und sprachen wie aus einem Mund den einen Satz:

»Nun sind wir an der Reihe!«

Literaturhinweise

Brück, Michael von (Hrsg.)
Bhagavad Gita
Kösel, München, 1993

Kloster des Hl. Johannes
des Vorläufers (Hrsg.)
Das Synaxarion – Die Leben der
Heiligen der Orthodoxen Kirche
Prodomos Verlag,
Chania, (Kreta), 2005

Bunge, Gabriel
Das Geistgebet
Luther Verlag, Köln, 1987

Bunge, Gabriel
Die Lehren der heiligen Väter
Beuroner Kunstverlag, Beuron, 2011

Bunge, Gabriel
Drachenwein und Engelsbrot
Verlag der christliche Osten,
Würzburg, 1999

Bunge, Gabriel (Hrsg.)
Evagrios Pontikos
Der Praktikos (Der Mönch)
Beuroner Kunstverlag, Beuron, 2008

Ilarion, Schimonach/Tittel, Bonifaz
Auf den Bergen des Kaukasus
Gespräch zweier Einsiedler über das Jesusgebet
Verlag der Ideen, Volkach, 2013

Johannes vom Kreuz
Der geistliche Gesang
Herder, Freiburg im Breisgau, 2003

Loyd, Alex
Das Love Principle
Rowohlt, Reinbek bei Hamburg, 2014

Loyd, Alex/Johnson, Ben
Der Healing Code
Rowohlt, Reinbek bei Hamburg, 2012

Symeon der Neue Theologe
Licht von Licht
Kösel, München, 1951[2]

Neben den »Aufrichtigen Erzählungen eines russischen Pilgers« ist dieses Buch, erstmals 1907 erschienen, wohl die wichtigste Schrift über das Jesusgebet. Der Verfasser, ein russischer Mönch, der auf dem Berg Athos lebte und sich später als Einsiedler in die Berge des Kaukasus zurückzog, ist davon überzeugt, dass der im Jesusgebet angerufene Name des Herrn Gott selbst ist. Durch das Hören auf die Stimme Gottes in sich selbst tritt das eigene Wollen und das Ego mehr und mehr zurück:

»Um das ewige Leben in sich zu spüren, muss man immer den verehrungswürdigen und allerhaltenden Namen Jesus Christus in seinem Verstand tragen, auf den Lippen und im Herzen, und er heiligt unser ganzes Wesen.«

»Dieses Buch möchte die Freude am Gebet wieder wecken. Es möchte zu einer Pilgerreise einladen, an deren Ende die persön-liche Begegnung mit Gott steht.« (Bonifaz Tittel)

Schimonach Ilarion/Bonifaz Tittel
Auf den Bergen des Kaukasus
Gesprächs zweier Einsiedler über das Jesusgebet

Kartoniert, 477 Seiten	24,90 Euro [D]
21,0 × 14,8 cm	25,60 Euro [A]
ISBN 978-3-942006-10-1	35,50 CHF (UVP)

verlag der ideen

Reisen verkleinert die Welt und erweitert den Horizont. Diese wichtige Erkenntnis hat jedenfalls Barbara Liel während ihrer Urlaube gemacht. Dazu waren nicht etwa irgendwelche Erstbegehungen notwendig oder lebensgefährliche Expeditionen, sondern lediglich die Bereitschaft, mit Rucksack, Neugierde und Offenheit den Fernsehsessel zu verlassen. Belohnt wurde die Autorin damit, neue und bisher ungelebte Seiten in sich kennenzulernen und den Nutzen von persönlichen Eigenheiten zu entdecken, die ihr bisher stets albern oder hinderlich erschienen. Lassen Sie sich ermutigen, Ihren eigenen Aufbruch zu wagen oder gehen Sie einfach lesend mit auf eine Reise, die Sie nicht nur nach Ecuador und Australien, in die Staaten und nach Hawaii führt und Sie zudem bestens unterhält. Vielleicht entdecken Sie dabei auch bisher unbekannte Inseln und Landstriche in sich selbst.

Barbara Liel
In der Ferne näher bei mir
Geschichten von unterwegs

Kartoniert, 309 Seiten
21,0 × 14,8 cm
Mit zahlreichen, meist farbigen Illustrationen

ISBN 978-3-942006-08-8
22,90 Euro [D]
23,60 Euro [A]
32,90 CHF (UVP)

verlag der ideen

Bibliografische Information der Deutschen Nationalbibliothek
Die Deutsche Nationalbibliothek verzeichnet diese Publikation in der Deutschen Nationalbibliografie; detaillierte bibliografische Daten sind im Internet über http://dnb.d-nb.de abrufbar.

1. Auflage 2014

www.verlag-der-ideen.de

ISBN 978-3-942006-15-6

Korrektorat: Mona Gensch
Covergestaltung, Layout und Satz:
Jonas Dinkhoff, www.starkwind-design.de
Coverbild: © iofoto – fotolia.com

Druck und Weiterverarbeitung:
Westermann Druck Zwickau GmbH

Printed in Germany